Dr. Erik Johner

Scheidung – ein Ratgeber für Unternehmer, Selbständige und Führungskräfte.
Zürich, 2006
1. Auflage
ISBN 978-3-033-00626-3

Alle Rechte vorbehalten
Lektorat: Silvia Marty, VZ, 8002 Zürich
Gestaltung und Realisation: Corina Grütter, VZ, 8002 Zürich
(Umschlag mit Verwendung eines Bildes von David Papazian/Corbis)
Copyright © 2006 by VZ VermögensZentrum, Zürich

Scheidung

Ein Ratgeber für Unternehmer, Selbständige und Führungskräfte

---

Dr. Erik Johner, LL. M.
Advokat in Basel und Zürich

 VermögensZentrum

 HEV Schweiz

Vorwort des Hauseigentümerverbandes Schweiz (HEV Schweiz)

Tritt im Leben eines Ehepaares der unerwünschte Fall einer Scheidung ein, stellen sich zahlreiche schwierige und unangenehme Fragen. Besonders komplex gestalten sich häufig die Regelungen im Zusammenhang mit Liegenschaften. Wer darf sie behalten? Was ist deren Wert? Wer hat wie viel an den Erwerbspreis beigesteuert? Wie sind die Beiträge an die Liegenschaft des Gatten abzugelten? Übersichtlich und fundiert beantwortet der Autor diese und andere Fragen, die sich insbesondere auch Haus- und Wohneigentümer stellen.

Seit Jahren veröffentlicht der HEV Schweiz beliebte Bücher und Ratgeber einer breiten Palette rund um die Themen Liegenschaften und Wohnen. Mit dem Bau des eigenen Kurslokals und der Gründung des HEV-Instituts für Eigentum und Vorsorge per 1. Januar 2004 unterstreicht der HEV Schweiz seinen Willen, sein Weiterbildungsangebot in diesem Themenbereich auch in Zukunft auszubauen. Seit Jahren finden auch ausgewählte Kurse in Zusammenarbeit mit dem VZ VermögensZentrum statt (zum Beispiel zu den Themen Pensionierung, Steuern und Nachlassplanung).

Wir danken an dieser Stelle dem Geschäftsleiter des VZ, Herrn Matthias Reinhart, und seinen engagierten Mitarbeiterinnen und Mitarbeitern für die kompetente Unterstützung.

Selbstverständlich steht Ihnen der HEV jederzeit mit Rat und Tat zur Seite. Unsere Mitglieder erhalten telefonische Rechtsauskünfte kostenlos und sämtliche Dienstleistungen (inklusive Bücher und Kurse) zu Vorzugskonditionen. Mehr Informationen finden Sie auch auf unserer Website www.hev-schweiz.ch. Besuchen Sie uns!

Ihr HEV Schweiz

Inhaltsverzeichnis

Zum Autor	14
Einleitung	16
Für wen ist dieser Ratgeber bestimmt?	16
Wer gilt als Unternehmer oder Selbständiger?	17
Wer zählt zu den Gutverdienenden?	18
Unternehmerinnen	18

TEIL A EIN EHEGATTE ZIEHT AUS

Kapitel 1 Allgemeines zum Getrenntleben — 22

Getrennt ist (noch) nicht geschieden	22
Darf ich einfach ausziehen?	22
Müssen Trennungswillige vor Gericht?	23
Das Eheschutzverfahren	24

Kapitel 2 Hat die Trennung Folgen für das Unternehmen? — 26

1. Auswirkungen auf das Geschäftsvermögen	26
Allgemeines	26
Beschränkung der Verfügungsbefugnis	26
Anordnung der Gütertrennung	28
Anweisung an Schuldner	30
2. Der Ehepartner ist am Unternehmen beteiligt oder arbeitet mit	30
Vorbemerkungen	30
Mitarbeit im Unternehmen	31
Beteiligung am Unternehmen	32
Einsitz im Verwaltungsrat	32
Personengesellschaften mit dem Ehepartner	33
Forderung gegenüber dem Unternehmen	34
3. Herausgabe von Geschäftsunterlagen	35

Kapitel 3 Ehegattenunterhalt — 38

1. Sinn und Zweck des Ehegattenunterhalts	38
2. Wie berechnet sich der Ehegattenunterhalt?	38
3. Unternehmer, Selbständige und Gutverdienende	40
Vorbemerkungen	40
Was gehört zum Einkommen?	41
Unregelmässige und schwankende Einkommen	43
Einkommensmanipulation	44
Der Unterhaltspflichtige will nicht mehr arbeiten	47
Muss der Unterstützungsberechtigte arbeiten?	48
Berechnung bei Gutverdienenden	49

	Der bisherige Lebensstandard als Massstab	49
	Anmerkung zur Zweckmässigkeit der Plafonierung	51
4.	Welche Unterlagen braucht es für die Berechnung?	53
5.	Auskunftpflicht gegenüber dem Ehepartner	54
6.	Wann beginnt die Unterhaltpflicht?	54

Kapitel 4 Kinder 56

1. Wer erhält die Kinder? 56
2. Besuchs- und Ferienrecht 56
3. Kinderunterhalt 57

Kapitel 5 Weitere Folgen des Getrenntlebens 60

1. Wohnung, Haus, Geschäftsräumlichkeiten 60
   - Wer muss ausziehen? 60
   - Geschäftsräumlichkeiten 61
   - Wie teuer darf die neue Wohnung sein? 62
   - Einrichtung der neuen Wohnung 63
   - Zweitwohnungen und Ferienhäuser 64
   - Kündigung oder Verkauf der bisherigen Wohnung 65
2. Hausrat, Bankkonten und Kreditkarten 65
   - Was darf man mitnehmen? 65
   - Bankkonten und Kreditkarten 66
   - Verheimlichung oder Beiseiteschaffung von Vermögen 67
3. Erbrecht 68

Kapitel 6 Wenn sich die Verhältnisse ändern 70

- Anpassung von Massnahmen 70
- Wann endet das Getrenntleben? 70

TEIL B   DIE SCHEIDUNG

Kapitel 7 Vom Getrenntleben zur Scheidung 74

1. Wann ist eine Scheidung frühestens möglich? 74
2. Soll ich mich sofort scheiden lassen oder zuwarten? 75

Kapitel 8 Einvernehmliche oder streitige Scheidung 78

1. Einvernehmliche Scheidung 78
   - Wann ist eine einvernehmliche Scheidung möglich? 78
   - Muss sich ein Paar über alles einigen? 78
   - Wie wird die Scheidungskonvention ausgehandelt? 79
   - Stichwort Mediation 80
   - Wie verbindlich ist die Scheidungskonvention? 80
2. Streitige Scheidung 81

Inhaltsverzeichnis

Kapitel 9	Die Teilung der Vermögenswerte	82
	1. Allgemeine Regeln der Vermögensteilung	82
	Nach welchen Grundsätzen wird geteilt?	82
	Zuweisung von Objekten oder von Geld?	82
	Was gehört wem und wer darf was behalten?	83
	Wann wird das Vermögen geteilt?	84
	2. Errungenschaft und Eigengut	84
	Allgemeine Teilungsregeln	84
	3. Was wird nicht geteilt?	85
	Voreheliches Vermögen	85
	Erbschaften und Erbvorbezüge	85
	Schenkungen	86
	Persönliche Gebrauchsgegenstände	86
	Genugtuungsansprüche	87
	Ersatzanschaffungen	87
	Was gilt bei Unklarheit?	88
	4. Was wird geteilt?	88
	Arbeitserwerb	88
	Selbständige und Unternehmer	89
	Privatiers	91
	Erträge auf Eigengut	92
	Erträge auf Wertpapieren und Unternehmen	92
	Erträge aus Liegenschaften	93
	Ersatzanschaffungen	94
	Weiteres	94
	5. Absichtliche Vermögensschmälerung	95
	6. Was gilt, wenn sich Gütermassen vermischen?	96
	Allgemeines	96
	Mehrwertbeteiligung	96
	7. Bewertung von Vermögensgegenständen	97
	Massgeblicher Zeitpunkt	97
	Welcher Wert ist massgebend?	98
	8. Schulden	99
	Zu welcher Gütermasse gehören Schulden?	99
	Wer haftet gegen aussen für Schulden?	99
	9. Die rechnerische Teilung	100
	10. Auszahlung	102
Kapitel 10	Die Teilung von Unternehmen	106
	Vorbemerkungen	106
	1. Wem gehört das Unternehmen?	106
	2. Wer behält das Unternehmen nach der Scheidung?	108
	3. Wie werden Unternehmen bewertet?	110

	Allgemeines	110
	AG und GmbH	111
	Minderheits- und Mehrheitspakete	113
	Einzelfirmen	113
	Freiberufler	114
	Anteile an Personengesellschaften	114
4.	**Wenn der Ehepartner im Unternehmen mitarbeitet**	**115**
	Vorbemerkungen	115
	Mit Arbeitsvertrag	115
	Ohne Arbeitsvertrag	115
5.	**Wem gehört der Zuwachs des Geschäftsvermögens?**	**117**
	Die einzelnen Faktoren	117
	Berechnung	121
6.	**Mehrwertansprüche bei Investitionen des Ehepartners**	**125**
	Vorbemerkungen	125
	Die Berechnung des Mehrwertanteils	127
7.	**Wie kann man den Ehepartner auszahlen?**	**129**

Kapitel 11 Unternehmen erhalten mit einem Ehevertrag — 134

	Vorbemerkungen	134
	Ausgangslage	134
1.	**Die beste Möglichkeit: Gütertrennung**	**135**
2.	**Anpassung der Errungenschaftsbeteiligung**	**135**
3.	**Anpassung der Gütergemeinschaft**	**137**

Kapitel 12 Die Teilung weiterer Vermögenswerte — 138

	Vorbemerkungen	138
1.	**Liegenschaften**	**138**
	Wem gehört eine Liegenschaft?	138
	Die Bewertung von Liegenschaften	138
	Wer darf eine Liegenschaft behalten?	140
	Die rechnerische Teilung	141
	Ersatzforderungen und Mehrwertbeteiligungen	141
2.	**Wertschriften**	**146**
	Vorbemerkungen	146
	Wem gehören die Wertschriften?	146
	Wer darf die Wertschriften behalten?	146
	Die Bewertung von Wertschriften	147
	Die rechnerische Teilung	147
	Ersatzforderungen und Mehrwertbeteiligungen	148
3.	**Kunstgegenstände und wertvoller Hausrat**	**151**
	Vorbemerkungen	151
	Bewertung von Schmuck, Antiquitäten, Kunst und wertvollem Hausrat	151

Inhaltsverzeichnis

Kapitel 13	**Die Teilung mit einem Ehevertrag**	**154**
	Vorbemerkungen	154
	1. **Paare mit Gütergemeinschaft**	**155**
	Allgemeines zur Gütergemeinschaft	155
	Wie wird bei der Scheidung geteilt?	156
	2. **Paare mit Gütertrennung**	**156**
	Allgemeines zur Gütertrennung	156
	Wie wird bei der Scheidung geteilt?	157
	3. **Paare mit altrechtlicher Güterverbindung**	**157**
Kapitel 14	**Ehegattenunterhalt**	**158**
	1. **Wann besteht ein Anspruch auf Ehegattenunterhalt?**	**158**
	Grundregel	158
	Welche Faktoren sind entscheidend?	159
	Welche Ehetypen gibt es?	161
	2. **Berechnungsgrundsätze bei Gutverdienenden**	**162**
	Ausgangspunkt der Berechnungen	162
	Bisheriger Lebensbedarf als oberste Grenze	163
	3. **Fünf Berechnungsbeispiele je nach Ehetyp**	**164**
	Vorbemerkungen	164
	Beispiel 1: Hausgattenehe mit Kindern	164
	Beispiel 2: Hausgattenehe ohne Kinder (kurze bis mittlere Dauer)	166
	Beispiel 3: Hausgattenehe ohne Kinder (lange Dauer)	168
	Beispiel 4: Doppelverdienerehe mit Kindern	169
	Beispiel 5: Doppelverdienerehe ohne Kinder	171
	4. **Aufbau der Vorsorge nach der Scheidung**	**172**
	5. **Wann können Unterhaltsbeiträge gekürzt werden?**	**172**
	6. **Einmalige Kapitalabfindung**	**174**
	7. **Anpassung an veränderte Verhältnisse**	**176**
	Allgemeines	176
	Herabsetzung als Prinzip	177
	Erhöhung als Ausnahme	178
	Anpassung an die Teuerung	179
	8. **Wann endet der Ehegattenunterhalt?**	**179**
	Zeitliche Begrenzung und Tod	179
	Wiederverheiratung	180
	Wenn der Expartner in einer neuen Beziehung lebt	180
Kapitel 15	**Kinder**	**182**
	1. **Sorgerecht**	**182**
	Das alleinige Sorgerecht	182
	Das gemeinsame Sorgerecht	183
	2. **Besuchs- und Ferienrecht**	**184**

	3.	**Kinderunterhalt**	**185**
		Unmündige Kinder	185
		Volljährige Kinder	188
	4.	**Einmalige Kapitalabfindung**	**189**
		Voraussetzungen der Kapitalabfindung	189
		Berechnung der Kapitalabfindung	191
	5.	**Anpassung des Kinderunterhaltes an veränderte Verhältnisse**	**191**

Kapitel 16	**Berufliche Vorsorge**	**194**
	Allgemeines	194
1.	**AHV (1. Säule)**	**194**
2.	**Pensionskasse (2. Säule)**	**195**
	Hälftige Teilung der Pensionskassenguthaben	195
	Ein Ehegatte ist pensioniert oder invalid	196
	Kann man auf die Teilung verzichten?	197
	Wann ist eine Teilung abzulehnen?	198
	Wie wird die Teilung vorgenommen?	198
	Wie kann man den Verlust in der Pensionskasse wettmachen?	199
	Erwerb von Wohneigentum	199
	Einkäufe in die Pensionskasse	200
3.	**Private Vorsorge (3. Säule)**	**200**

TEIL C   DAS VERFAHREN

Kapitel 17	**Das Eheschutzverfahren**	**204**
	Vorbemerkungen	204
1.	**Welches Gericht ist zuständig?**	**204**
	Rein schweizerische Verhältnisse	204
	Internationale Verhältnisse	205
	Was gilt nach schweizerischen internationalen Gerichtsstandsregeln?	206
2.	**Verfahrensgang**	**207**

Kapitel 18	**Das Scheidungsverfahren**	**210**
1.	**Welches Gericht ist zuständig?**	**210**
	Rein schweizerische Verhältnisse	210
	Internationale Verhältnisse	210
	Was gilt nach schweizerischen internationalen Gerichtsstandsregeln?	211
2.	**Verfahrensgang**	**212**
	Wenn sich die Ehegatten über alles einigen	212
	Wenn sich die Ehegatten nur zum Teil einigen	214
	Wenn sich die Ehegatten gar nicht einigen können	216

Kapitel 19	**Die Kosten einer Scheidung**	**218**
	Welche Kosten fallen an?	218
	Die Gerichtskosten	218
	Die Anwaltskosten	218
	Wer muss die Kosten tragen?	220
	Anwaltskostenvorschuss des Ehepartners	221
	Mittellosigkeit beider Ehegatten	221

TEIL D   STEUERN

Kapitel 20	**Wo sind steuerliche Aspekte von Bedeutung?**	**224**
Kapitel 21	**Steuern während der Trennung**	**226**
	Wie werden getrennt lebende Ehepaare besteuert?	226
	Wer haftet für Steuerschulden?	227
Kapitel 22	**Steuern nach der Scheidung**	**230**
	Steuern von geschiedenen Personen	230
	Kapitalabfindungen	230
	Vermögensteilung	230
	Teilung von Unternehmen	231
	Liegenschaften	232
	Aufteilung der Pensionskassenguthaben	233
	Wie wird die angemessene Entschädigung behandelt?	233
	Wiedereinkäufe in die Pensionskasse	234

Anhänge	**237**
Anhang I: Berechnung von Unterhaltsbeiträgen	238
Anhang II: Beispiel für eine Getrenntlebensvereinbarung	240
Anhang III: Beispiel für eine Scheidungskonvention	244

Zum Autor

Dr. Erik Johner, Jahrgang 1963, studierte Rechtswissenschaften an der Universität Basel. 1994 erwarb er an der Universität Exeter (England) den Grad eines Master of Law in European Legal Studies (LL. M.). Im selben Jahr doktorierte er auf dem Gebiet des internationalen Prozessrechts. 1991 erwarb er das Anwaltspatent und war zunächst in einer Treuhandgesellschaft in Basel und danach als Rechtsanwalt in Zürich tätig. Seit 1998 ist er Partner bei Simonius Pfrommer & Partner und praktiziert in Basel und Zürich.

SIMONIUS PFROMMER & PARTNER
Anwälte und Notare
Aeschenvorstadt 67
CH-4010 Basel
Tel. 061 206 45 45, Fax 061 206 45 46
erik.johner@advokaten.ch
www.advokaten.ch

Zu den bevorzugten Tätigkeitsgebieten des Autors gehören das Wirtschafts-, Arbeits- und Scheidungsrecht. Mit besonderem Interesse befasst er sich mit komplexen Scheidungen, vor allem von Unternehmerinnen und Unternehmern, Managern und selbständig Erwerbenden.

Der Autor dankt seiner juristischen Mitarbeiterin, Frau lic. iur. Manuela Schweizer, sowie seinen Büropartnern lic. iur. Emanuel Wiemken und lic. iur. David Levin für die kritische Durchsicht des Manuskriptes und die hilfreichen Anregungen.

Porträt VZ VermögensZentrum

Die Experten in allen Fragen rund ums Geld

Das VZ VermögensZentrum ist der führende unabhängige Finanzdienstleister der Schweiz. Wir beraten Privatpersonen und Firmen in allen Fragen zu Geldanlagen, Hypotheken, Steuern, Versicherungen sowie bei Pensionierungs- und Nachlassplanungen. Mit unseren Konzepten optimieren wir Einkommen, Vermögen und Steuern. Viele zufriedene Kundinnen und Kunden beauftragen uns auch gleich mit der Umsetzung unserer Empfehlungen. Denn wir sind nicht nur Berater, sondern auch Vermögensverwalter.

Hier sind Sie gut beraten

Ob Sie Vermögen bilden, vermehren oder neu strukturieren wollen – bei uns sind Sie an der richtigen Adresse. Profitieren Sie von den Vorteilen einer unabhängigen Beratung. Das erste Gespräch ist kostenlos und unverbindlich. Wir freuen uns auf Ihren Anruf.

- Aarau: Tel. 062 825 28 28
- Basel: Tel. 061 279 89 89
- Bern: Tel. 031 329 26 26
- Genève: Tel. 022 595 15 15
- Lausanne: Tel. 021 341 30 30
- Liestal: Tel. 061 921 61 61
- Luzern: Tel. 041 220 70 70
- Neuchâtel: Tel. 032 854 04 04
- Rapperswil: Tel. 055 222 04 04
- St. Gallen: Tel. 071 231 18 18
- Thun: Tel. 033 252 22 22
- Winterthur: Tel. 052 218 18 18
- Zug: Tel. 041 726 11 11
- Zürich: Tel. 044 207 27 27

www.vermoegenszentrum.ch

Einleitung

Für wen ist dieser Ratgeber bestimmt?

Umfragen zeigen, dass die Angst vor einer Scheidung auf der Liste der Sorgen von Unternehmerinnen und Unternehmern ganz oben steht. Im europäischen Umfeld liegt Scheidungsangst bei Unternehmern auf Platz drei, in der Schweiz sogar auf Platz zwei. Diese Angst ist verständlich: Eine Scheidung trifft Unternehmer nicht nur in ihren persönlichen Verhältnissen, sondern kann sich auch auf ihre berufliche Situation dramatisch auswirken. Die Vermögensteilung kann zur Folge haben, dass ein Unternehmer seine Firma finanziell nicht mehr halten kann. Die Ausgleichsansprüche können so hoch sein, dass ihm nichts anderes übrig bleibt, als das Unternehmen zu verkaufen oder zu liquidieren.

In der Schweiz sind rund 85 Prozent aller Klein- und Mittelunternehmen Familienunternehmen. In diesen Unternehmen besteht neben der privaten Verbindung in der Regel eine geschäftliche Verbindung unter den Ehegatten. Entweder arbeitet der Ehepartner im Unternehmen mit, oder er besitzt Anteile am Unternehmen. Manchmal hat er auch Einsitz im Verwaltungsrat. Zudem sind die Ehepartner und das Unternehmen oft finanziell verquickt, indem der Ehepartner dem Unternehmen Mittel zur Verfügung stellt (zum Beispiel ein Darlehen) oder ins Unternehmen investiert. Das Funktionieren solcher Familien- oder Ehepaarunternehmen hängt stark von der Kooperation und der persönlichen Harmonie unter den Ehegatten ab. Kommt es zur Trennung oder Scheidung, hängt nicht nur der private Segen schief, sondern es gilt auch die geschäftlichen Verbindungen zu entflechten. Dieser Weg kann sich als steinig und komplex erweisen.

Unternehmer gehören statistisch gesehen zu den oberen Einkommensklassen und pflegen in der Regel einen überdurchschnittlichen Lebensstil. Kommt es zur Scheidung, sind die finanziellen Folgen umso grösser. Oft müssen gut verdienende Unternehmer beträchtliche Unterhaltszahlungen leisten. Selbst in guten finanziellen Verhältnissen kann das zum Kollaps der ehelichen Finanzen führen. Wo vorher grosszügig und auf hohem Niveau gelebt wurde, schmerzt der finan-

Einleitung

zielle Abstieg umso mehr. Oft geht mit dem finanziellen auch der soziale Abstieg einher. Die Angst vor Statusverlust bei einer Trennung oder Scheidung ist gross. Entsprechend vielschichtig und einschneidend sind die psychologischen Auswirkungen.

Kluges Verhalten bei einer Scheidung ist deshalb wichtig. Der vorliegende Ratgeber gibt einen Überblick über das schweizerische Ehescheidungs- und Trennungsrecht und legt besonderes Augenmerk auf die Situation von Unternehmern, Selbständigen und Gutverdienenden. Neben den Regeln, die während der Trennungszeit gelten, geht er speziell auf die Teilung von Unternehmen bei einer Scheidung ein. Er beleuchtet auch die übrigen Gesichtspunkte einer Scheidung, wie Fragen zum Unterhalt, Kinder, Vorsorge, Steuern, sowie das gesamte Scheidungsverfahren.

Dieser Praxisratgeber richtet sich an die direkt Betroffenen. Das Rechtliche ist deshalb auch für Laien möglichst verständlich formuliert und mit vielen Beispielen veranschaulicht. Der Autor verzichtet bewusst darauf, Gesetze, Gerichtsentscheide oder Fachliteratur zu zitieren.

Wer gilt als Unternehmer oder Selbständiger?

Die Begriffe Unternehmen und Unternehmer kommen im Ehe- und Güterrecht nicht explizit vor, sie stammen aus der wirtschaftlichen Praxis. In diesem Buch ist mit Unternehmen jede selbständige, auf dauernden Erwerb gerichtete wirtschaftliche Tätigkeit gemeint, unabhängig davon, ob das Unternehmen im Handelsregister eingetragen ist oder einer Buchführung bedarf. In diesem Sinn deckt sich der Begriff mit der «Ausübung eines Gewerbes», an den das Güterrecht an verschiedenen Stellen anknüpft. Mit der Führung eines Gewerbes oder Unternehmens sind dabei sowohl die freien Berufe (zum Beispiel Arzt, Anwalt), die Führung einer Einzelfirma, die Beteiligung an einer Personengesellschaft als auch das Führen einer Kapitalgesellschaft oder die Beteiligung daran gemeint. Der Begriff des Unternehmens deckt im Ehe- und Güterrecht somit alle Formen der selbständigen wirtschaftlichen Tätigkeiten ab, selbst das Führen einer Kapitalgesellschaft, die nicht im eigentlichen Sinne selbständig ausgeübt wird.

Wer zählt zu den Gutverdienenden?

Der Begriff Gutverdienende kommt im Gesetz ebenfalls nicht vor. In diesem Ratgeber wird er für alle Personen verwendet, die ein überdurchschnittliches Einkommen erzielen, das ihnen eine regelmässige Vermögensbildung erlaubt. Neben Unternehmern und Selbständigen ist das oft auch bei Managern der Fall. Die Gerichtspraxis hat für solche Einkommen eigene Regeln der Unterhaltsberechnung entwickelt, die in den Kapiteln 3 und 14 ausführlich beschrieben sind. Schliesslich geht dieser Ratgeber auch auf eine Reihe weiterer Bereiche ein, in denen es für Gutverdienende spezielle Regeln zu beachten gilt.

Unternehmerinnen

Mit Unternehmern, Selbständigen, Gutverdienenden, Richtern, usw. sind immer Frauen und Männer gemeint. Zugunsten der leichteren Lesbarkeit ist die weibliche Form nicht überall ausdrücklich mitgenannt.

Teil A:
Ein Ehegatte zieht aus

Kapitel 1 bis 6

Kapitel 1:
Allgemeines zum Getrenntleben

Getrennt ist (noch) nicht geschieden

Eine eheliche Auseinandersetzung beginnt meistens damit, dass ein Ehepartner die gemeinsame Wohnung verlässt. In der Rechtssprache heisst dieser Schritt Getrenntleben, Nichtjuristen sprechen eher von Trennung. In diesem Kapitel geht es um die rechtlichen Konsequenzen des Getrenntlebens und um die Punkte, die geregelt werden müssen. Die Scheidung ist davon klar zu unterscheiden. Sie wird im Teil B (ab Seite 73) dieses Ratgebers behandelt.

Darf ich einfach ausziehen?

Wenn ein Ehepartner ausziehen will, hat er in der Praxis fast immer das Recht dazu. Streng formell darf er den gemeinsamen Haushalt zwar nur dann auflösen, wenn das weitere Zusammenleben eine ernstliche Gefährdung seiner Persönlichkeit, seiner wirtschaftlichen Sicherheit oder des Wohls der ganzen Familie nach sich ziehen würde. Bei Ehen, in denen es einfach nicht mehr geht, sehen die Gerichte diese Bedingung aber normalerweise als erfüllt an. Es genügt, dass einer von beiden einen unverrückbaren Trennungswillen hat. Trennungswillige können davon ausgehen, dass sie jederzeit ausziehen dürfen, ohne dass ihnen das negativ angelastet wird. Den Tatbestand des «Verlassens» gibt es im neuen Eherecht nicht mehr.

> Beispiel: Ein Ehepaar streitet sich in letzter Zeit ständig. Darunter leiden die Kinder am meisten. Der Ehemann entschliesst sich deshalb, in eine eigene Wohnung zu ziehen. Bei der Scheidung entsteht ihm kein Rechtsnachteil dadurch, dass er seine Familie «verlassen» hat. Der Auszug war zum Wohl der Familie – vor allem der Kinder – sogar geboten.

Eine andere Frage ist, ob es mit Blick auf die Kinder und die gemeinsame Wohnung rechtlich vorteilhaft ist, selber auszuziehen. Darauf wird im Kapitel 4 und im Kapitel 5 (jeweils im Abschnitt 1) genauer eingegangen.

Müssen Trennungswillige vor Gericht?

In Trennungssituationen stellt sich die Frage, ob ein Paar seine Streitigkeiten von einem Gericht beurteilen lassen muss oder ob es eine aussergerichtliche Lösung finden kann. Grundsätzlich stehen ihm beide Wege offen.

Besteht zwischen den Ehepartnern noch ein gewisses Vertrauen und können sie noch miteinander kommunizieren, empfiehlt sich eine aussergerichtliche Einigung. Die meisten Menschen empfinden es als unangenehm, ihre Eheprobleme vor einem Gericht ausbreiten zu müssen. Besonders bei vermögenden Paaren und Personen, die in der Öffentlichkeit stehen, ist Publizität unerwünscht. Sie ziehen es in der Regel vor, ihre Trennung diskret und unter Ausschluss von Richtern zu regeln.

Eine aussergerichtlich ausgehandelte Vereinbarung wird zudem in der Regel besser eingehalten als eine gerichtliche Anordnung. Auf dieser Erkenntnis beruht das Prinzip der Mediation (siehe dazu auch Kapitel 8, Abschnitt 1).

Die aussergerichtliche Trennung wird mit einer so genannten Getrenntlebensvereinbarung geregelt (ein Beispiel findet sich im Anhang II). In diesem Vertrag halten die Ehegatten die Modalitäten ihres Getrenntlebens fest. Die Getrenntlebensvereinbarung wird in der Regel von den Anwälten beider Parteien ausgehandelt. Sie enthält Regelungen über die eheliche Wohnung, die Kinder, das Besuchsrecht, das Unternehmen, den Hausrat, die Unterhaltsbeiträge, die Steuern sowie alle weiteren Punkte, die bei der Trennung von Bedeutung sind. Sind die Ehegatten mit der Vereinbarung später nicht mehr einverstanden, können sie beim Eheschutzgericht eine Änderung beantragen (siehe auch Kapitel 6). Sie können sich auch selber über neue Konditionen des Getrenntlebens einigen.

Eine aussergerichtliche Trennungsvereinbarung ist verbindlich. So können zum Beispiel die vereinbarten Unterhaltsbeiträge zwangsweise eingefordert werden. Die Vereinbarung hat jedoch keinen langen zeitlichen Bestand. Sie kann auf Antrag eines Ehegatten durch das zuständige Gericht aufgehoben oder abgeändert werden, wenn eine Seite der Auffassung ist, sie entspreche den aktuellen Gegebenheiten nicht mehr.

Die Getrenntlebensvereinbarung ist klar zu unterscheiden von der Scheidungskonvention. Sie sagt nichts über die Verhältnisse bei der Scheidung aus, sondern regelt nur das Getrenntleben.

Vereinbarungen über das Getrenntleben sind grundsätzlich auch mündlich gültig. Aus Beweisgründen empfiehlt es sich jedoch, sie schriftlich festzuhalten.

Wenn zwischen den Eheleuten keine Kommunikation mehr möglich ist oder sie sich nicht einigen können, bleibt nur der Gang ans Gericht. Auf Ersuchen einer Seite muss das Gericht in einem solchen Fall das Getrenntleben regeln.

Das Eheschutzverfahren

Bei der Trennung übers Gericht regelt das Eheschutzgericht, meistens ein Einzelrichter oder eine Einzelrichterin, die Folgen des Getrenntlebens. Dieses Verfahren heisst Eheschutzverfahren. Meistens ist es der Anwalt eines Ehegatten, der das Gericht ersucht, eine Regelung zu treffen. Zuständig ist das Gericht am Wohnsitz eines der Ehegatten (mehr zur Zuständigkeit im Kapitel 17).

Das Verfahren ist einfach und rasch. In der Regel ist es mündlich, es ist kein Schriftenwechsel der Anwälte vorgeschrieben, und es wird möglichst ohne Verzögerung durchgeführt.

Das Gericht entscheidet auf der Grundlage der ihm eingereichten Unterlagen und gestützt auf eine persönliche Anhörung der Ehegatten. Näheres zum Verfahren lesen Sie im Kapitel 17.

Kapitel 2:
Hat die Trennung Folgen für das Unternehmen?

1. Auswirkungen auf das Geschäftsvermögen

Allgemeines

An dieser Stelle ist es wichtig festzuhalten, dass während des Getrenntlebens noch keine so genannte güterrechtliche Auseinandersetzung stattfindet (siehe dazu auch Kapitel 9). Das heisst, dass das Vermögen eines Ehepaares noch nicht geteilt wird und also noch keine güterrechtlichen Ausgleichszahlungen an den anderen Ehegatten geschuldet sind. Für den Moment bleibt das Unternehmen somit von der Substanz her unangetastet. Kapitel 10 dieses Ratgebers behandelt die Regeln für die Teilung von Geschäftsvermögen respektive Unternehmen bei der Scheidung.

Das Gericht kann das Verfügungsrecht über das Geschäftsvermögen oder Anteile am Unternehmen allerdings auf Begehren eines Ehegatten durch Sicherungsmassnahmen einschränken. Diese Massnahmen zielen darauf ab, das eheliche Vermögen zu erhalten. Sie sollen verhindern, dass eine Partei die Sicherung der wirtschaftlichen Grundlagen der Familie oder die Erfüllung vermögensrechtlicher Verpflichtungen aus der ehelichen Gemeinschaft gefährdet. Das Gesetz sieht insbesondere die Beschränkung der Verfügungsbefugnis über bestimmte Vermögenswerte, die Gütertrennung oder die Anweisung an Schuldner vor.

Beschränkung der Verfügungsbefugnis

Das Gericht kann einem Ehegatten verbieten, über bestimmte Vermögenswerte alleine zu verfügen, wenn das die wirtschaftlichen Grundlagen der Familie oder die Erfüllung vermögensrechtlicher Verpflichtungen aus der ehelichen Gemeinschaft gefährdet. Das kann zum Beispiel der Fall sein, wenn ein Ehegatte verschwenderisch Schenkungen macht, Dritten Vermögensobjekte treuhänderisch überträgt, Grundstücke verkauft beziehungsweise übermässig belastet oder existenzsichernde Ersparnisse abhebt. Solche Handlungen müssen nicht das Existenzminimum der Familie gefährden: Es genügt, dass der bisherige Standard nicht mehr aufrechterhalten werden kann.

Die benachteiligte Partei kann verlangen, dass ihr Ehegatte nur noch mit ihrer ausdrücklichen Zustimmung über das eheliche Vermögen verfügen darf. Möglich sind auch andere Massnahmen, etwa die gerichtliche Blockierung von Bankkonten oder ein generelles Veräusserungsverbot. Bei Liegenschaften kann man eine grundbuchliche Sperre beantragen.

Für Unternehmer bedeutet das, dass ihre wirtschaftliche Handlungsfreiheit eingeschränkt werden kann und sie über bestimmte Vermögenswerte (zum Beispiel Aktien, Bankkonten oder Barguthaben der Firma usw.) nicht mehr oder nur noch beschränkt verfügen können.

Beispiel 1: Der Ehemann hat während der Ehe ein Textilhandelsgeschäft aufgebaut (AG). Die schweizerische Firma hält 100 Prozent der Stammanteile einer Tochtergesellschaft in Deutschland. Um den Wert des schweizerischen Geschäftes im Hinblick auf die Scheidung zu schmälern, trifft der Ehemann Anstalten, die Stammanteile der deutschen Gesellschaft treuhänderisch an einen Mittelsmann zu verkaufen. Nach der Scheidung will er sie wieder zurückkaufen. Die Ehefrau bekommt Wind davon und kann gerichtlich erwirken, dass er die Stammanteile vorerst nicht verkaufen darf.

Beispiel 2: Der Ehemann ist selbständiger Unternehmensberater (Einzelfirma). Auf seinem Geschäftskonto befinden sich bei der Trennung 160 000 Franken. Bisher überwies er von diesem Konto jeden Monat 3 000 Franken Haushaltsgeld auf ein gemeinsames Konto. Nach der Trennung ist der Ehemann nicht mehr motiviert zu arbeiten. Er fährt seinen Umsatz schrittweise herunter und überweist Guthaben vom Geschäftskonto auf ein Konto im Ausland. Die Ehefrau kann gerichtlich erwirken, dass das Geschäftskonto gesperrt wird und der Ehemann nur noch mit ihrer ausdrücklichen Zustimmung Bezüge machen darf.

Die gefährdeten Interessen eines Ehegatten müssen ehespezifischer Natur sein. Darunter fallen insbesondere der Anspruch auf Unterhalt sowie güterrechtliche Ansprüche. Nicht entscheidend ist, ob ein Vermögenswert formell dem Unternehmen oder einem Ehegatten persönlich gehört. Ausschlaggebend ist vielmehr, ob der Ehegatte Einflussmöglichkeiten darauf hat und ob er die ehelichen Interessen seines Ehegatten mit seinen Handlungen beeinträchtigen kann.

Anordnung der Gütertrennung

Eine andere einschneidende Massnahme, welche die Unternehmerinteressen tangieren kann, ist die Anordnung der Gütertrennung. Voraussetzung dafür ist der Nachweis, dass eine ernstliche Gefährdung der wirtschaftlichen Interessen eines Ehegatten gegeben ist, die sich nur durch die Gütertrennung abwenden lässt. Diese Massnahme ist noch gravierender als die Beschränkung der Verfügungsbefugnis über einzelne Vermögenswerte, die Sperre von Konten oder die Sperre einer Liegenschaft im Grundbuch. Denn sie trifft nicht nur einzelne Vermögenswerte, sondern das gesamte eheliche Vermögen. Die Gütertrennung kann auch angeordnet werden, wenn ein Ehegatte dem anderen Auskunft über sein Einkommen, sein Vermögen und seine Schulden verweigert oder wenn ein Ehegatte überschuldet ist. Das Gesetz nennt eine Reihe weiterer Gründe, auf die an dieser Stelle nicht im Einzelnen eingegangen werden kann.

Die Anordnung der Gütertrennung bewirkt die Beendigung des bisherigen Güterstandes (Errungenschaftsbeteiligung oder Gütergemeinschaft) und einen Wechsel zum ausserordentlichen Güterstand der Gütertrennung. Das gibt jedem Ehegatten einen klagbaren Anspruch auf güterrechtliche Auseinandersetzung. Waren die Ansprüche des anderen Ehegatten am ehelichen Vermögen bisher nur Anwartschaften, wandeln sie sich jetzt in einklagbare Ansprüche.

Macht ein Ehegatte von seinem Recht Gebrauch, die güterrechtliche Auseinandersetzung durchzuführen (bei der Trennung wird sie normalerweise nur angeordnet), kommt es zur Aufteilung des gesamten ehelichen Vermögens. Für Unternehmer kann das bedeuten, dass der Ehepartner jetzt einklagbare güterrechtliche Ansprüche auf das Geschäftsvermögen besitzt. Die Folgen können einschneidend sein: Die Beschaffung neuer Mittel oder Kredite, die Suche nach potenziellen Käufern für das Unternehmen, Umstrukturierungen oder ähnliche Massnahmen bedürfen einer umsichtigen Planung. Dafür fehlt oft die Zeit, wenn der Ehegatte sofort ausbezahlt werden muss. Eine verfrühte güterrechtliche Auseinandersetzung kann Unternehmer deshalb in finanzielle Schwierigkeiten bringen.

Beispiel: Der Ehemann hat während der Ehe eine Grossmetzgerei (AG) aufgebaut. Da das ganze Unternehmen Errungenschaft des Ehemannes bildet, steht der Ehefrau bei der güterrechtlichen Auseinandersetzung die Hälfte des Unternehmenswertes zu. Der Ehemann plant, die Ehefrau bei der Scheidung auszubezahlen, indem er zwei Filialen abstösst. Dazu muss er das Unternehmen jedoch zuerst umstrukturieren und einen Käufer finden. Die Ehefrau durchkreuzt seine Pläne, indem sie beim Gericht die Anordnung der Gütertrennung bewirkt und die güterrechtliche Auseinandersetzung verlangt. Dem Ehemann fehlt die Zeit, die Umstrukturierungen wie geplant vorzunehmen, und kann sich nur noch mit Zahlungsfristen durch das Gericht behelfen.

Die Anordnung der Gütertrennung kann für Unternehmer jedoch auch Vorteile haben. Denn ab dem Zeitpunkt der Gütertrennung entsteht kein gemeinsames Errungenschaftsvermögen mehr. Die so genannte Vorschlagsbeteiligung des anderen Ehegatten, die während der Trennungsphase noch wachsen kann, entfällt damit. Sind die Einkommens- und Ertragsverhältnisse des Unternehmerehegatten in der Trennungsphase so, dass sein Vermögen immer noch wächst, kann er ein Interesse an der Anordnung der Gütertrennung haben. Denn so muss er das Vermögen, das er nach der Gütertrennung anspart, bei der Scheidung nicht mehr teilen.

Beispiel: Der Ehemann erwirtschaftet mit seinem Unternehmen stattliche Gewinne. Die gute Einkommens- und Ertragslage ermöglicht es ihm, jedes Jahr rund 100 000 Franken zu sparen und anzulegen. Die Ehefrau erwirkt die Anordnung der Gütertrennung. Drei Jahre danach lassen sie sich scheiden. Der Ehemann muss die Ersparnisse, die er seit der Anordnung der Gütertrennung gemacht hat, nicht mit seiner Frau teilen.

Aus der Sicht des Partnergatten des Unternehmers ist es nicht immer leicht zu entscheiden, ob die Anordnung der Gütertrennung mehr Vor- oder Nachteile bringt. Ein vorschnelles Begehren kann sich als Nachteil erweisen, wenn die Anordnung der Gütertrennung wie in unserem Beispiel die vermögensrechtlichen Ansprüche bei der Scheidung beeinträchtigt. Andererseits kann die Gütertrennung die Einkommens-

und Vermögensverhältnisse klären und bestimmte Vermögenswerte absichern. Ausserdem lässt sich die Vorschlagsbeteiligung früher realisieren. Insgesamt muss man die Vor- und Nachteile der Gütertrennung in jedem Fall sorgfältig gegeneinander abwägen.

Anweisung an Schuldner

Wenn ein Ehegatte seine Unterhaltspflicht gegenüber der Familie nicht erfüllt, kann das Gericht die Schuldner des zahlungspflichtigen Ehegatten anweisen, den geschuldeten Betrag direkt an den unterhaltsberechtigten Ehegatten zu zahlen.

Bei angestellten Ehegatten erfolgt die Anweisung an den Arbeitgeber. Bei Unternehmern oder Selbständigen kommt eine Anweisung an sonstige Schuldner in Betracht, etwa Banken, bei denen der Unternehmer Guthaben hat, oder Vertragspartner des Unternehmers, die ihm Geld schulden.

2. Der Ehepartner ist am Unternehmen beteiligt oder arbeitet mit

Vorbemerkungen

In der Schweiz sind rund 85 Prozent aller Klein- und Mittelunternehmen Familienunternehmen. Davon sind etwa drei Viertel so genannte Kleinstunternehmen mit weniger als zehn Mitarbeitenden. Sehr häufig sind KMU-Unternehmer somit nicht nur privat mit ihrem Ehegatten verbunden, sondern es besteht auch eine geschäftliche Verquickung. Entweder arbeitet der Ehepartner im Unternehmen mit, ist am Unternehmen durch Kapitalbesitz beteiligt oder stellt dem Unternehmen Mittel zur Verfügung. Das Funktionieren solcher Familien- oder Ehegattenunternehmen hängt in der Regel stark von der Kooperation und der persönlichen Harmonie unter den Ehegatten ab. Kommt es zur Trennung, kann das zu erheblichen Schwierigkeiten innerhalb des Unternehmens führen.

Beispiel 1: Der Ehemann ist Inhaber einer Liegenschaftsverwaltung (AG). Die Ehefrau arbeitet schon seit Jahren im Unternehmen mit. Während er die Verwaltung der Liegenschaften besorgt, kümmert sie sich um die Liegenschaftsbuchhaltung. Die Ehefrau er-

> fährt von einem ausserehelichen Verhältnis des Ehemannes und erscheint nicht mehr zur Arbeit. Es kommt zur Trennung, und das Fortbestehen des Unternehmens ist gefährdet.
>
> Beispiel 2: Der Ehemann arbeitet als IT-Berater. Kurz nach der Heirat gründet er eine AG, wobei das Aktienkapital zu 30 Prozent von ihm, zu 10 Prozent von einem Treuhänder und zu 60 Prozent von seiner Ehefrau gehalten wird. Alle Aktionäre sind auch Verwaltungsräte. Nach der Trennung verweigert die Ehefrau jegliche Kooperation. Sie erscheint weder zu den Verwaltungsratssitzungen noch zu den Generalversammlungen.

Bei einer solchen Konstellation liegt es im Interesse aller, eine einvernehmliche Lösung dafür zu finden, wie der eheliche Konflikt vom Unternehmen ferngehalten werden kann. Denn leidet das Unternehmen, leiden die gesamten ehelichen Finanzen. Erzielt der Unternehmer beispielsweise kein oder viel weniger Einkommen, fallen auch die Unterhaltsbeiträge entsprechend niedriger aus. Ausserdem wird der Unternehmenswert beeinträchtigt, an dem meistens beide Ehegatten partizipieren. Zu denken ist an die Situation, in der ein Unternehmen über längere Zeit nicht mehr handlungsfähig ist, weil sich die Ehegatten gegenseitig im Verwaltungsrat und in der Generalversammlung blockieren.

Mitarbeit im Unternehmen

Arbeitet der Ehepartner im Unternehmen mit, muss möglichst schnell ein Ersatz gefunden werden. Im Idealfall kann eine andere Person seine Aufgaben übernehmen. Das Arbeitsverhältnis muss form- und fristgerecht beendet und die Ansprüche aus dem Arbeitsverhältnis müssen beglichen werden. Bezog der ausscheidende Ehegatte nie einen angemessenen Lohn, ist unter Umständen eine angemessene Entschädigung für seine Mitarbeit geschuldet (siehe dazu Kapitel 10, Abschnitt 4).

Die Fortsetzung des Arbeitsverhältnisses kommt nur in seltenen Fällen in Frage. Doch auch diese Variante darf nicht ungeprüft bleiben, denn der mitarbeitende Ehepartner verliert durch die Beendigung seines Arbeitsverhältnisses sein Eigeneinkommen. Das wirkt sich wiederum negativ auf das Gesamtbudget der Familie aus.

Beteiligung am Unternehmen

Ist der Ehepartner am Unternehmen beteiligt, indem er Anteile am Firmenkapital besitzt, gilt es die Beteiligungsverhältnisse zu entflechten. Denn Streit zwischen den Gesellschaftern führt zu zwei unerwünschten Effekten: Entweder wird das Unternehmen handlungsunfähig, weil sich die zerstrittenen Gesellschafter gegenseitig blockieren. Oder aber der Minderheitsgesellschafter wird durch den Mehrheitsgesellschafter unterdrückt. Beides wirkt sich negativ aus. Als Lösung kommen der vorzeitige Verkauf der Beteiligung an den Ehegatten oder die Erteilung von Vollmachten in Frage, um das gesamte Gesellschaftskapital vertreten zu können.

Einsitz im Verwaltungsrat

Hat der Ehepartner Einsitz im Verwaltungsrat oder stehen ihm Geschäftsführungsbefugnisse zu, dann empfiehlt es sich, die Leitungsgremien des Unternehmens so umzustrukturieren, dass nur noch einer von beiden an den Schalthebeln des Unternehmens sitzt. Zumindest sind die Unterschriftsberechtigungen so umzugestalten, dass nur noch ein Ehegatte für das Unternehmen zeichnen kann.

Die beschriebene Entflechtung gestaltet sich in der Praxis meistens sehr schwierig. Ist ein Ehepaar einmal zerstritten, lassen sich kaum noch sinnvolle Lösungen finden. Oft erweist sich eine Seite als rechtlich stärker, was zwangsläufig zur Benachteiligung der anderen Seite führt.

Beispiel: Ein Ehepaar führt gemeinsam eine Werbeagentur (AG). Der Mann hält 70 Prozent der Aktien, seine Frau 30 Prozent. Beide sind Verwaltungsräte mit Einzelunterschrift und im Tagesgeschäft tätig. Im Laufe der Trennung beschliesst der Ehemann, seine Frau aus dem Unternehmen zu eliminieren. Er wählt sie aus dem Verwaltungsrat ab und beendet ihren Arbeitsvertrag. Dann beginnt er, das Unternehmen systematisch auszuhöhlen. Schritt für Schritt überträgt er Vermögenswerte des Unternehmens auf sich selbst und auf Strohmänner mit dem Ziel, den Wert des Unternehmens bis zur Scheidung zu schmälern.

In so einer Situation kann sich der benachteiligte Ehegatte entweder mit den eherechtlichen Sicherungsmassnahmen zur Wehr setzen (siehe Abschnitt 1 in diesem Kapitel), indem er Verfügungssperren oder Handlungsverbote erwirkt. Oder er macht seine gesellschaftsrechtlichen Minderheitsrechte geltend, zum Beispiel das Recht auf Einsichtnahme in die Unternehmenszahlen, auf Einberufung einer Generalversammlung usw.

Personengesellschaften mit dem Ehepartner

Führt ein Unternehmer mit seinem Ehepartner eine Personengesellschaft (zum Beispiel eine Kollektivgesellschaft), dann sind bei der Trennung nicht nur die gegenseitigen Verhältnisse im vorhin umschriebenen Sinne zu entflechten. Es kann sogar die Auflösung der Gesellschaft mit anschliessender Liquidation drohen. Bei Personengesellschaften sind die Ehegatten durch einen Gesellschaftsvertrag miteinander verbunden. Trennen sie sich, stellt sich die Frage, ob gleichzeitig der Gesellschaftsvertrag aufgelöst werden kann. Der Gesellschaftsvertrag kann durch gegenseitige Übereinkunft, durch Erreichung des Gesellschaftszweckes, durch Kündigung oder aus einem wichtigen Grund aufgelöst werden. Eine Trennung stellt in der Regel einen wichtigen Grund dar, der beiden das Recht gibt, den Gesellschaftsvertrag sofort ohne Einhaltung von Kündigungsfristen zu beenden. Die Gesellschaft wird allerdings erst durch den Richterspruch aufgelöst, wenn sich eine Seite der sofortigen Auflösung widersetzt.

Beispiel 1: Ein Architekten-Ehepaar führt zusammen ein Architekturbüro (Kollektivgesellschaft). Es kommt zur Trennung und die Ehefrau verlangt die sofortige Auflösung des Gesellschaftsverhältnisses. Da der Ehemann mit dem Ausstieg seiner Frau einverstanden ist, wird das Gesellschaftsverhältnis durch gegenseitige Übereinkunft aufgelöst.

Beispiel 2: In unserem Beispiel ist der Ehemann nicht einverstanden, dass seine Frau das Architekturbüro von einem Tag auf den anderen verlässt. Sie muss deshalb den Richter anrufen, der ihren Antrag auf Auflösung des Gesellschaftsverhältnisses gutheisst.

Die Beendigung des Gesellschaftsverhältnisses hat die Liquidation der Gesellschaft zur Folge. Das bedeutet, dass die laufenden Aktivitäten beendet, die Gesellschafterbeiträge zurückerstattet und die gesellschaftlichen Aktiven verwertet werden müssen. Der Gewinn oder Verlust wird dann auf die Gesellschafter aufgeteilt. Die Auflösung der Gesellschaft mit der anschliessenden Verteilung des Gesellschaftsvermögens ist unabhängig von der Scheidung: Sie ist die Folge der Beendigung des Gesellschaftsverhältnisses und nicht der Trennung oder Scheidung. Die Aufteilung kann deshalb schon vor einer allfälligen Scheidung stattfinden. Bei der Scheidung wird dann entschieden, welcher Gütermasse die aus der Gesellschaftsauflösung zugeflossenen Vermögenswerte zuzuordnen sind, ob sie in die gemeinsame Errungenschaft oder ins Eigengut eines Ehegatten fallen (siehe auch Kapitel 9).

Die Liquidation der Gesellschaft ist nicht zwingend. Das Gesetz sieht eine Möglichkeit vor, wie ein Ehegatte die Gesellschaft weiterführen kann: «Sind nur zwei Gesellschafter vorhanden, so kann derjenige, der keine Veranlassung zur Auflösung gegeben hatte, unter den gleichen Voraussetzungen das Geschäft fortsetzen und dem andern Gesellschafter seinen Anteil am Gesellschaftsvermögen ausrichten.» Will ein Gesellschafter die Gesellschaft somit fortführen, muss er dem anderen dessen Anteil am Gesellschaftsvermögen ausbezahlen. Aus der Kollektivgesellschaft wird dann ein Einzelunternehmen, was entsprechende Änderungen im Handelsregister notwendig macht.

Die Auszahlung kann sehr hoch ausfallen und den Gesellschafter, der das Unternehmen weiterführt, in finanzielle Schwierigkeiten bringen. Obwohl es sich nicht um einen güterrechtlichen Ausgleichsanspruch handelt (die Auszahlung ist keine Folge der güterrechtlichen Auseinandersetzung), werden in der Praxis dennoch vom Gericht angemessene Zahlungsfristen gewährt (siehe dazu Kapitel 9, Abschnitt 10 und Kapitel 10, Abschnitt 7).

Forderungen gegenüber dem Unternehmen

Unternehmen geraten oft in finanzielle Schwierigkeiten, wenn ein Ehegatte dem Unternehmen ein Darlehen zur Verfügung gestellt hat. Was am Anfang als wohlwollende Unterstützung gedacht war, verkehrt sich bei der Trennung ins Gegenteil. Durch Fälligstellung des Darlehens kann der Darlehensgeber die Rückzahlung erzwingen. Das kann das Unternehmen in eine schwierige Situation bringen.

Beispiel: Der Ehemann führt ein Restaurant (AG). Zur Finanzierung der Einrichtung hat ihm seine Frau ein Darlehen von 100 000 Franken zur Verfügung gestellt. Nach der Trennung will sie ihr Geld möglichst rasch wiederhaben. Sie stellt das Darlehen fällig. Der Ehemann weiss nicht, woher er die Mittel nehmen soll.

Wurde das Geld dem Ehegatten persönlich zur Verfügung gestellt, kann er beim Gericht Zahlungsfristen verlangen (siehe dazu auch Kapitel 9, Abschnitt 10). In allen anderen Fällen ist an die Vernunft des Darlehensgebers zu appellieren, die finanzielle Grundlage seines Ehegatten nicht zu zerstören. Denn damit schadet sich der Darlehensgeber meistens selbst, weil der Ehegatte beispielsweise keine Unterhaltszahlungen leisten kann.

3. Herausgabe von Geschäftsunterlagen

Bei der Trennung stellt sich bei Unternehmern regelmässig die Frage, ob der Ehepartner ein Recht auf Einblick in die Geschäftsunterlagen hat. Das Gesetz räumt beiden Seiten das Recht ein, vollständig über die finanziellen Verhältnisse des Ehegatten orientiert zu sein. Unternehmer sind somit verpflichtet, vollen Einblick in die geschäftlichen Verhältnisse zu erteilen, soweit sie Auskunft über ihre persönliche finanzielle Situation geben (insbesondere über das Einkommen inklusive Bonus, Gratifikation, Gewinnausschüttung, VR-Honorare, Vermögen und Schulden).

In der Regel erhält der Ehepartner Kopien der Jahresrechnungen mit Bilanz und Erfolgsrechnung. Daraus ist das Einkommen mit allen Bestandteilen ersichtlich. Weichen die Zahlen von Jahr zu Jahr stark ab, sind die Jahresrechnungen der letzten drei bis fünf Jahre massgebend (mehr dazu auch im Kapitel 3, Abschnitt 3).

Weitere Unterlagen, wie Kopien von Verträgen, Protokolle, Lohnlisten, Buchungsbelege usw., müssen grundsätzlich nicht herausgegeben werden. Denn der Ehegatte hat kein Recht darauf, über sämtliche geschäftlichen Belange orientiert zu sein, die nicht direkt mit den

Einkommens- und Vermögensverhältnissen seines Ehegatten zusammenhängen. Weitere Unterlagen zur Verifizierung der Angaben können höchstens dann einverlangt werden, wenn Zweifel an der Richtigkeit der Jahresrechnungen bestehen (absichtlich zu tief ausgewiesene Gewinne, unkorrekte Löhne, zu hohe Unkosten usw.).

Auskunftsbegehren aus reiner Neugier sind nicht zulässig. Der Ehepartner muss immer rechtliche Ansprüche haben, zu deren Geltendmachung er die Auskünfte benötigt (so genanntes Rechtsschutzinteresse).

Ein Ehegatte kann seinen Anspruch auf Information notfalls gerichtlich durchsetzen.

Beispiel: Die Ehefrau möchte wissen, wie viel ihr Ehemann als Inhaber einer Vermögensverwaltungsfirma (AG) verdient. Der Ehemann übergibt ihr die Bilanz und die Erfolgsrechnung des vergangenen Jahres. Die Erfolgsrechnung weist einen Jahreslohn von 180 000 Franken und einen Gewinn von 1 500 Franken aus. Die Frau hat Hinweise darauf, dass der Gewinn durch zu hohe Drittleistungen absichtlich geschmälert wurde. Sie kann gerichtlich erwirken, dass ihr Ehemann auch die Kontenblätter und Belege zu den Drittleistungen herausgeben muss. Ihr Begehren, wonach alle Verwaltungsratsprotokolle der letzten fünf Jahre herauszugeben seien, wird hingegen abgewiesen, weil sie in keinem direkten Zusammenhang zu den finanziellen Verhältnissen des Ehemannes stehen.

Kapitel 3:
Ehegattenunterhalt

1. Sinn und Zweck des Ehegattenunterhalts

Anspruch auf finanzielle Unterstützung während des Getrenntlebens hat die wirtschaftlich schwächere Seite, die ihren angemessenen Lebensunterhalt nicht aus eigenen Einkünften decken kann. Mit den Unterhaltszahlungen soll erreicht werden, dass Frau und Mann nach der Trennung in etwa den gleichen Lebensstandard weiterpflegen können.

2. Wie berechnet sich der Ehegattenunterhalt?

Im Folgenden werden die Grundsätze für die Berechnung des Unterhaltsbeitrages während des Getrenntlebens dargestellt. Diese sind nicht dieselben wie bei einer Scheidung (siehe dazu Kapitel 14). In einem ersten Schritt wird der Grundbedarf je von Mann und Frau berechnet. Die Kosten für die Kinder werden dem Grundbedarf des Elternteils zugeordnet, der das Obhutsrecht hat. In einem zweiten Schritt werden die Einkommensverhältnisse beider Seiten festgestellt. Aus dem Grundbedarf beider Ehegatten minus beide Einkommen ergibt sich entweder ein Überschuss oder eine Unterdeckung. Ein Überschuss wird unter den Ehegatten aufgeteilt – grundsätzlich zu gleichen Teilen, oder je nach Anzahl Kinder nach einem anderen Schlüssel. Anhand von Grundbedarf, Einkommen und allfälligem Überschuss wird dann der Unterhaltsbeitrag berechnet. Im Anhang I findet sich ein Beispiel einer Unterhaltsberechnung für untere bis mittlere Einkommen.

Die Berechnung des Grundbedarfes geht vom betreibungsrechtlichen Existenzminimum aus. Der so genannte Grundbetrag beträgt zurzeit für allein stehende Ehegatten 1 100 Franken pro Monat, für Ehegatten mit Unterstützungspflichten 1 250 Franken, für Kinder bis 6 Jahre 250 Franken, bis 12 Jahre 350 Franken und über 12 Jahre 500 Franken. Dazu kommen die Wohn- und Nebenkosten, nicht vom Lohn abgezogene Sozialbeiträge für AHV, IV und Unfall, Krankenkassenbeiträge, Berufsauslagen sowie Unterhaltsleistungen für unmündige Kinder. Dieser Betrag erhöht sich sodann um die Ausgaben, die zum familienrechtlichen Grundbedarf zählen. Darunter fallen Steuern, Versicherungsbeiträge für Hausrat- und Haftpflichtversicherung, Kosten für die Betreuung der Kinder, Hobbys der Kinder, Telefon, öffentliche Verkehrsmittel und weitere Positionen. Was genau zum familienrechtlichen Grundbedarf zählt und was nicht, erfahren Sie von Ihrem Anwalt.

Ist das Einkommen des Ehepaars höher als sein Grundbedarf, liegt ein Überschuss vor. Bei kinderlosen Paaren wird er grundsätzlich hälftig aufgeteilt. Sind Kinder vorhanden, steht dem Elternteil mehr zu, bei dem die Kinder leben. Die Quote schwankt in der Praxis je nach Anzahl Kinder zwischen 3/5 und 2/3 des Überschusses.

Eine Unterdeckung liegt vor, wenn nicht genug Mittel zur Verfügung stehen, um den Grundbedarf beider Ehegatten zu finanzieren. In solchen Fällen wird zunächst der Grundbedarf beider Seiten herabgesetzt. Zum Beispiel werden die Steuern aus der Bedarfsberechnung gestrichen. Dann werden alle weiteren Ausgaben gestrichen oder gekürzt, die nicht unbedingt erforderlich sind. Bleibt eine Unterdeckung bestehen, muss der zahlungspflichtige Ehegatte nur so viel Unterhalt leisten, wie ihm über sein Existenzminimum hinaus verbleibt.

Beispiel: Der Ehemann verdient 5 000 Franken pro Monat, seine Frau hat kein festes Einkommen. Der Grundbedarf der Frau und der Kinder beträgt 3 500 Franken, der Grundbedarf des Ehemannes 2 300 Franken. Alle Familienmitglieder zusammen würden 5 800 Franken benötigen, um sämtliche Kosten zu decken. Dieses Geld haben sie jedoch nicht. Der Ehemann muss einen Unterhaltsbeitrag von 2 700 Franken leisten (5 000 Franken minus sein Existenzminimum von 2 300 Franken). Der Frau und den Kindern fehlen 800 Franken, um ihre Kosten zu decken. Sie haben in diesem Umfang eine so genannte Unterdeckung.

Bleibt nach Festlegung der Unterhaltsbeiträge eine definitive Unterdeckung bestehen, kann sich der betroffene Ehegatte an die Sozialhilfe wenden. Er ist im Umfang der Unterdeckung sozialhilfeabhängig.

Für die Dauer des Getrenntlebens legt das Gericht einen Gesamtbetrag fest, der den Ehegattenunterhalt und den Kinderunterhalt umfasst. Der Kinderunterhalt wird jedoch betragsmässig ausgeschieden (siehe auch Kapitel 4, Abschnitt 3).

Beispiel: Der Ehemann wird verpflichtet, seine Frau und seine beiden Kinder jeden Monat mit 3 800 Franken zu unterstützen. Die Gerichtsverfügung hält fest, dass von den 3 800 Franken je 800 Franken zuzüglich Kinderzulagen für die Kinder bestimmt sind.

3. Unternehmer, Selbständige und Gutverdienende

Vorbemerkungen

Bei Unternehmern, Selbständigen und Gutverdienenden gestaltet sich die Unterhaltsberechnung weniger klar als bei Angestellten. Erstens ist das Einkommen von Unternehmern und Selbständigen oft schwankend. Zudem ist in vielen Fällen unklar, was alles zum unterhaltsrechtlich relevanten Einkommen zu zählen ist. Bei Personen mit sehr hohem Einkommen, das eine regelmässige Vermögensbildung erlaubt, sind ausserdem andere Grundsätze der Unterhaltsberechnung gerechtfertigt. Bei diesen Einkommen ist nicht entscheidend, wie viel beiden Seiten über den Grundbedarf hinaus verbleibt (so genannte Überschussverteilung), sondern wie viel der unterhaltsberechtigte Ehepartner zur Weiterführung seines bisherigen Lebensstandards braucht.

Beispiel 1: Der Ehemann ist Inhaber einer Unternehmensberatungsfirma (AG). Im letzten Jahr zahlte er sich 180 000 Franken Lohn aus, im vorletzten Jahr 110 000 Franken und im Jahr davor 160 000 Franken. Die Spesen für auswärtiges Essen, Auto, Übernachtungen usw. zahlte er sich separat aus. Im Durchschnitt waren es etwa 8 000 Franken pro Jahr. Der Gewinn der AG betrug im letzten Jahr 25 000 Franken und im vorletzten Jahr 5 000 Franken. Im Jahr davor resultierte ein Verlust von 7 000 Franken. Neben seiner beruflichen Tätigkeit ist er an seinem Wohnort Mitglied des Gemeinderates. Dafür erhält er eine jährliche Vergütung von 10 000 Franken. Nächstes Jahr will er dieses Amt niederlegen, weil ihm die Belastung zu gross wird. Welches Einkommen ist für die Unterhaltsberechnung massgebend?

Beispiel 2: Der Ehemann ist CEO einer Detailhandelskette (AG). Er erhält ein fixes Jahresgehalt von 450 000 Franken. Hinzu kommt ein leistungs- und erfolgsorientierter Bonus, der in den vergangenen Jahren rund 200 000 Franken pro Jahr ausmachte. Das Gesamteinkommen beträgt somit etwa 650 000 Franken pro Jahr. Für seinen Lebensunterhalt legte das Ehepaar in den vergangenen Jahren rund 400 000 Franken aus (Haus, Essen, Kleider, Ferien, Putzfrau, Steuern usw.). Muss der Ehemann den Überschuss von 250 000 Franken während der Dauer des Getrenntlebens mit seiner Frau teilen?

Was gehört zum Einkommen?

Zum unterhaltsrechtlich relevanten Einkommen gehören sämtliche Einkünfte. Dazu zählen nicht nur der normale Lohn, sondern auch der 13. Monatslohn, Bonusse, Gratifikationen, Gewinnbeteiligungen, Spesenersatz (im Sinne von verstecktem Einkommen), Überstundenvergütungen, Provisionen, Nebeneinkünfte (zum Beispiel aus politischen Mandaten oder Verwaltungsratsmandaten), Gewinnausschüttungen aus Kapitalgesellschaften, Einnahmen aus Patenten, Lizenzgebühren, Darlehenszinsen, Renten, Sozialleistungen usw. Massgebend sind jeweils die Nettobeträge.

Beim 13. Monatslohn, bei den Bonussen und Gratifikationen geht die Gerichtspraxis relativ strikte davon aus, dass sie ganz normal zum Einkommen hinzuzuzählen sind, auch wenn sie noch nicht verdient sind. Machen Bonusse und Gratifikationen einen beträchtlichen Teil des Gesamteinkommens aus, kann das den Unterhaltsverpflichteten in Schwierigkeiten bringen. Unter Umständen muss er die Unterhaltszahlungen von einem Einkommen leisten, das er noch gar nicht verdient hat.

Beispiel: Der Ehemann erhält ein Fixum von jährlich 100 000 Franken. In den letzten Jahren kam regelmässig ein leistungs- und erfolgsorientierter Bonus von rund 60 000 Franken dazu. Das Gericht berechnet die Unterhaltsbeiträge auf der Basis eines Jahreseinkommens von 160 000 Franken und legt die Unterhaltszahlungen für die Frau und die Kinder auf 8 500 Franken pro Monat fest. Im Zeitpunkt des Gerichtsentscheides verfügt der Ehemann über dieses Geld aber noch nicht, da er nur 8 333 Franken pro Monat ausbezahlt erhält. Der letzte Bonus wurde bereits vor der Trennung für Steuern und Ferien aufgebraucht. Der Ehemann muss seinen eigenen Lebensunterhalt deshalb aus anderen Mitteln vorfinanzieren.

Trotz dieser Ungereimtheit halten die Gerichte relativ strikte an dieser Praxis fest. Dem kann nur so begegnet werden, dass sich ein Ehepaar darauf einigt, die Unterhaltszahlungen vorerst auf der Basis des effektiv ausbezahlten Monatslohnes zu berechnen. Wird am Schluss des Jahres tatsächlich ein Bonus ausbezahlt, wird er nach einem bestimmten Schlüssel aufgeteilt.

Werden Unternehmensbeteiligungen (Aktien, Optionen) als Einkommensbestandteile ausgegeben, sind sie grundsätzlich zum Einkommen hinzuzuzählen. Bei Optionen ist das allerdings erst dann gerechtfertigt, wenn sie ausgeübt worden sind.

Bei Selbständigen und Unternehmern gehört auch der Unternehmensgewinn zum Einkommen, soweit er ihnen persönlich zukommt und nicht bereits im ausbezahlten Lohn enthalten ist (mehr dazu auch im Kapitel 9, Abschnitt 4). Unter dem Unternehmensgewinn ist der Nettogewinn nach buchhalterischen Grundsätzen zu verstehen, also der Bruttogewinn minus Aufwand, Abschreibungen, Steuern usw. Probleme ergeben sich meistens daraus, dass Selbständige und Unternehmer Möglichkeiten haben, ihren Nettogewinn zu beeinflussen. In der Regel besteht ein gewisser Spielraum, den geschäftichen Aufwand und die Abschreibungen höher oder niedriger ausfallen zu lassen. Hinter geschäftlichem Aufwand verbergen sich zudem oft versteckte Lohnbestandteile, die dem Unternehmer privat zum Vorteil gereichen.

Bei diesen Positionen ist prinzipiell auf die Grundsätze der Buchführung abzustellen. Soweit der Aufwand tatsächlich geschäftlich begründet und Abschreibungen zulässig sind, sind diese Positionen auch nicht zum Einkommen hinzuzurechnen (siehe hierzu «Einkommensmanipulationen», Seite 44).

Zum Einkommen zählt auch der gesamte Vermögensertrag aus Wertschriften, Immobilien, Sparheften usw. Dabei spielt es keine Rolle, ob das Vermögen zur Errungenschaft oder zum Eigengut gehört. Denn auch Erträge auf dem Eigengut (etwa ererbtem Vermögen) sind zum Einkommen hinzuzurechnen.

Beispiel: Die Ehefrau hat von ihrem Vater eine Immobilie geerbt, die netto einen Ertrag von 25 000 Franken pro Jahr abwirft. Der Ertrag ist zum Einkommen der Ehefrau hinzuzurechnen.

Bei Liegenschaften gelten die Mietzinse abzüglich aller Aufwendungen zur Substanzerhaltung (Unterhaltskosten, Hypothekarzinsen, zwingende Amortisationen) als Ertrag. Bei Wertpapieren bilden nur die Zinsen und Dividenden den Ertrag; die Wertsteigerung der Papiere, zum Beispiel Kursgewinne bei Aktien, hingegen nicht (mehr dazu im Kapitel 9, Abschnitt 4).

Das eigentliche Vermögen – das heisst die Substanz – zählt nicht zum Einkommen. Nur in Ausnahmefällen besteht die Pflicht, das Vermögen anzuzehren. Das ist dann der Fall, wenn die laufenden Einkünfte nicht ausreichen, um den Lebensunterhalt der Ehegatten während des Getrenntlebens zu finanzieren, aber ein beträchtliches Vermögen vorhanden ist. In diesem Fall muss die Vermögenssubstanz mindestens für eine gewisse Übergangszeit und zu einem bestimmten Prozentsatz pro Jahr angezehrt werden.

Unregelmässige und schwankende Einkommen

Das Einkommen von Unternehmern und Selbständigen ist oft schwankend und entsprechend schwierig feststellbar. Dasselbe gilt für Manager, bei denen der Bonus und die Gratifikationen einen erheblichen Bestandteil des Einkommens ausmachen. Auch das Einkommen von Personen, die in erster Linie von ihrem Vermögensertrag leben, ist den Schwankungen der Börse unterworfen.

Die Gerichte tun sich schwer mit schwankenden Einkommen. In der juristischen Lehre wird die Auffassung vertreten, es solle ein Durchschnittswert über die vergangenen zwei bis fünf Jahre massgebend sein. In der Praxis stellen die Gerichte jedoch sehr oft auf das letzte belegbare Einkommen ab.

Beispiel: Der Ehemann ist Inhaber einer Handelsfirma (AG). Das letzte Jahr verlief sehr erfolgreich, und er konnte sich jeden Monat einen Lohn von 20 000 Franken auszahlen. In den Jahren zuvor betrug sein Einkommen nur 12 000 Franken pro Monat. Da das Gericht auf die aktuellen Verhältnisse abstellt, legt es die Unterhaltspflicht auf der Basis eines Einkommens von 20 000 Franken fest. Das Gericht geht davon aus, dass sich die Geschäfte entsprechend erfolgreich weiterentwickeln werden.

Obwohl diese Praxis aus Sicht der juristischen Lehre falsch ist, kommt sie immer wieder zur Anwendung. Da eheschutzrechtliche Massnahmen jedoch nicht auf Dauer angelegt sind, kann ein Unterhaltsbeitrag bei einer wesentlichen Veränderung der Verhältnisse immer wieder angepasst oder neu festgelegt werden (siehe auch Kapitel 6).

Beispiel: Die Geschäfte des Geschäftsinhabers aus unserem Beispiel entwickeln sich nicht wie vom Gericht erwartet. Nach der Trennung muss er sein Einkommen auf 10 000 Franken pro Monat senken und das Unternehmen macht einen Verlust. Der Ehemann kann verlangen, dass das Gericht seine Unterhaltsbeiträge herabsetzt.

Einigen sich die Ehegatten in einer Getrenntlebensvereinbarung, sollten sie stets von einem Durchschnittseinkommen in den letzten zwei bis fünf Jahren ausgehen. Zusätzlich sollten sie festlegen, was passiert, wenn sich am Ende des Jahres eine wesentliche Abweichung vom berechneten Durchschnittseinkommen ergibt.

Beispiel: Der Ehemann ist seit acht Jahren selbständiger Vermögensverwalter (Einzelfirma). Er hat sich in den vergangenen fünf Jahren Löhne von 180 000 Franken, 250 000 Franken, 180 000 Franken, 190 000 Franken und 380 000 Franken ausbezahlt. Das letzte Jahr war besonders erfolgreich, da die Börsenkurse in die Höhe schnellten. Das Durchschnittseinkommen der vergangenen fünf Jahre betrug 236 000 Franken. Die Ehegatten einigen sich auf der Basis dieses Durchschnittseinkommens auf einen Unterhaltsbeitrag von 13 000 Franken pro Monat. Falls das Einkommen 236 000 Franken übersteigt, vereinbaren sie, den Überschuss hälftig aufzuteilen.

Einkommensmanipulationen

Die Höhe seines Einkommens muss jeder Ehegatte vor Gericht belegen. Das Gericht verlangt dabei Lohnausweise, Bilanzen und Erfolgsrechnungen, Abrechnungen über Nebenerwerbe, Kontoauszüge über den Wertschriftenertrag, Liegenschaftsabrechnungen, Spesen-, Überstunden- und Provisionsabrechnungen usw. Bei Einkommen in Form von Aktien sollte man den Wert schätzen lassen, falls sie nicht börsenkotiert sind und über den Wert Uneinigkeit herrscht.

Unternehmer, Selbständige und Gutverdienende sind oft versucht, ihr Einkommen im Hinblick auf ihre Scheidung zu beeinflussen. Unternehmer zahlen sich ihren Lohn normalerweise selber aus. Das bedeutet, dass sie selber bestimmen können, welche Einkünfte sie als Lohn aus der eigenen Firma beziehen und welche sie in der Firma stehen lassen. Auch leitende Angestellte haben oft die Möglichkeit, die Höhe ihres Lohns zu beeinflussen. Oft stehen sie den Entscheidgremien ihres Arbeitgebers nahe und können «Spezialvereinbarungen» treffen.

Beispiel 1: Der Ehemann ist Inhaber einer eigenen Firma (AG). Er bezahlte sich in den vergangenen Jahren einen Lohn von 240 000 Franken aus. Im Hinblick auf seine Scheidung hat er nun wenig Motivation, weiterhin so viel zu verdienen. Er reduziert seinen Jahreslohn auf 180 000 Franken. Dafür investiert er grössere Beträge in eine neue Büroeinrichtung und neue Geschäftsautos.

Beispiel 2: Der Ehemann ist Geschäftsführer eines Bauunternehmens (AG). Er erhielt in den vergangenen Jahren ein Fixum von 170 000 Franken. Dazu kam ein jährlicher Bonus von 70 000 Franken. Im Hinblick auf seine Scheidung vereinbart er mit dem Verwaltungsrat, dass er die nächsten drei Jahre auf seinen Bonus verzichtet und die Firma nach der Scheidung einen beträchtlichen Beitrag in eine Kaderstiftung einbezahlt.

Werden Unterlagen einfach gefälscht (zum Beispiel falsche Lohnausweise, Bilanzen, Erfolgsrechnungen usw.), sind die tatsächlichen Verhältnisse massgebend. Eine vorsätzliche Fälschung kann zudem den Straftatbestand Urkundenfälschung, Prozessbetrug, Steuerbetrug usw. erfüllen.

Wenn Einkommensbestandteile an der Buchhaltung und den Steuern vorbeigeschleust werden, kann die Unterstützung der Strafbehörden sinnvoll sein. Einen Steuerbetrug kann man bei der zuständigen Strafbehörde anzeigen. Sie ist von Amtes wegen verpflichtet, die erforderlichen Abklärungen vorzunehmen. Das kann nützlich sein, wenn Abklärungen über die Existenz von Bankkonten und die Höhe von Guthaben nötig sind oder wenn sich Vermögenswerte im Ausland befinden (Rechtshilfe). Bei der reinen Steuerhinterziehung (Nichtangabe von Einkommen ohne Manipulation von Urkunden) ist in der Regel die Steuerverwaltung zuständig. Hier ist es für den benachteiligten Ehegatten schwierig, Abklärungen zu verlangen. Er muss sich in der Regel mit Auskunftsersuchen über das Eheschutzgericht behelfen.

Wer erwägt, eine Steuerhinterziehung oder einen Steuerbetrug anzuzeigen, sollte zuerst prüfen, inwiefern er sich mitschuldig gemacht hat. Unter Umständen muss man sich vorwerfen lassen, den Betrug gebilligt zu haben. Zum Beispiel indem man eine Steuererklärung mitunterzeichnet hat, die nicht korrekt war. In solchen Fällen gilt es abzuwägen, ob man sich mit der Anzeige eine Bestrafung einhandelt. Die Selbstanzeige kann sich günstig auswirken, und normalerweise wird man nur für die Steuern zur Rechenschaft gezogen, die auf das eigene Einkommen entfallen. In diesem Punkt sind die kantonalen Steuergesetze jedoch recht verschieden. Am besten lassen Sie sich von Ihrem Anwalt beraten.

Setzt ein Unterhaltspflichtiger sein Einkommen durch eigenes Zutun herab (Absprachen mit Vorgesetzten, Reduktion der Lohnbezüge), ist das Einkommen massgebend, das er zu erzielen imstande wäre. In solchen Fällen stellt das Gericht auf das mögliche und zumutbare Einkommen ab.

Bei Selbständigen und Unternehmern, die absichtlich einen zu geringen Gewinn ausweisen, ist der tatsächlich erzielte Gewinn massgebend. Sind sie buchführungspflichtig, kann auf Bilanz und Erfolgsrechnung abgestellt werden. Zu überprüfen ist dabei vor allem, ob privater Aufwand unter dem Deckmantel des geschäftlichen Aufwandes geltend gemacht wird und ob überhöhte Abschreibungen zu einem zu niedrigen Gewinn führen.

Einkommensmanipulationen sind auch im Bereich des Vermögensertrages möglich.

Beispiel: Der Ehemann investiert in Wertschriften, mit denen er eine jährliche Rendite von durchschnittlich 6 Prozent erwirtschaftet. Wegen der bevorstehenden Scheidung löst er sein Wertschriftendepot auf und stellt das Geld einem Freund als Darlehen zur Verfügung. Mit dem Freund vereinbart er einen Darlehenszins von 2 Prozent. Hinter dem Rücken der Ehefrau vereinbart er mit dem Freund, dass er nach der Scheidung für den Freundschaftszins angemessen entschädigt wird.

In solchen Fällen ist massgebend, welcher Ertrag üblicherweise aus dem Vermögen erwirtschaftet werden könnte. Das Gericht legt einen hypothetischen Vermögensertrag fest, der auf einem üblichen Zinssatz für die Vermögenswerte basiert. Nicht zulässig ist die Aufrechnung eines hypothetischen Vermögensertrages, wenn sich die Person der Vermögenssubstanz entäussert hat.

Der Unterhaltspflichtige will nicht mehr arbeiten

Unzulässig ist auch, wenn ein Ehegatte seine Erwerbstätigkeit tatsächlich und absichtlich reduziert. In solchen Fällen ist die Leistungsfähigkeit der betreffenden Person massgebend. Ihm wird ein hypothetisches Einkommen in dem Masse angerechnet, als die Erzielung dieses Einkommens möglich und zumutbar erscheint. Von Bedeutung sind dabei die zeitlichen Möglichkeiten der Erwerbstätigkeit, die beruflichen Qualifikationen, das Alter, die Gesundheit sowie die Arbeitsmarktsituation.

Beispiel: Der Ehemann war bisher kaufmännischer Leiter eines mittelständischen Unternehmens. Er erzielte ein Einkommen von 180 000 Franken pro Jahr. Wegen der bevorstehenden Scheidung will er nun nicht mehr voll arbeiten, da er ohnehin einen grossen Teil seines Lohnes an seine Ehefrau und die Kinder abgeben muss. Der Ehemann kündigt deshalb seine Stelle und nimmt einen 50-Prozent-Job als Verkäufer in einer Buchhandlung an. Am neuen Ort verdient er nur noch 35 000 Franken pro Jahr. Sofern es für den Ehemann weiterhin möglich und zumutbar ist, 100 Prozent in einer leitenden kaufmännischen Funktion zu arbeiten, wird ihm sein bisheriges Einkommen von 180 000 Franken pro Jahr als hypothetisches Einkommen angerechnet.

Unterhaltsberechtigte dürfen sich von einem hypothetischen Einkommen allerdings nicht zu viel versprechen. Denn oft ist es so, dass das Gericht den Unterhaltsverpflichteten zwar zu einem höheren Unterhaltsbeitrag verurteilt, er diesen Beitrag aber nicht bezahlen kann. Den Unterhaltsberechtigten bleiben aufreibende und ergebnislose Betreibungsverfahren, allenfalls eine strafrechtliche Verurteilung des Unterhaltspflichtigen wegen Vernachlässigung der Unterhaltspflicht. Es kann deshalb unter Umständen besser sein, nicht den höchstmöglichen Unterhaltsbeitrag einzufordern, um dem Ehegatten einen Anreiz zu belassen, weiterhin auf vergleichbarem Niveau weiterzuarbeiten.

Muss der Unterstützungsberechtigte arbeiten?

Bei einer Trennung stellt sich oft die Frage, ob der unterstützungsberechtigte Ehegatte eine Erwerbstätigkeit aufnehmen oder eine bestehende Erwerbstätigkeit aufstocken muss, wenn er bisher nicht oder nur teilzeitlich erwerbstätig war.

Sind aus der Ehe keine Kinder hervorgegangen, ist einem Ehegatten in der Regel sofort zuzumuten, eine Erwerbstätigkeit aufzunehmen und für seinen Unterhalt selber zu sorgen. Eine Grenze kann das Alter darstellen, wenn er lange Zeit nicht erwerbstätig war und in fortgeschrittenem Alter wieder ins Erwerbsleben einsteigen soll (mehr dazu auch im Kapitel 14, Abschnitt 1). Auch die Art der Aufgabenteilung in einer Ehe spielt eine Rolle. Entsprach es während der Ehe dem Rollenverständnis des Ehepaares, dass einer von beiden zuhause bleibt und den Haushalt besorgt, steht ihm eine gewisse Übergangsfrist zu, um wieder ins Erwerbsleben einzusteigen.

Sind Kinder vorhanden, ist die Erwerbsfähigkeit des Elternteils eingeschränkt, der die Kinder betreut. Bei Kindern bis zum vollendeten 10. Altersjahr geht die Gerichtspraxis davon aus, dass neben der Kindererziehung keine Erwerbstätigkeit zumutbar sei. Ist das jüngste Kind zwischen dem vollendeten 10. und dem vollendeten 16. Altersjahr, hält die Gerichtspraxis eine 30-Prozent- bis 50-Prozent-Tätigkeit für zumutbar (bei einem Kind etwa 50 Prozent, bei zwei Kindern etwa 30 Prozent; sind mehr als zwei Kinder jünger als 16, ist die Erwerbsfähigkeit in der Regel nicht gegeben; das gilt auch, wenn ein Kind oder mehrere Kinder besonders betreuungs- oder pflegebedürftig sind, zum Beispiel wegen einer Behinderung). Hat das jüngste Kind das 16. Altersjahr zurückgelegt, gilt die Kinderbetreuung als abgeschlossen. Die Erwerbsfähigkeit ist dann nicht mehr eingeschränkt. Zu berücksichtigen ist dann jedoch noch die Dauer der beruflichen Wiedereingliederung.

Berechnung bei Gutverdienenden

Bei durchschnittlichen Einkommen wird der Unterhaltsbeitrag nach dem Prinzip der so genannten Überschussverteilung festgelegt. Bei Gutverdienenden kann dieses Prinzip dazu führen, dass dem unterhaltsberechtigten Ehegatten nach der Trennung mehr Mittel zur Verfügung stehen als vorher.

> Beispiel: Der Ehemann ist in leitender Funktion bei einem Pharmaunternehmen angestellt. Er bezieht ein Grundgehalt von 400 000 Franken pro Jahr und einen Bonus von rund 200 000 Franken pro Jahr. Das Ehepaar gab in der Vergangenheit rund 200 000 Franken für seinen Lebensunterhalt aus. Nach Steuern blieben etwa 250 000 Franken übrig. Würde diese Sparquote von rund 250 000 Franken bei der Überschussverteilung verteilt, hätte die Ehefrau mehr Mittel zur Verfügung als in der Zeit des Zusammenlebens.

Für Gutverdienende mit einem Einkommen, das den tatsächlichen Lebensbedarf übersteigt, hat das Bundesgericht der Teilung des Überschusses deshalb dort eine Grenze gesetzt, wo das Einkommen höher ist, als es die Wahrung der Lebenshaltung während der Ehe erfordert. Mit anderen Worten: Die Unterhaltsregelung bezweckt keine Vermögensverschiebung.

Sind die Einkommensverhältnisse so, dass der bisherige Lebensstandard auch nach der Trennung weiterfinanziert werden kann, findet darüber hinaus somit keine Überschussverteilung statt. Der Überschuss verbleibt dem Ehegatten, der das Einkommen erzielt.

Der bisherige Lebensstandard als Massstab

Massgebend für die Unterhaltsbeiträge während des Getrenntlebens ist bei Gutverdienenden somit der bisherige Lebensstandard. Den Sockel des Lebensstandards bildet dabei wie bei Normalverdienenden das betreibungsrechtliche Existenzminimum (siehe Abschnitt 2 in diesem Kapitel). Dazu kommen die Ausgaben, die zum familienrechtlichen Grundbedarf zählen. Darunter fallen Steuern, Versicherungsbeiträge für Hausrat- und Haftpflichtversicherung, Telefon, öffentliche Verkehrsmittel usw. Zur Ermittlung des bisherigen Lebensstandards kommen zusätzlich alle sonstigen Ausgaben hinzu, die in der Vergangenheit tatsächlich anfielen. Dabei muss es sich nicht um lebensnotwendige Ausgaben handeln. Sie dürfen durchaus luxuriöser Natur sein, solange sie in der Vergangenheit tatsächlich anfielen. Dazu gehören etwa die Putzfrau, der Gärtner, Hobbys (Sport, Vereine usw.), Privatunterricht für die Kinder, Ferien, erhöhter Kleiderbedarf, teures Auto usw.

Beispiel: Die Ehefrau fuhr einen Porsche, solange sie mit ihrem Mann zusammenlebte. Der Leasing-Vertrag für den Porsche kostet monatlich 2 400 Franken. Ihr jährlicher Mitgliederbeitrag im Golfclub beläuft sich auf 4 000 Franken. Obwohl diese Kosten nicht zum eigentlichen Grundbedarf eines Menschen gehören, können sie bei guten finanziellen Verhältnissen zum Lebensbedarf gezählt werden, wenn das Einkommen dafür ausreicht und diese Ausgaben auch während des Zusammenlebens immer anfielen.

Eine Bedarfsberechnung in guten finanziellen Verhältnissen kann zum Beispiel etwa so aussehen:

Bedarf der Ehefrau

Angaben in Franken pro Monat

Wohnung	2 800	Putzfrau	1 200
Nebenkosten (Heizung, Strom)	400	Golfclub	320
		Coiffeur/Kosmetik	250
Krankenkasse	550	Gärtner	300
Franchise Krankenkasse	100	Ausgehen, Theater usw.	400
Essen	1 700	Ferien	1 000
Kleider	2 000	Zahnarzt	200
Versicherungen (Hausrat, Haftpflicht)	100	Geschenke	300
		Steuern	3 500
Leasing Auto	2 400		
Telefon, TV, Radio	300	**Total**	**17 820**

Der monatliche Bedarf der Ehefrau liegt in diesem Beispiel bei 17 820 Franken. Wenn sie nachweisen kann, dass all diese Ausgaben auch schon vor der Trennung anfielen, stellt dieser Betrag ihren Unterhaltsanspruch dar.

In der Praxis fehlen oft Belege über Ferien, Kleider, auswärtiges Essen, Einladungen, Geschenke, Schmuck usw. Der Ehegatte, der Unterhalt für sich beansprucht, ist für die geltend gemachten Ausgaben jedoch beweispflichtig. Ohne Belege können die Ausgaben in der Regel nicht nachgewiesen werden. In guten finanziellen Verhältnissen ist es deshalb zu empfehlen, über sämtliche Ausgaben akribisch Buch zu führen – spätestens ab dem Zeitpunkt, in dem sich eine Ehekrise abzeichnet.

Anmerkung zur Zweckmässigkeit der Plafonierung

An dieser Stelle seien einige Bemerkungen zur Zweckmässigkeit dieser Praxis erlaubt: Der Vorteil der Plafonierung des Unterhaltsbetrages liegt zweifellos darin, dass keine Vermögensverschiebung stattfindet, die in der Ehe nicht gelebt wurde. Grundsätzlich ist es richtig, dass niemand durch die Trennung mehr bekommen soll, als er vorher bereits zur Verfügung hatte. Die Regel birgt indes auch Ungereimtheiten in sich.

Ungereimtheit 1: Wer sich während der Ehe seinem Partner gegenüber grosszügig zeigt, muss das bei der Trennung büssen. Denn je höher der Lebensstandard des Partners bis dahin war, desto höher fallen die Unterhaltsbeiträge aus. Das ist erstens stossend, weil Grosszügigkeit nicht bestraft werden soll. Zweitens kann es zu Manipulationen führen: In der Phase, in der sich eine Trennung abzeichnet, wird der Unterhaltsberechtigte versuchen, seine Lebenshaltungskosten möglichst hinaufzusetzen. Der Unterhaltspflichtige wird bestrebt sein, die Kosten möglichst tief zu halten, etwa keine Ferien oder Geschenke mehr zu machen, das Haushaltsgeld einzuschränken usw. Dies wiederum erhöht die Spannungen auf die Beziehung.

Ungereimtheit 2: Die Begrenzung der Unterhaltsbeiträge auf die tatsächlichen Lebenshaltungskosten führt ferner dazu, dass der Überschuss vollumfänglich dem Unterhaltspflichtigen bleibt.

> Beispiel: Der Ehemann verdient 600 000 Franken pro Jahr. Der Unterhaltsbeitrag an seine Frau wird auf 15 000 Franken pro Monat oder 180 000 Franken pro Jahr festgelegt. Der Ehemann hat einen Jahresbedarf von 170 000 Franken und bezahlt Steuern von etwa 140 000 Franken. Es resultiert ein Überschuss von jährlich 110 000 Franken. Da das gesamte Einkommen auf das Lohnkonto des Ehemannes fliesst, hat er allein Zugriff auf diesen Überschuss.

Der Unterhaltspflichtige verfügt damit – nebst seinem eigenen Bedarf – über ein finanzielles «Polster». Die Annahme, er werde dieses Polster nicht antasten, erweist sich regelmässig als Illusion. Denn weshalb sollte er sparen, wenn er das Ersparte bei der Scheidung teilen muss? Viele Unterhaltspflichtige verwenden den Überschuss deshalb, um ihren Bedarf zu subventionieren. Man leistet sich teure Ferien, kauft sich ein Auto, schafft sich Einrichtungsgegenstände an usw. Der Unterhaltsberechtigte kann dieses Verhalten nur unterbinden, wenn er eine Gefährdung seiner finanziellen Interessen im Hinblick auf die Scheidung nachweisen kann. Reiner Eigenverbrauch wird in der Regel aber nicht als Gefährdung finanzieller Interessen betrachtet, weshalb solches Handeln meist ungeahndet bleibt.

Mit der Möglichkeit, über den Überschuss allein zu verfügen, sind ausserdem Missbrauchsgefahren verbunden. Geld kann ins Ausland transferiert oder anderweitig verheimlicht werden, um es einer späteren Teilung zu entziehen. Da der unterstützungsberechtigte Ehegatte meistens weder Zugriff noch Überblick über diese Bankkonten hat, bleibt auch das in der Regel ungeahndet.

Es wäre deshalb wünschenswert, die Praxis in zweierlei Hinsicht zu überdenken: Erstens sollte bei den Luxusausgaben (wie Ferien, Kleider, Schmuck, auswärtiges Essen usw.) nicht den Ausschlag geben, was sich ein Ehepaar in der Vergangenheit leistete, sondern was bei vergleichbaren finanziellen Verhältnissen angemessen erscheint (pauschale Ansätze). Wenn jemand seinem Ehepartner immer teure Ferien, Kleider und Schmuck zugestand, obwohl er selber eigentlich sparen wollte, heisst das nicht, dass das auch in Zukunft so sein soll.

Zweitens sollte auch bei Gutverdienenden der Überschuss aufgeteilt werden. Das Vermögen ist nicht deswegen unzulässig verschoben, weil auch der Unterhaltsberechtigte über einen Teil des Überschusses verfügt. Denn in den meisten Fällen sind die Ersparnisse aus dem Arbeitserwerb ohnehin bei der Scheidung hälftig zu teilen. Viele Ehepaare entschieden ferner gemeinsam darüber, wie viel sie sparten und wie viel sie ausgaben. Es ist deshalb schwer einzusehen, weshalb das während des Getrenntlebens grundlegend anders sein sollte.

4. Welche Unterlagen braucht es für die Berechnung?

Der Unterhaltsbeitrag berechnet sich anhand des betreibungsrechtlichen Existenzminimums, des familienrechtlichen Grundbedarfs und der Einkommen beider Ehegatten. Die folgenden Unterlagen sollten deshalb vorliegen:

Unterlagen für die Berechnung

- Lohnausweis des letzten Jahres (eventuell der letzten Jahre)
- aktuelle Lohnabrechnung
- letzte Steuererklärung
- Belege über Vermögenserträge
- Mietvertrag/Hypothekarzins-Bescheinigungen
- Belege über die Wohnnebenkosten (Gebäudeversicherung, Heizung, Wasser, Kaminfeger usw.)
- Beleg über die monatlichen Krankenkassenprämien
- Nachweis der Krankenkassen-Franchise
- Beleg der Hausrat- und Haftpflichtversicherung
- Transportkostennachweis (Tram- und Zugabonnemente), Belege über Fahrzeuge (Steuern, Versicherung, Unterhalt, Leasing)
- Belege über Betreuungskosten für die Kinder (Tagesheim, Hort usw.)
- Belege über Freizeitkosten der Kinder (Sportvereine, Musikunterricht usw.)

Bei Gutverdienenden kommen zu diesen Unterlagen noch alle Belege über die weiteren Lebenshaltungskosten hinzu. Das können zum Beispiel sein:

> **Belege über die weiteren Lebenshaltungskosten**
>
> - Zahlungen an Putzfrau
> - Belege über Ferien und Freizeitaktivitäten (Sportclubs, Mitgliedschaften usw.)
> - Belege über Kleider- und Essenskosten
> - Belege über spezielle Gesundheitskosten (z.B. Massagen, Therapien usw.)
> - Belege über Zahnarztkosten
> - Belege über spezielle Versicherungen (Schmuck-, Skiversicherung usw.)
> - Rechnungen für Telefon/TV/Radio
> - Rechnungen für Energie
> - Belege über Geschenke

5. Auskunftspflicht gegenüber dem Ehepartner

Jede Seite ist verpflichtet, der anderen Auskunft über ihre Einkommensverhältnisse und ihr Vermögen zu erteilen. Tut sie das nicht freiwillig, kann die andere Seite ein Auskunftsbegehren beim Gericht stellen. Das Gericht verpflichtet den Ehegatten in einem solchen Fall, sämtliche Belege einzureichen und Auskunft zu erteilen (mehr dazu auch im Kapitel 2, Abschnitt 3).

6. Wann beginnt die Unterhaltspflicht?

Unterhalt ist ab dem Tag der Trennung geschuldet. Wird der Unterhaltsbeitrag erst später festgesetzt (vom Gericht oder in einer Getrenntlebensvereinbarung), wird er auf diesen Zeitpunkt rückbezogen.

> Beispiel: Der Ehemann zog Anfang Februar aus der ehelichen Wohnung aus. Im August wird das Getrenntleben gerichtlich beurteilt. Der Unterhaltsbeitrag wird rückwirkend ab Anfang Februar festgesetzt.

Die rückwirkende Geltendmachung von Unterhalt ist jedoch begrenzt auf ein Jahr. Länger zurückliegende Ansprüche können nicht mehr eingefordert werden. Eine rückwirkende Forderung ist auch dann ausgeschlossen, wenn der zahlungspflichtige Ehegatte nachweisen kann, dass er sich mit seinem Ehegatten auf einen Unterhaltsbeitrag ab einem gewissen Zeitpunkt geeinigt hat (zum Beispiel das Akzeptieren eines Unterhaltsbeitrages während eines längeren Zeitraums).

Kapitel 4:
Kinder

1. Wer erhält die Kinder?

Bei der Zuteilung der Kinder ist zu unterscheiden zwischen der elterlichen Sorge (vormals elterliche Gewalt) und dem Obhutsrecht. Beim Getrenntleben wird vorerst nur das Obhutsrecht über die Kinder einem Elternteil zugeteilt, die elterliche Sorge behalten während des Getrenntlebens nach wie vor beide Eltern. Die elterliche Sorge wird erst bei einer Scheidung einem oder beiden gemeinsam zugeteilt (siehe dazu auch Kapitel 15, Abschnitt 1).

Beim Getrenntleben geht es also darum zu entscheiden, wer für die Dauer der Trennung die Obhut über die Kinder erhalten soll. Können sich die Eltern darüber nicht einigen, wird die Obhut dem Elternteil zugeteilt, der am ehesten dazu in der Lage ist, eine umfassende Betreuung für die Kinder zu bieten und für eine gedeihliche Entwicklung zu sorgen. Die Kriterien, die dafür von Bedeutung sind, sind im Kapitel 15 (Abschnitt 1) ausführlich behandelt. Sie gelten grundsätzlich auch für das Obhutsrecht. In der überwiegenden Zahl der Fälle wird das Obhutsrecht der Mutter zugeteilt.

Der Elternteil, der das Obhutsrecht hat, kann in eigener Verantwortung über alle Fragen der täglichen Fürsorge und Betreuung entscheiden (Erziehungsstil, Taschengeld, Kleider, Freizeit der Kinder usw.). Bei wichtigen Fragen, die darüber hinausgehen (Schule, Wahl einer Ausbildung, ärztliche Eingriffe, religiöse Erziehung usw.) muss er den anderen Elternteil in die Entscheidfindung mit einbeziehen (Mitspracherecht). Denn während des Getrenntlebens sind beide Eltern nach wie vor Inhaber der elterlichen Sorge.

2. Besuchs- und Ferienrecht

Der Elternteil, dem die elterliche Obhut nicht zugeteilt wird, hat einen Anspruch auf regelmässigen Kontakt mit den Kindern (Besuchs- und

Ferienrecht). Dieser Anspruch stellt gleichzeitig eine Pflicht dar. Hat ein Elternteil das Besuchsrecht wiederholt nicht ausgeübt, kann ihm dieses Recht wieder entzogen werden.

In der Praxis hat es sich eingebürgert, dass der Berechtigte ein Besuchsrecht an jedem zweiten Wochenende (Samstag und Sonntag) und ein Ferienrecht von zwei bis drei Wochen pro Jahr erhält. Von dieser Regel können die Eltern aber nach Belieben abweichen, wenn sie sich einig sind (siehe dazu auch Kapitel 15, Abschnitt 2).

Bei Schwierigkeiten mit dem Besuchsrecht können die Eltern die Vormundschaftsbehörde beziehungsweise die Jugendbehörde oder den Eheschutzrichter anrufen. Fragen Sie Ihren Anwalt, welche Instanz in Ihrem konkreten Fall zuständig ist. Die zuständige Behörde kann die Eltern ermahnen oder Anweisungen erteilen. Sie darf das Besuchsrecht auch einfrieren oder aufheben, oder sie kann ein begleitetes Besuchsrecht anordnen. Für solche Massnahmen sind allerdings konkrete Anhaltspunkte für die Gefährdung des Wohlbefindens des Kindes erforderlich.

3. Kinderunterhalt

Das Gesetz verpflichtet die Eltern, gemeinsam und in gleicher Weise für die Kinder zu sorgen. Daran ändert auch das Getrenntleben nichts. In der Phase des Getrenntlebens ist die Rollenverteilung allerdings durch die Obhutsberechtigung vorgezeichnet. Während sich vor der Trennung noch beide Eltern nach besten Kräften und zeitlichen Möglichkeiten um die Kinder kümmerten, liegt diese Aufgabe jetzt beim obhutsberechtigten Elternteil (in der Regel bei der Mutter). Der andere Elternteil (in der Regel der Vater) muss für den finanziellen Unterhalt der Kinder aufkommen.

Für die Dauer des Getrenntlebens spricht das Gericht einen Gesamtbetrag für den Unterhalt zu. Er umfasst den Ehegatten- und den Kinderunterhalt. Das Gericht legt allerdings fest, welcher Teil des Gesamtbetrags auf den Kinderunterhalt entfällt.

Das Gesetz nennt keine Zahlen, wie hoch der Kinderunterhalt sein soll. Es hält nur fest, dass bei der Berechnung die Bedürfnisse der Kinder, die Lebensstellung und Leistungsfähigkeit der Eltern sowie Einkünfte und Vermögen der Kinder zu berücksichtigen seien.

In der Praxis finden sich unterschiedliche Methoden zur Berechnung des Kinderunterhalts. Einige Kantone stellen auf so genannte Normalbeträge ab, die den effektiven Verhältnissen angepasst werden. Andere gehen von den betreibungsrechtlichen Grundbeträgen aus und erweitern sie bei der Überschussverteilung. Die am weitesten verbreitete Methode ist die so genannte Prozentregel. Danach zahlt der zahlungspflichtige Elternteil für ein Kind etwa 15 bis 17 Prozent des elterlichen Einkommens, für zwei Kinder etwa 25 bis 27 Prozent und für drei Kinder (und mehr) etwa 33 bis 35 Prozent des elterlichen Einkommens. Erzielt der obhutsberechtigte Elternteil selber ein hohes Einkommen, sind die Prozentsätze nur auf dem Einkommen des Unterhaltspflichtigen zu berechnen. Hinzu kommen die Kinderzulagen, die je nach Kanton unterschiedlich sind.

Bei sehr hohen Einkommen ist die Prozentregel nicht anwendbar. Sie würde zu einer Vermögensverschiebung führen, indem der unterhaltsberechtigte Elternteil mehr für den Unterhalt der Kinder erhalten würde, als das während des Zusammenlebens der Fall war. Wie beim Ehegattenunterhalt (siehe dazu auch Kapitel 3, Abschnitt 3) gilt deshalb auch hier der tatsächliche Bedarf des Kindes als oberste Grenze. Bei der Unterhaltsberechnung lautet in guten finanziellen Verhältnissen deshalb die Frage, welche Kosten die Kinder tatsächlich verursachen. Diese Kosten bilden den Unterhaltsbeitrag.

Kapitel 4   Kinder

Die folgende Aufstellung kann als Ausgangsbasis für die Berechnung dienen.

Ausgangsbasis für die Berechnung

Angaben in Franken

Alter	Ernäh-rung	Beklei-dung	Unter-kunft	Zusätzliche Kosten	Pflege und Erziehung	Total*
1 bis 6 Jahre	295	85	345	505	680	**1 910**
7 bis 12 Jahre	310	110	345	620	435	**1 820**
13 bis 18 Jahre	395	135	320	820	310	**1 980**

* Gemäss Landesindex der Konsumentenpreise des BFS (November 2002)

Je mehr Kinder eine Familie hat, desto tiefer sind die Ansätze. In guten finanziellen Verhältnissen sind sie angemessen zu erhöhen, denn die Kinder sollen am Lebensstandard der Eltern teilhaben. Zu den oben aufgeführten Kosten kommen somit zum Beispiel noch folgende Ausgaben hinzu:

Zusätzliche Kosten

- Erhöhte Kleiderkosten
- Kosten für teure Hobbys (Tennis, Reiten, Skifahren usw.)
- Erhöhtes Taschengeld
- Zahnarztkosten
- Schulgeld (Privatschule, Internat, Kurse usw.)
- Kosten für Ferien

Voraussetzung ist, dass die Ausgaben in der Vergangenheit tatsächlich anfielen und auch in Zukunft anfallen werden. Andernfalls gehören sie nicht zur Beibehaltung des bisherigen Lebensstandards.

In der Praxis besteht für den Kinderunterhalt eine Plafonierung bei ungefähr 3 000 Franken pro Kind und Monat. Mehr wird nur zugesprochen, wenn die Lebensverhältnisse sehr luxuriös sind (siehe auch Kapitel 15, Abschnitt 3).

Kapitel 5:
Weitere Folgen des Getrenntlebens

1. Wohnung, Haus, Geschäftsräumlichkeiten

Wer muss ausziehen?

Ehepaare, die sich zur Trennung entschliessen, können sich meistens darüber einigen, wer eine neue Wohnung nimmt und wer in der gemeinsamen Wohnung bleibt. Bei Paaren mit Kindern ist es in aller Regel die Ehefrau, die mit den Kindern am alten Ort bleibt, und der Ehemann, der auszieht.

Können sie sich nicht einigen, muss das Gericht entscheiden. Beide Seiten können ein Begehren an den Richter stellen, in dem sie verlangen, dass der andere ausziehen soll. In der Regel ist es die Frau, die ein solches Begehren stellt.

Das Gericht entscheidet in dieser Frage nach Zweckmässigkeitskriterien. Sind Kinder vorhanden, wird grosses Gewicht auf die Kindesinteressen gelegt. Wenn immer möglich sollen die Kinder in ihrem bisherigen Zuhause bleiben können.

Die Rücksichtnahme auf die Kindesinteressen hat zur Folge, dass normalerweise der Elternteil in der bisherigen Wohnung bleiben kann, der das Obhutsrecht über die Kinder erhält (mehr dazu auch im Kapitel 4, Abschnitt 1). Der Streit um die gemeinsame Wohnung ist deshalb oft auch ein Streit um das Obhutsrecht.

> Beispiel: Die Ehefrau ist nicht erwerbstätig und betreut seit mehreren Jahren die drei minderjährigen Kinder. Der Ehemann hat eine Vollzeitstelle. Er möchte, dass seine Frau das gemeinsame Einfamilienhaus verlässt, da sie seines Erachtens an der ehelichen Krise schuld ist. Weil die Ehefrau das Obhutsrecht über die Kinder bekommt und die Kinder in ihrem bisherigen Zuhause belassen werden sollen, muss der Ehemann ausziehen.

Sind keine Kinder vorhanden, ist entscheidend, wer einen stärkeren Bezug zur ehelichen Wohnung hat und wem ein Umzug eher zuzumuten ist.

Beispiel: Der Ehemann ist vorübergehend aus der gemeinsamen 5-Zimmer-Eigentumswohnung zu seinen Eltern gezogen. Sie haben ein grosses Haus, in dem er ein Studio beziehen konnte. Jetzt möchte er, dass seine Frau aus der gemeinsamen Wohnung auszieht, damit er wieder einziehen kann. Der Richter kommt zum Schluss, dass die Ehefrau in der Wohnung bleiben kann, da es am zweckmässigsten ist, die Situation vorerst so zu belassen.

Nicht entscheidend ist, wem die gemeinsame Wohnung gehört.

Beispiel: Ein Ehepaar bewohnt ein 8-Zimmer-Einfamilienhaus, das der Ehemann vor drei Jahren von seinen Eltern geerbt hat. Er ist als Alleineigentümer im Grundbuch eingetragen. Wegen Spannungen in der Ehe möchte er die vorläufige Trennung. Seine Frau erhält das Obhutsrecht über die zwei Kinder. Weil den Kindern nach Ansicht des Gerichtes nicht zugemutet werden kann, umzuziehen, muss der Ehemann ausziehen, obwohl das Haus ihm gehört.

Auch das Verschulden an der ehelichen Krise hat keinen Einfluss.

Beispiel: Der Ehemann erfährt, dass seine Frau ein ausserehliches Verhältnis hat, und verlangt die Trennung. Die Kinder bleiben bei ihrer Mutter. Da der Frau nach Ansicht des Gerichtes nicht zuzumuten ist, mit den Kindern auszuziehen, muss der Ehemann ausziehen, trotz ihrem ausserehlichen Verhältnis.

Muss ein Ehegatte ausziehen, erhält er vom Gericht eine angemessene Auszugsfrist. Bei schweren ehelichen Spannungen (womöglich verbunden mit häuslicher Gewalt) wird die Frist kurz angesetzt. Besteht immer noch ein gewisses Einvernehmen unter den Ehegatten, wird sie länger bemessen. Berücksichtigt wird immer die Schwierigkeit, eine neue Wohnung zu finden. Hält sich ein Ehegatte nicht an die angeordnete Auszugsfrist, kann man polizeiliche Hilfe in Anspruch nehmen.

Geschäftsräumlichkeiten

Dient die eheliche Wohnung oder das Haus einem Ehepartner als Geschäftsräumlichkeit, wird anhand einer Interessenabwägung entschieden, wer ausziehen muss. Dem Interesse des Unternehmers, seine Geschäftsräumlichkeiten beibehalten zu können, steht das Interesse der übrigen Familienmitglieder gegenüber, ihr Zuhause nicht verlassen zu müssen. Zu denken ist an den Arzt, der seine Praxis in dem Haus betreibt, in dem die Familie wohnt. In solchen Situationen können die Kosten ins Gewicht fallen, die eine Verlegung der Geschäftsräumlichkeiten mit sich bringt (Umzugskosten, bauliche Massnahmen usw.). Auch die Bedeutung des Domizils für das Geschäft ist ein Kriterium. Umgekehrt ist zu berücksichtigen, wie stark der Bezug der übrigen Familienmitglieder zur bisherigen ehelichen Wohnung ist. Sind zum Beispiel die Kinder stark in der Umgebung verwurzelt (Freunde, Schule, Mitgliedschaft in Quartiervereinen usw.), fällt auch dies ins Gewicht.

Beispiel: Ein Ehepaar besitzt als Gesamteigentümer ein Haus mit 12 Zimmern. In den unteren Stockwerken hat der Ehemann einen Druckereibetrieb eingerichtet. Zur Geschäftseinrichtung gehören unter anderem fest eingebaute Maschinen. In den beiden oberen Stockwerken wohnt das Ehepaar mit dem gemeinsamen Sohn. Der Ehemann möchte auch nach der Trennung von seiner Familie im Haus bleiben. Sein Gesuch wird gutgeheissen, da ein Umzug der Druckerei rund 80 000 Franken kosten würde. Umgekehrt scheint es für die Ehefrau zumutbar, für sich und ihren Sohn eine neue Wohnung zu finden.

Wie teuer darf die neue Wohnung sein?

In guten finanziellen Verhältnissen haben beide Seiten auch nach der Trennung grundsätzlich Anspruch auf den bisherigen Wohnstandard. Lebten sie bisher in luxuriösen Wohnverhältnissen (grosses Einfamilienhaus, teure Wohnung), darf der, der auszieht, ein vergleichbar luxuriöses Zuhause suchen, wenn die Mittel dafür vorhanden sind.

Beispiel: Ein Ehepaar lebt in einem luxuriösen 7-Zimmer-Einfamilienhaus an bester Lage. Wegen Spannungen zieht die Ehefrau aus. Sie muss sich nicht mit einer billigen 1-Zimmer-Wohnung begnügen, sondern darf ihrem bisherigen Lebensstil entsprechend in eine 3-Zimmer-Wohnung an guter Lage ziehen.

Sind die finanziellen Verhältnisse knapp, muss sich der Ehegatte, der auszieht, nach der Decke strecken. Eine zu teure Wohnung ist in diesem Fall unangemessen und kann die Kürzung seines Grundbedarfs zur Folge haben – oder eine Weisung des Richters, eine billigere Wohnung zu suchen. Ist die Trennung für eine gewisse Dauer vorgesehen, muss sich der ausziehende Ehegatte jedoch nicht mit einer Absteige begnügen. Eine 2-Zimmer-Wohnung würde bei ihm als angemessen betrachtet. Verbringt er regelmässig Zeit mit seinen Kindern, dann hat er ausserdem Anspruch auf genügend Platz, damit die Kinder bei ihm übernachten können (drei bis vier Zimmer, je nach Anzahl Kinder).

Wer in eine zu billige Wohnung zieht, nimmt oft mehrere Nachteile in Kauf: Erstens verzichtet er auf Wohnkomfort. Zweitens wird bei der Berechnung seines Grundbedarfs ein niedriger Mietzins eingesetzt, was die Unterhaltsberechnung zu seinen Ungunsten beeinflusst. Zu grosse Zurückhaltung bei der Wohnungssuche ist deshalb nicht ratsam.

Eine andere Frage ist, ob derjenige, der in der ehelichen Wohnung bleibt, längerfristig in eine billigere Wohnung umziehen muss. Hier sind die Gerichte zurückhaltend. In guten finanziellen Verhältnissen besteht kaum Aussicht, ein solches Begehren durchzubringen. Aussicht auf Erfolg besteht vor allem dann, wenn das Geld nicht für zwei teure Wohnungen reicht.

Einrichtung der neuen Wohnung

Bei Trennungen stellt sich immer wieder die Frage, ob der ausziehende Ehegatte Anspruch auf einen bestimmten Geldbetrag hat, um seine neue Wohnung einzurichten oder Anschaffungen zu finanzieren, die wegen der doppelten Haushaltführung notwendig werden (Geschirr, Fernseher, zweites Auto usw.). Die Gerichtspraxis gibt in dieser Frage leider wenig Hilfestellung.

Ein Anspruch auf einen bestimmten Betrag besteht zunächst in der Regel nicht, wenn die Anschaffungen aus eigenen Mitteln finanziert werden können. Denn die Bezahlung eines grösseren Geldbetrages an den anderen Ehegatten würde einer Vermögensverschiebung gleichkommen, die im Stadium des Getrenntlebens nicht erwünscht ist. Während des Getrenntlebens soll das Güterrecht möglichst unangetastet bleiben.

Ein Anspruch besteht ferner in der Regel nur für solche Neuanschaffungen, die für die vorläufige Führung von zwei Haushalten zwingend erforderlich sind. Dazu zählen notwendige Einrichtungsgegenstände (Bett, Schrank usw.) und Haushaltsgegenstände (Geschirr usw.). Lassen sich diese Gegenstände anderweitig beschaffen, zum Beispiel durch die Aufteilung des bisherigen Hausrats, besteht kein Anspruch.

Bei Neuanschaffungen, die nicht zwingend erforderlich sind (zum Beispiel Luxusobjekte im Einrichtungsbereich), ist grosse Zurückhaltung am Platz. Sie sind nur dann angemessen, wenn das Ehepaar erstens in sehr guten finanziellen Verhältnissen lebte und sie zweitens dem bisherigen luxuriösen Lebensstandard entsprechen. Vorausgesetzt ist natürlich immer, dass der Leistungspflichtige über ausreichende Mittel verfügt, um solche Anschaffungen bezahlen zu können.

Beispiel: Ein Ehepaar wohnt in einer luxuriösen Villa. Die Ehefrau zieht auf Wunsch ihres Mannes in eine 4-Zimmer-Wohnung. Sie besitzt keine eigenen Ersparnisse, aber ihr Mann verfügt über erhebliches Einkommen und Vermögen. Unter diesen Umständen ist es angemessen, dass sie einen bestimmten Betrag erhält, um ihre neue Wohnung einzurichten. Der Betrag soll nicht nur die Anschaffung von Bett, Schrank und Geschirr abdecken, sondern auch eine angemessene Einrichtung der ganzen Wohnung ermöglichen.

Zweitwohnungen und Ferienhäuser Bei der Regelung des Getrenntlebens muss auch die Benützung von Zweit- und Ferienwohnungen geregelt werden. Wie bei der Hauptwohnung sind auch hier Zweckmässigkeitsüberlegungen entscheidend. Weder das Eigentum an den Objekten noch die Schuld am ehelichen Zerwürfnis sind massgebend.

Beispiel 1: Die Ehefrau leidet unter Asthma. Ihr Arzt empfiehlt ihr, sich möglichst viel in den Bergen aufzuhalten. Sie verbringt deshalb ihre Ferien und Wochenenden überwiegend in der gemeinsamen Ferienwohnung. Unter solchen Umständen ist die Ferienwohnung der Ehefrau zur vorläufigen Benützung zuzuteilen, auch wenn sie dem Ehemann gehört.

Beispiel 2: Der Ehemann ist selbständiger Unternehmer und reist oft nach Frankreich, um Kunden zu besuchen. Vor vier Jahren kaufte das Ehepaar in Marseille eine Zweitwohnung, die der Ehemann regelmässig auf seinen Geschäftsreisen benutzt. Die Zweitwohnung ist in diesem Beispiel vorläufig dem Ehemann zuzuweisen, weil er sonst auf seinen Geschäftsreisen in Hotels übernachten müsste.

Häufig sind sich die Ehegatten über die Zuweisung von Zweit- oder Ferienwohnungen nicht einig, aber keine Seite kann ein überwiegendes Interesse daran nachweisen. In solchen Fällen kann das Gericht die Ehegatten anweisen, die Wohnung zu vermieten, um einen Beitrag an die Mehrkosten des Getrenntlebens zu leisten.

Kündigung oder Verkauf der bisherigen Wohnung

Über die bisherige Familienwohnung kann ein Ehepaar auch nach der Trennung nur gemeinsam verfügen. Keine Seite kann also ohne ausdrückliche Zustimmung der anderen den Mietvertrag kündigen, das Haus oder die Wohnung verkaufen oder die Rechte an den Wohnräumen beschränken. Wird die Zustimmung grundlos verweigert, kann man das Gericht anrufen.

Vermieter können eine Familienwohnung auch nicht einem Ehegatten allein kündigen. Die Kündigung muss an beide gerichtet sein.

2. Hausrat, Bankkonten und Kreditkarten

Was darf man mitnehmen?

Zieht ein Ehegatte aus der ehelichen Wohnung aus, dann werden die Vermögenswerte der Ehegatten noch nicht definitiv aufgeteilt. Eine so genannte güterrechtliche Auseinandersetzung findet erst statt, wenn es zu einer Scheidung kommt.

Während des Getrenntlebens werden die Wohn- und Haushaltsgegenstände nur vorübergehend zum Gebrauch aufgeteilt. Wem was gehört, spielt bei der Aufteilung eine geringere Rolle als die Frage, wer was mehr braucht. Der Elternteil, der mit den Kindern in der ehelichen Wohnung bleibt, braucht in der Regel mehr Hausrat als der, der auszieht. Dasselbe gilt zum Beispiel für das Auto: Ist ein Ehegatte dringend auf das Auto angewiesen (zum Beispiel aus beruflichen Gründen oder wegen der Kinder), hat er bessere Aussichten auf die Zuweisung des Autos als der andere.

> Beispiel: Der Ehemann zieht aus der gemeinsamen Wohnung aus. Seine Frau braucht nach wie vor ein Bett. Deshalb darf er das Doppelbett nicht mitnehmen, obwohl er die Schlafzimmereinrichtung seinerzeit gekauft hat. Es ist zweckmässiger, dass er sich ein eigenes Bett kauft.

An Gegenständen, die der Berufsausübung dienen oder die für ein Gewerbe bestimmt sind, hat der Unternehmer wesensgemäss ein grösseres Interesse (zum Beispiel Computer, Büromöbel, Unterlagen usw.). Sie sind deshalb ihm zuzuteilen.

Wer aus der gemeinsamen Wohnung auszieht, darf seine persönlichen Effekten mitnehmen. In der Regel bekommt er auch einen Teil des entbehrlichen Mobiliars und Hausrats (ein Bett, einen Teil des Geschirrs, einen zweiten Fernseher usw.). Ob er Anspruch auf weitere Gegenstände hat, hängt von den Umständen ab. In guten finanziellen Verhältnissen bleibt der Hausrat meistens in der gemeinsamen Wohnung, und der ausziehende Ehegatte richtet sich neu ein. Sind die Mittel zu knapp für den Kauf einer neuen Einrichtung, wird der Hausrat in der Regel so aufgeteilt, dass beide etwa gleich (schlecht) leben können.

Die meisten Paare können sich über die Aufteilung ihres Hausrates einigen. Sonst muss der Richter darüber entscheiden.

Bankkonten und Kreditkarten

Aus praktischen Überlegungen empfiehlt es sich, die Bankkonten bei der Trennung klar zuzuteilen. Jeder soll seine eigenen Konten haben, gemeinsame Konten sind entweder aufzuteilen oder aufzulösen. Obwohl noch keine definitive Aufteilung der Guthaben stattfindet, kann es der Klarheit dienen, wenn jeder Ehegatte vom Zeitpunkt der Trennung an über seine eigenen Konten verfügt.

Die Versuchung ist gross, kurz vor oder nach der Trennung noch Vermögen zu verschieben, um sich einen finanziellen Vorteil zu verschaffen. Solche Vermögensverschiebungen sind in der Regel schwierig rückgängig zu machen (siehe dazu auch Kapitel 9, Abschnitt 5). Im

Interesse beider Seiten sollte deshalb klar geregelt werden, auf wessen Namen die Konten in Zukunft lauten. Vollmachten zugunsten des anderen Ehegatten sollte man so rasch wie möglich löschen und Zweit- und Partnerkarten dem Alleininhaber des Kontos zurückgeben.

Auch Kreditkarten, die auf ein gemeinsames Konto oder das Konto des Ehepartners lauten, sollte man umgehend kündigen oder zurückgeben.

Auf Geschäftskonten hat der andere Ehegatte in der Regel keinen Zugriff. Falls eine Zugriffsmöglichkeit besteht (zum Beispiel wenn der andere Ehegatte im Unternehmen mitarbeitet und bei der Bank unterschriftsberechtigt ist), sollte man unverzüglich Vorkehrungen treffen, um Vermögensverschiebungen zu verhindern. Zu denken ist an die Löschung der Unterschriftsberechtigungen oder an die Sperrung der Konten.

Verheimlichung oder Beiseiteschaffung von Vermögen

Im Zusammenhang mit den ehelichen Vermögenswerten stehen beim Getrenntleben die Sicherungsmassnahmen im Vordergrund (siehe auch Kapitel 2, Abschnitt 1). Sie können notwendig werden, wenn ein Ehegatte sein Vermögen verschleudert oder auf die Seite schafft. Besteht eine ernsthafte Gefahr für die wirtschaftliche Sicherheit des andern Ehegatten oder sind Vermögensansprüche gefährdet, dann kann das Gericht auf Antrag Sicherungsmassnahmen anordnen.

Beispiel: Der Ehemann ist Unternehmer und hat im Verlaufe der Ehe ein beträchtliches Vermögen angespart. Nach der Trennung trifft er Anstalten, Ersparnisse ins Ausland zu transferieren, damit sie der Teilung entzogen werden. Die Ehefrau kann beim Gericht erwirken, dass solche Vermögensverschiebungen unterbunden werden.

Als Sicherungsmassnahmen kommen die grundbuchliche Sperre einer Liegenschaft, Veräusserungsverbote für bestimmte Vermögenswerte, die Sperrung von Bankkonten oder die Gütertrennung in Frage.

Die Gütertrennung ist die strengste Massnahme. Sie wird nur angeordnet, wenn eine ernstliche Gefährdung der wirtschaftlichen Interessen eines Ehegatten besteht, die nicht durch andere Massnahmen behoben werden kann. Die Gütertrennung kann sich allerdings auch als Nachteil für den Ehegatten erweisen, der sie beantragt. Sobald die Gütertrennung angeordnet ist, partizipiert er nämlich nicht mehr am Vermögenszuwachs seines Ehegatten.

Beispiel: Der Ehemann spart jedes Jahr etwa 50 000 Franken. Bei der Trennung betragen seine Ersparnisse 700 000 Franken. Die Ehegatten leben bis zur Scheidung vier Jahre getrennt. In dieser Zeit wachsen die Ersparnisse des Ehemannes auf 900 000 Franken an. Da die Ehefrau unmittelbar nach der Trennung die Gütertrennung beantragte, werden bei der Scheidung nur 700 000 Franken geteilt. Hätte Sie kein Begehren gestellt, wären 900 000 Franken zur Teilung gekommen.

In praktischer Hinsicht ist es nützlich, Kopien aller Unterlagen über die Finanzen des Ehepartners zu sichern (Kontoauszüge, Unterlagen über Wertschriftendepots usw.). Nur anhand dieser Unterlagen lässt sich beurteilen und gegenüber dem Gericht nachweisen, ob Vermögensverschiebungen stattfinden. Ohne Unterlagen kann man in der Regel nichts unternehmen.

Sind Vermögenstransaktionen nicht mehr rückgängig zu machen, kann bei der güterrechtlichen Auseinandersetzung die so genannte Hinzurechnung zur Anwendung kommen (siehe Kapitel 9, Abschnitt 5). Sie bewirkt, dass ein Vermögenswert zur Errungenschaft hinzugezählt wird, obwohl er nicht mehr im Vermögen des Ehegatten vorhanden ist. Die Hinzurechnung ist jedoch erst bei der Scheidung möglich, da erst dann die güterrechtliche Auseinandersetzung stattfindet.

3. Erbrecht

Paare sind gelegentlich verunsichert darüber, ob die Trennung bereits einen Einfluss auf das Erbrecht hat. Die Antwort lautet: nein. Auch getrennte Paare sind zueinander erbberechtigt, wie wenn sie noch zusammen leben würden. Erst die Scheidung beendet das gegenseitige Erbrecht und bringt Testamente, in denen der Ehepartner begünstigt ist, zum Erlöschen (mehr dazu im Kapitel 7, Abschnitt 2).

Kapitel 6:
Wenn sich die Verhältnisse ändern

Anpassung von Massnahmen

Richterliche Massnahmen während des Getrenntlebens sind nicht auf Dauer angelegt – auch nicht Regelungen in einer Getrenntlebensvereinbarung. Sie regeln nur die Verhältnisse, solange der ausserordentliche Zustand der getrennten Wohnungen dauert, ein Ehepaar aber weder zusammen noch geschieden ist. Das Gesetz sieht deshalb vor, dass eheschutzrechtliche Anordnungen oder Vereinbarungen auf Begehren eines Ehegatten angepasst oder aufgehoben werden können, wenn sich die Verhältnisse ändern. Eine Veränderung kann darin bestehen, dass ein Ehegatte seine Stelle verliert oder krank wird, eine Erwerbstätigkeit aufnimmt oder dass seine Ausgaben steigen, zum Beispiel wegen einer höheren Miete. Die Veränderung muss stets wesentlich sein, damit ein Begehren gutgeheissen werden kann. Ein Anstieg der Krankenkassenprämie um einige Franken genügt zum Beispiel nicht. Die Veränderung darf ferner nicht durch widerrechtliches Verhalten des Ehegatten herbeigeführt worden sein, der die Änderung beantragt.

Der Richter ändert die getroffene Anordnung oder Massnahme auf Antrag eines Ehegatten ab. Der Abänderungsentscheid gilt nur für die Zukunft. Eine rückwirkende Abänderung von Massnahmen ist nicht möglich. Das gilt auch für Unterhaltsbeiträge, obwohl sie grundsätzlich rückwirkend für ein Jahr verlangt werden können.

Unterhaltsbeiträge werden selbst dann nicht rückwirkend angepasst, wenn sich herausstellt, dass der bisherige Beitrag zu hoch oder zu tief berechnet wurde. Verändern sich die Verhältnisse, sollte man sein Begehren deshalb unverzüglich stellen.

Wann endet das Getrenntleben?

Wollen beide Eheleute wieder zusammenziehen, ist ein Gang zum Gericht nicht notwendig. Gerichtliche Massnahmen fallen ohne Weiteres dahin, mit Ausnahme einer angeordneten Gütertrennung.

Teil B:
Die Scheidung

Kapitel 7 bis 16

Kapitel 7:
Vom Getrenntleben zur Scheidung

1. Wann ist eine Scheidung frühestens möglich?

Leben Ehepartner eine Zeit lang getrennt, stellt sich die Frage, ob sie wieder zusammenkommen oder nicht. Wenn nicht, mündet das Getrenntleben in der Regel in die Scheidung. Zwingend ist die Scheidung jedoch nicht: Die Ehepartner können auf unbestimmte Dauer getrennt leben. Es gibt keine Frist, die eine Scheidung vorschreibt.

Beispiel: Ein Ehepaar hat sich in fortgeschrittenem Alter getrennt. Bei der Trennung ist die Ehefrau 65, der Ehemann 67 Jahre alt. Nach 12 Jahren Trennung stirbt der Mann mit 79 Jahren. Zu einer Scheidung kam es nie.

Umgekehrt ist es auch möglich, ohne vorheriges Getrenntleben direkt die Scheidung anzustrengen. Das setzt allerdings voraus, dass sich beide Seiten über die Scheidung einig sind. Sie müssen sich aber nicht über alle Nebenfolgen der Scheidung einigen (Unterhalt, Güterrecht, Kinder usw.). Wenn sie nicht für alle Nebenfolgen eine einvernehmliche Lösung finden, können sie eine so genannte Teilkonvention abschliessen (siehe dazu Kapitel 8, Abschnitt 1, und Kapitel 18, Abschnitt 2). Ist ein Partner gegen die Scheidung, muss der scheidungswillige Ehegatte eine Frist von zwei Jahren abwarten, während der das Paar getrennt leben muss. Erst danach kann er die Scheidung gegen den Willen des anderen durchsetzen (mehr dazu auch im Kapitel 18).

Beispiel 1: Die Ehepartner haben sich im Februar getrennt. Im Mai sind sie sich einig, dass sie sich scheiden lassen wollen. Sie können sich über alle Nebenfolgen der Scheidung (Unterhalt, Kinder, Güterrecht usw.) in einer Scheidungskonvention einigen. Die Scheidungskonvention reichen sie im August beim Gericht ein, worauf die Scheidung noch im gleichen Jahr ausgesprochen wird.

Beispiel 2: Ein Ehepaar hat sich im Februar getrennt. Der Mann möchte möglichst bald die Scheidung. Seine Frau möchte aber noch abwarten, wie sich die Situation entwickelt.

Er kann frühestens zwei Jahre nach der Trennung eine Scheidungsklage einreichen. Bis dann muss er sich damit abfinden, dass sich seine Frau vorerst nicht scheiden lassen will.

Nur in Ausnahmefällen, nämlich wenn die Weiterführung der Ehe einer Seite nicht mehr zugemutet werden kann, ist eine Scheidungsklage vor Ablauf der zweijährigen Frist möglich. Die Umstände müssen jedoch gravierend sein. Darunter fallen schwere Verbrechen oder Misshandlungen. Die Gerichte legen hier einen sehr strengen Massstab an.

2. Soll ich mich sofort scheiden lassen oder zuwarten?

Häufig tendiert der Ehemann zu einer raschen Scheidung, während die Frau mit der Scheidung noch zuwarten möchte. Dafür gibt es verschiedene Gründe:

Erstens gelten für die Berechnung der Unterhaltsbeiträge während des Getrenntlebens andere Kriterien als bei der Scheidung (siehe Kapitel 3 und 14). Je nach der finanziellen Situation eines Paares kann es für eine Seite vorteilhafter sein, mit der Scheidung zuzuwarten.

Das Pensionskassenguthaben des erwerbstätigen Ehegatten (meistens des Ehemanns) wächst während des Getrenntlebens weiter an. Bei einer späteren Scheidung ist es höher, als wenn es sofort zur Scheidung kommt (siehe Kapitel 16, Abschnitt 2).

In guten finanziellen Verhältnissen kann auch das Vermögen ein Kriterium für das Hinauszögern der Scheidung sein. Der Vermögensbestand bemisst sich im Zeitpunkt, in dem die Scheidungsklage eingereicht wird. Wächst das Vermögen des Ehepartners während des Getrenntlebens noch, empfiehlt sich ein Zuwarten mit der Scheidung.

Beispiel: Der Ehemann erwirtschaftet als selbständiger Vermögensverwalter ein Jahreseinkommen von 400 000 Franken. Er kann von diesem Einkommen – trotz hohen Unterhaltsbeiträgen und Steuern – immer noch rund 50 000 Franken pro Jahr sparen. Seine Frau wartet mit der Scheidung besser noch zu, weil die zu teilende Errungenschaft jedes Jahr wächst.

Auch die Wohnverhältnisse können ausschlaggebend sein. Wohnt die Frau mit den Kindern in einem Haus, das güterrechtlich ihrem Mann gehört, kann sie ein Interesse daran haben, mit der Scheidung noch zuzuwarten.

Beispiel: Ein Ehepaar wohnt mit zwei Kindern in einem Einfamilienhaus. Der Mann hat das Haus von seinen Eltern geerbt, es ist also Teil seines Eigengutes. Wegen Spannungen in der Ehe zieht er aus. Bei der Regelung des Getrenntlebens wird der Frau das Recht eingeräumt, mit den Kindern bis auf Weiteres im Einfamilienhaus zu wohnen. Kommt es zur Scheidung, muss sie damit rechnen, dass sie ausziehen muss. Denn sie kann es sich nicht leisten, das Haus zu übernehmen. Nur in Ausnahmefällen kann sie sich ein Wohnrecht einräumen lassen (siehe auch Kapitel 12, Abschnitt 1).

Der Zeitpunkt der Scheidung hat auch Einfluss auf eine spätere Witwenrente. Sowohl die AHV als auch die Pensionskasse knüpfen den Anspruch auf eine Witwenrente an die Dauer der Ehe.

Schliesslich kann das Erbrecht eine Rolle für den Entscheid spielen, sich früher oder später scheiden zu lassen. Solange die Ehe nicht geschieden ist, sind die Ehepartner gegenseitig erbberechtigt. Ist eine grössere Erbschaft zu erwarten, lässt sich dieses Erbrecht durch eine schnelle Scheidung abschneiden. Testamente sowie Ehe- und Erbverträge, in denen der Ehemann oder die Ehefrau begünstigt ist, fallen von Gesetzes wegen mit der Scheidung dahin.

Bei ausländischen Ehegatten kann die Dauer der Ehe ausserdem einen Einfluss auf die Aufenthaltsbewilligung haben.

Auch die Zuteilung der Kinder kann ein Kriterium sein. Die Obhutsberechtigung, die zu Beginn des Getrenntlebens festgelegt wird, wirkt in der Regel präjudiziell auf das Sorgerecht bei der Scheidung. Wird die Obhut über die Kinder bei der Trennung einem Elternteil zugesprochen, wird es für den anderen Elternteil je länger je schwieriger, diese Zuteilung bei der Scheidung noch umzustossen oder das gemeinsame Sorgerecht zu erlangen.

Beispiel: Bei der Regelung des Getrenntlebens wurde die Obhut über die beiden Kinder (damals vier und sechs Jahre alt) der Mutter zugeteilt. Der Vater erhielt gegen seinen Willen nur ein 14-tägiges Besuchsrecht. Im Lauf der fünfjährigen Trennung entfremden sich Vater und Kinder mehr und mehr. Die Besuche an den Wochenenden reichen nicht aus, um eine starke Bindung beizubehalten. Heute hat der Vater keine Chance mehr, das Sorgerecht für die Kinder zu bekommen oder sich mit seiner Frau auf ein gemeinsames Sorgerecht zu einigen.

Für Unternehmer kann ferner von Bedeutung sein, ob die Bedingungen für die güterrechtliche Auseinandersetzung bei der Scheidung günstig sind. Die Teilung des Geschäftsvermögens bedingt in der Regel eine gewisse Vorlaufzeit. Kredite müssen organisiert oder Umstrukturierungen vorgenommen werden, allenfalls müssen Kontakte mit potenziellen Käufern von Unternehmensteilen geknüpft werden. Eine überstürzte Scheidung kann diese Pläne durchkreuzen. Umgekehrt kann für Unternehmer ein Interesse an einer schnellen Scheidung bestehen, um künftige Erträge und Gewinne nicht teilen zu müssen.

Neben diesen finanziellen Überlegungen muss man selbstverständlich alle persönlichen Interessen in die Waagschale werfen, etwa ob ein Ehegatte möglichst bald wieder heiraten möchte oder ob die psychische Belastung des Getrenntlebens und der Scheidung möglichst bald ein Ende finden soll.

Kapitel 8:
Einvernehmliche oder streitige Scheidung

1. Einvernehmliche Scheidung

Wann ist eine einvernehmliche Scheidung möglich?

Das Gesetz bietet Ehepaaren zwei Möglichkeiten, sich scheiden zu lassen. Einerseits die einvernehmliche Scheidung, bei der sich die Ehepartner über die Scheidung und ihre Nebenfolgen in einer so genannten Scheidungskonvention einigen. Andererseits die streitige Scheidung (Scheidung auf Klage), bei der in einem Gerichtsverfahren über die Scheidung und ihre Nebenfolgen entschieden wird.

Grundlage der einvernehmlichen Scheidung ist die so genannte Scheidungskonvention. Das ist ein Vertrag, in dem beide Seiten ihren Scheidungswillen festhalten und die Nebenfolgen der Scheidung regeln (Sorgerecht für die Kinder, Besuchs- und Ferienrecht, Kinderunterhalt, Ehegattenunterhalt, berufliche Vorsorge, Güterrecht usw.). Ist die Scheidungskonvention unterzeichnet, kann einer der Ehegatten beim zuständigen Gericht ein Scheidungsbegehren einreichen. Erachtet das Gericht die Konvention als angemessen, spricht es die Scheidung aus. Die Einzelheiten dieses Verfahrens sind im Kapitel 18, Abschnitt 2 beschrieben.

Bis vor kurzem erfolgten über 80 Prozent der ausgesprochenen Scheidungen auf einvernehmlichem Weg, also auf der Grundlage einer Scheidungskonvention. In guten finanziellen Verhältnissen ist diese Quote noch höher. Der Anteil der einvernehmlichen Scheidungen nimmt zurzeit jedoch ab.

Muss sich ein Paar über alles einigen?

Nach neuem Scheidungsrecht ist es möglich, dass sich ein Ehepaar nur über die Frage der Scheidung einigt («wir wollen uns beide scheiden lassen»), die Beurteilung der Nebenfolgen jedoch ganz oder teilweise dem Gericht überlässt. Man spricht in diesem Fall von einer Scheidung mit Teileinigung. Sie ermöglicht es einem Paar, die Scheidung schon vor Ablauf der zweijährigen Trennungszeit einzuleiten.

> Beispiel: Beide Seiten sind sich schon bei der Trennung einig, dass sie sich so bald wie möglich scheiden lassen möchten. Über den Unterhalt konnten sie sich jedoch nicht einigen. Vier Monate nach der Trennung reichen Sie ein Scheidungsbegehren mit Teileinigung ein. Ohne Teileinigung müssten sie nach der Trennung zwei Jahre warten, bis einer eine Scheidungsklage einreichen könnte.

Die Einzelheiten des Verfahrens mit Teileinigung sind im Kapitel 18, Abschnitt 2 beschrieben.

Wie wird die Scheidungskonvention ausgehandelt?

In guten finanziellen Verhältnissen werden Scheidungen in der überwiegenden Zahl der Fälle einvernehmlich abgewickelt, also ohne streitiges Gerichtsverfahren. Einerseits scheuen vermögende Personen den Streit vor Gericht. Andererseits sind Verfahren, bei denen es viel zu verteilen gibt, in der Regel komplex und langwierig. Anspruchsvolle Scheidungsverfahren können mehrere Jahre in Anspruch nehmen und sind entsprechend kostspielig. Dabei sind nicht nur die Gerichts- und Anwaltskosten zu berücksichtigen, sondern auch die Nachteile, die eine Verschiebung des Scheidungszeitpunkts mit sich bringen kann (mehr dazu auch im Kapitel 7, Abschnitt 2).

Das Aushandeln der Scheidungskonvention ist entsprechend wichtig. Es geht darum, in angemessener Zeit ein Ergebnis zu erzielen, das möglichst für beide Seiten akzeptabel ist. Die Verhandlungen führen in der Regel die Anwälte der Parteien. In Besprechungen mit oder ohne Klienten versuchen sie, einer Lösung Schritt für Schritt näher zu kommen. Die Richtschnur der Verhandlungen bildet das Resultat, das zu erwarten wäre, wenn das Scheidungsverfahren vor Gericht ausgetragen würde. Jeder Anwalt versucht in seiner Argumentation das voraussichtliche Resultat vorwegzunehmen und legt es seinem Vorschlag zugrunde. Da Richter bei fast jeder Scheidung einen gewissen Ermessensspielraum haben, sind Scheidungsurteile in der Regel jedoch nicht genau vorhersehbar. Das eröffnet Spielräume für Konventionsverhandlungen. Die Kunst des Anwaltes besteht darin, diesen Spielraum zugunsten seines Klienten zu nutzen.

Nicht nur komplexe Gerichtsverfahren, sondern auch die Konventionsverhandlungen können viel Zeit in Anspruch nehmen. In der Regel zögert die Partei die Verhandlungen hinaus, die sich von einem späteren Scheidungszeitpunkt einen Vorteil verspricht. Dieser Verzögerungstaktik kann man meistens nur durch Konzessionen bei den Nebenfolgen begegnen. Die Partei, die an einer raschen Scheidung interessiert ist, macht der anderen Partei für ihre Einwilligung in die Vereinbarung Zugeständnisse. Das ist von der Sache her und unter einem ethischen Blickwinkel äusserst fragwürdig, entspricht jedoch leider der Realität.

Die Verhandlungen sind abgeschlossen, wenn beide Seiten die Scheidungskonvention unterzeichnet haben. Die Konvention wird dann von einem der Ehepartner oder seinem Anwalt mit dem Scheidungsbegehren dem Gericht eingereicht.

Stichwort Mediation

Mediation ist ein aussergerichtlicher Weg, um mit Hilfe einer Drittperson (Mediatorin oder Mediator) die anstehenden Fragen selber und eigenverantwortlich zu lösen und zu einer Scheidungsvereinbarung zu gelangen. Mediatoren machen möglichst keine eigenen Vorschläge, sondern lassen die Betroffenen die Lösungen erarbeiten.

Hinter der Mediation steht die Idee, dass Menschen Vereinbarungen, die sie gemeinsam erarbeitet haben, eher einhalten als Gerichtsentscheide. Es geht aber auch darum, die Beziehung zum geschiedenen Ehepartner und vor allem zu den Kindern weiterhin zu gestalten.

Zurzeit ist die Mediation nirgends zwingend vorgeschrieben, sie erfolgt auf freiwilliger Basis. Obwohl sie in aller Munde ist, machen relativ wenige Paare davon Gebrauch.

Wie verbindlich ist die Scheidungskonvention?

Ist die Konvention unterzeichnet, kann das Scheidungsbegehren dem Gericht eingereicht werden. Die getroffenen Regelungen sind jedoch noch nicht definitiv: Beide Seiten müssen ihr Einverständnis zur Scheidung und zur Konvention innert zwei Monaten nach der gerichtlichen Anhörung noch bestätigen (siehe Kapitel 18, Abschnitt 2). Sie können ihr Einverständnis grundlos verweigern. Das hat zur Folge, dass die Vereinbarung dahinfällt und die Scheidung auf dem Klageweg neu aufgerollt werden muss.

Die Praxis zeigt, dass Vereinbarungen meistens bestätigt werden. Erstens haben die Parteien die Vereinbarung ausführlich erörtert, auch mit ihren Anwälten. Zweitens hat das Gericht die Vereinbarung bei der ersten Anhörung schon auf ihre Angemessenheit hin überprüft. In der Regel hat deshalb keine Seite einen Grund, sie nicht zu bestätigen.

Befand sich ein Ehegatte beim Abschluss der Scheidungskonvention in einem Irrtum, wurde er getäuscht oder mit Drohungen unter Druck gesetzt, kann er die Scheidungskonvention anfechten – unabhängig von der zweimonatigen Bedenkfrist.

2. Streitige Scheidung

Kann sich ein Paar nicht in einer Konvention einigen, kommt es zu einem streitigen Scheidungsverfahren. Die Scheidung ist in einem solchen Fall mittels Klage beim Gericht anhängig zu machen. Die Klage kann frühestens zwei Jahre nach dem Beginn des Getrenntlebens eingereicht werden. Nach Ablauf dieser zwei Jahre hat der scheidungswillige Ehepartner das Recht darauf, geschieden zu werden.

Bei der Scheidung auf Klage entscheidet das Gericht über alle Nebenfolgen der Scheidung, soweit keine Teileinigung getroffen werden konnte. In diesem streitigen Gerichtsverfahren stehen sich die Ehepartner als Kontrahenten gegenüber. Die Einzelheiten des Verfahrens sind im Kapitel 18 beschrieben.

Kapitel 9:
Die Teilung der Vermögenswerte

1. Allgemeine Regeln der Vermögensteilung

Nach welchen Grundsätzen wird geteilt?

Bei einer Scheidung findet eine so genannte güterrechtliche Auseinandersetzung statt. Dabei geht es darum, das Vermögen unter den Ehegatten aufzuteilen. In guten finanziellen Verhältnissen kommt dieser güterrechtlichen Auseinandersetzung grosse Bedeutung zu. Besitzt eine Seite etwa Liegenschaften, ein Unternehmen oder Wertschriften, ist zu entscheiden, wer welche Vermögenswerte erhält und wer wem wie viel Geld als Ausgleich dafür bezahlen muss.

Wie diese Aufteilung vor sich geht, hängt vom Güterstand des Ehepaares ab. Das Güterrecht kennt die Errungenschaftsbeteiligung, die Gütertrennung und die Gütergemeinschaft.

Die meisten Ehepaare unterstehen dem Güterstand der Errungenschaftsbeteiligung. Dieser so genannte ordentliche Güterstand gilt immer dann, wenn nichts anderes durch Ehevertrag vereinbart wurde. Im Folgenden wird deshalb in erster Linie die *Errungenschaftsbeteiligung* betrachtet. Die Gütergemeinschaft und die Gütertrennung sind weiter hinten noch kurz beschrieben (siehe Kapitel 13).

Zuweisung von Objekten oder von Geld?

Bei der güterrechtlichen Auseinandersetzung geht es nicht darum, einer Partei das Eigentum an bestimmten Objekten zuzuweisen. Das Eigentum besteht vielmehr schon vor der Scheidung: Jeder Ehegatte besitzt seine eigenen Vermögenswerte. Nur bei gemeinschaftlichem Eigentum an einem Objekt erfolgt eine Zuweisung ins Alleineigentum. Bei der güterrechtlichen Auseinandersetzung wird vielmehr eine Aufstellung darüber gemacht, wer im Zeitpunkt des Scheidungsbegehrens welche Vermögenswerte besitzt. Anschliessend wird untersucht, wann (vor oder nach der Heirat) und mit welchen Mitteln jedes Objekt erworben wurde. Das ist entscheidend für die Beurteilung, welcher Gütermasse es zuzuordnen ist und ob daraus Ausgleichsansprüche resultieren.

Was gehört wem und wer darf was behalten?

Bei der Errungenschaftsbeteiligung gilt Folgendes: Wer eine Sache als sein Eigentum beansprucht, muss das beweisen. Gelingt dieser Beweis nicht, wird Miteigentum beider Ehegatten angenommen. Beim Miteigentum kann ein Ehegatte die Zuweisung an sich verlangen, wenn er ein überwiegendes Interesse daran nachweisen kann.

Beispiel 1: Die Ehefrau ist Kunstliebhaberin. Sie hat vor der Heirat ein Gemälde ihres Lieblingskünstlers gekauft. Ihr Mann behauptet, sie hätten das Bild gemeinsam erworben. Da sie den Kaufvertrag vorweisen kann, der auf sie lautet, darf die Frau ihr Bild auch nach der Scheidung behalten.

Beispiel 2: Ein Ehepaar kaufte nach der Hochzeit einen antiken Schrank, den die Frau als Kleiderschrank benutzt. Bei der Scheidung kommt es zum Streit darüber, wem der Schrank gehört. Da kein Kaufvertrag vorhanden ist, kann keiner sein Eigentum nachweisen. Weil die Frau ein überwiegendes Interesse am Kleiderschrank darlegen kann, wird er ihr zugewiesen.

Unter dem überwiegenden Interesse ist der besondere Bezug zu einer Sache zu verstehen. Er kann beruflicher, gewerblicher oder gesundheitlicher Natur sein, er kann aber auch im blossen affektiven Interesse eines Ehegatten begründet sein. Von Bedeutung kann auch sein, ob eine Seite einen grösseren Miteigentumsanteil hat als die andere. Bei der Familienwohnung und dem Hausrat sind zudem die familiären Verhältnisse zu berücksichtigen. Wichtig ist zum Beispiel, wer zusammen mit den Kindern in der Familienwohnung bleibt (mehr dazu im Kapitel 12, Abschnitt 1).

Beispiel: Ein Ehepaar hat nach der Heirat ein Einfamilienhaus gekauft. Beide sind im Grundbuch als Gesamteigentümer eingetragen. Der Mann zog sechs Jahre vor der Scheidung aus. Seine Frau blieb mit den zwei minderjährigen Kindern im Haus. Sie kann das Haus bei der Scheidung für sich beanspruchen, weil sie und die Kinder ein grösseres Interesse daran nachweisen können als der Ehemann. Er hat jedoch Anspruch auf einen Ausgleich für die Übernahme des Hauses.

Bei den meisten Objekten lässt sich leicht feststellen, wem sie gehören. Die Eigentümer einer Liegenschaft sind im Grundbuch eingetragen, Wertschriften lauten oft auf einen Namen, und Schmuck der Ehefrau gehört wesensgemäss ihr. In vielen Fällen ist jedoch unklar, wem etwas gehört; zum Beispiel beim Hausrat oder bei einzelnen Einrichtungsobjekten wie Möbeln, Bildern oder Teppichen. Wer ein Objekt für sich allein beansprucht, muss sein Eigentum beweisen. Wem etwas besonders wichtig ist, sollte darum Belege wie Kaufverträge, Quittungen, Notizen usw. aufbewahren.

Eine andere Frage ist, wer wem wie viel als Ausgleich für das Behalten oder die Übernahme eines Objekts zahlen muss. Das hängt davon ab, wer aus welcher Gütermasse wie viel zum Erwerb oder zum Erhalt des Objekts beigetragen hat (siehe auch Kapitel 9, Abschnitte 2 bis 6).

Wann wird das Vermögen geteilt?
Der Bestand der zu teilenden Werte bestimmt sich im Zeitpunkt, in dem die Scheidungsklage eingereicht wird. Der Wert bestimmt sich demgegenüber nach dem Zeitpunkt des Scheidungsurteils.

Beispiel 1: Ein Ehepaar besitzt eine Gemäldesammlung. Welche Bilder in die Teilung mit einzubeziehen sind, bestimmt sich nach dem Zeitpunkt, in dem die Scheidungsklage eingereicht wird. Da der Ehemann ein Matisse-Gemälde noch vorher verkaufte, fällt es nicht mehr in die güterrechtliche Auseinandersetzung, höchstens der Erlös daraus. Der Wert der restlichen Bilder bestimmt sich im Zeitpunkt des Scheidungsurteils.

Beispiel 2: Die Ehefrau ist Inhaberin einer Vermögensverwaltungsfirma (AG). Ihr Mann will sich möglichst bald scheiden lassen und reicht eine Scheidungsklage ein. Das Verfahren zieht sich über drei Jahre hin, weil sich die beiden nicht einig sind. Der Wert des Unternehmens bestimmt sich im Zeitpunkt des Urteils, obwohl das Unternehmen im Lauf des Verfahrens beträchtlich an Wert verloren hat.

2. Errungenschaft und Eigengut

Allgemeine Teilungsregeln
Bei der Errungenschaftsbeteiligung setzt sich das Vermögen eines Ehepaares aus vier Teilen zusammen: dem Eigengut des Mannes, dem Eigengut der Frau, der Errungenschaft des Mannes und der Errungenschaft der Frau. Vereinfacht gesagt darf jeder sein Eigengut behalten

und hat Anrecht auf die Hälfte der Errungenschaft. In Wirklichkeit ist die Sache jedoch etwas komplizierter: Zuerst werden die Errungenschaft und das Eigengut von Mann und Frau bestimmt. Dann wird untersucht, ob es Ausgleichsansprüche zwischen den Gütermassen gibt. Am Schluss werden die Ausgleichsansprüche gegeneinander aufgerechnet, was zu einem Zahlungsanspruch eines Ehegatten gegenüber dem anderen führt. Da dies jedoch schwer verständlich ist, wird im Folgenden davon gesprochen, ob man einen Vermögenswert behalten kann oder teilen muss. Bei der güterrechtlichen Auseinandersetzung ist somit entscheidend, zu welcher Gütermasse (Eigengut oder Errungenschaft) ein bestimmter Vermögenswert gehört.

3. Was wird nicht geteilt?

Das Gesetz weist eine Reihe von Vermögenswerten dem Eigengut zu. Sein Eigengut darf man behalten, auch wenn es zu einer Scheidung kommt.

Voreheliches Vermögen

Zum Eigengut gehört erst einmal alles, was jemand in die Ehe mitbringt. Wer einen vermögenden Partner heiratet, erwirbt also nicht automatisch einen Anspruch auf sein vorhandenes Vermögen. Er profitiert nur während der Ehe von dessen Vermögenserträgen, da diese Errungenschaft darstellen (siehe auch Kapitel 9, Abschnitt 4).

Beispiel: Der Ehemann ist Unternehmer. Vor der Heirat hat er schon ein Vermögen von fünf Millionen Franken aufgebaut. Bei der Scheidung fällt dieses Vermögen in sein Eigengut und wird nicht geteilt.

Erbschaften und Erbvorbezüge

Zum Eigengut gehören auch Erbschaften und Erbvorbezüge. Auch wenn eine grössere Erbschaft bevorsteht, muss man somit nicht fürchten, sie bei einer Scheidung teilen zu müssen. Das gilt auch für Erbvorbezüge während der Ehe.

Schenkungen Auch Schenkungen zählen zum Eigengut.

Beispiel: Ein Ehepaar plant, ein Einfamilienhaus zu kaufen. Die Frau bezieht 150 000 Franken ihres Erbes vorzeitig von ihren Eltern und verwendet sie für die Anzahlung. Bei der Scheidung kann sie die 150 000 Franken als Eigengut für sich beanspruchen (mehr dazu auch im Kapitel 12, Abschnitt 1).

Bei Schenkungen während der Ehe ist oft unklar, ob etwas beiden gemeinsam oder nur einem alleine geschenkt wurde. Das ist zum Beispiel der Fall, wenn die Eltern dem Paar Geld für den Kauf eines Hauses schenken. Der Schwiegersohn oder die Schwiegertochter wird die Auffassung vertreten, die Schenkung sei an beide gegangen, während sich der Sohn oder die Tochter auf den Standpunkt stellen wird, die Schenkung sei an ihn beziehungsweise sie persönlich erfolgt. Um solche Streitigkeiten zu vermeiden, fasst man Schenkungen am besten schriftlich ab und hält explizit fest, wem ein Geschenk gehört.

Beispiel: Der Ehemann bekommt während der Ehe von seinem Vater ein wertvolles Bild geschenkt. Im Scheidungsprozess wird das Begehren seiner Frau auf die Hälfte des Wertes abgelehnt. Da der Mann beweisen kann, dass er das Bild geschenkt erhielt, muss er seiner Frau keinen Ausgleich zahlen.

Persönliche Gebrauchsgegenstände Zum Eigengut gehören bei der Errungenschaftsbeteiligung auch die persönlichen Gebrauchsgegenstände. Darunter fallen Kleider, Schmuck, Sport- und Hobby-Ausrüstungen und Ähnliches. Auch diese Gegenstände muss man bei der Scheidung nicht teilen.

Beispiel: Der Ehemann hat sich während der Ehe eine Golf-Ausrüstung angeschafft. Er muss sie bei der Scheidung nicht mit seiner Frau teilen, weil sie einen persönlichen Gebrauchsgegenstand darstellt und somit zu seinem Eigengut gehört.

Bei sehr wertvollen Gebrauchsgegenständen wie zum Beispiel Schmuck kann unter Umständen eine Ausgleichsforderung bestehen, wenn der Gegenstand ganz oder teilweise mit Mitteln der Errungenschaft bezahlt wurde und der Beitrag über den angemessenen Unterhalt hinausging.

Gegenstände, die der Berufsausübung oder dem Betrieb eines Gewerbes dienen, sind grundsätzlich keine persönlichen Gebrauchsgegenstände. Von Gesetzes wegen zählen sie nicht zum Eigengut, können aber in einem Ehevertrag zu Eigengut erklärt werden (siehe auch Kapitel 11).

Genugtuungs-ansprüche
Das Gesetz nennt auch den eher seltenen Fall der Genugtuungsansprüche, die ebenfalls ins Eigengut fallen. Wer solche Ansprüche während der Ehe erwirbt, muss sie also nicht teilen.

Ersatz-anschaffungen
Wird Eigengut in andere Vermögenswerte investiert, spricht man von Ersatzanschaffungen. Auch sie gehören zum Eigengut.

Beispiel: Die Ehefrau erbte von ihren Eltern ein Mehrfamilienhaus. Sie verkauft das Haus und legt den gesamten Erlös in Aktien an. Die Aktien stellen eine Ersatzanschaffung für das geerbte Eigengut dar und gehören wie das Erbe selbst zum Eigengut der Frau.

In der Praxis ist es oft schwierig nachzuvollziehen, welche Mittel in welche Ersatzanschaffung flossen. Unser Beispiel lässt sich beliebig fortsetzen: Die Frau verkauft einen Teil ihrer Aktien wieder und kauft sich dafür Schmuck. Danach verkauft sie ihren Schmuck und kauft ein Auto. Besonders schwierig wird die Rekonstruktion bei Wertpapieren.

Beispiel: Der Ehemann besitzt ein Aktien-Portfolio. Schon vor der Heirat bewirtschaftete er es regelmässig, indem er Aktien verkaufte und neue dazukaufte. Nach der Heirat investiert er weiterhin einen Teil seines Einkommens in Aktien. Nach einigen Jahren lässt sich nicht mehr rekonstruieren, welche Aktien er mit vorehelichem Vermögen und welche aus seinem Arbeitserwerb finanzierte.

Für die rechtliche Beurteilung führt kein Weg daran vorbei, die Transaktionen im Einzelnen nachzuvollziehen und zu beweisen. Ehepaare mit beträchtlichem Eigengut sollten deshalb sämtliche Belege der Eigenguts-Transaktionen (Quittungen, Bankauszüge, Kaufverträge usw.) sorgfältig aufbewahren. Nur so lässt sich bei der Scheidung der Ursprung des Geldes rekonstruieren.

Was gilt bei Unklarheit? Ist unklar, ob ein Vermögenswert Eigengut oder Errungenschaft darstellt, gilt er im Zweifel als Errungenschaft. Wer behauptet, eine bestimmte Sache sei sein Eigengut, muss das also beweisen können. Gelingt dieser Beweis nicht, wird Errungenschaft angenommen.

> Beispiel: Der Ehemann hatte bei der Heirat rund 80 000 Franken auf seinem Sparkonto. Dieses Geld transferierte er im Laufe der Ehe auf andere, gemeinsame Konten. Im Scheidungsverfahren kann er keine Belege über sein ursprüngliches Sparkonto beibringen, weil der Transfer schon 22 Jahre zurückliegt und das Sparkonto nicht mehr existiert. Da die Frau die vorehelichen Ersparnisse ihres Mannes bestreitet, qualifiziert das Gericht sämtliche Ersparnisse als Errungenschaft.

4. Was wird geteilt?

Bei der Errungenschaftsbeteiligung werden die Errungenschaften von Ehemann und Ehefrau hälftig geteilt. Alle Vermögenswerte, die ein Ehegatte während der Ehe so genannt «entgeltlich erwirbt», gelten als Errungenschaft. So ist jedenfalls der Gesetzeswortlaut. Das ist auf den ersten Blick nicht genau verständlich. Im Einzelnen lässt sich dazu Folgendes sagen:

Arbeitserwerb Als Errungenschaft gilt bei Paaren mit Errungenschaftsbeteiligung der Arbeitserwerb von Ehemann und Ehefrau. Er umfasst alle Vermögenswerte, die sie mit diesem Arbeitserwerb angeschafft oder gespart haben.

> Beispiel 1: Ein Paar hatte vor der Heirat weder Wertsachen noch Ersparnisse. Während ihrer 20-jährigen Ehe kaufen sie die Einrichtung ihrer Wohnung, ein Auto, einige Wertschriften sowie ein Segelboot. Ihre Ersparnisse auf dem gemeinsamen Bankkonto betragen 70 000 Franken. All das zählt zur Errungenschaft, weil sie es mit ihrem Arbeitserwerb finanziert haben.

> Beispiel 2: Der Ehemann ist nebenberuflich Gemeinderat. Sein Sitzungsgeld hat er gespart und sich davon drei Jahre vor der Scheidung ein Motorrad gekauft. Das Motorrad gehört zur Errungenschaft.

Als Arbeitserwerb gilt das gesamte Einkommen inklusive Bonusse, Gratifikationen, Überstundenauszahlungen, Einkünfte aus Nebenerwerben usw. (mehr dazu auch im Kapitel 3, Abschnitt 3).

Selbständige und Unternehmer

Bei Selbständigen und Unternehmern gilt nicht nur das ausbezahlte Einkommen als Arbeitserwerb, sondern sämtliche Einnahmen aus der wirtschaftlichen Tätigkeit. Dazu gehört zunächst der Gewinn, den ein Unternehmen erzielt. Allerdings nur, wenn er nicht auf Kapitalertrag bzw. Kapitalgewinn zurückzuführen ist wie zum Beispiel Dividenden. Der Gewinn zählt somit dann zum Arbeitserwerb, wenn er auf der wirtschaftlichen Tätigkeit beruht und nicht auf der Entschädigung für den Einsatz von Kapital.

Beispiel 1: Der Ehemann ist selbständiger Rechtsanwalt. Pro Jahr erzielt er einen Umsatz von 400 000 Franken, bei einem Aufwand von 150 000 Franken. Der resultierende Gewinn von 250 000 Franken ist sein Arbeitserwerb.

Beispiel 2: Die Ehefrau hat von ihrem Vater ein Modehaus (AG) geerbt. Sie hält 100 Prozent der Aktien, arbeitet jedoch nicht im Unternehmen mit. Das Modehaus erzielt einen jährlichen Gewinn von rund 500 000 Franken. Dieser Gewinn ist als Kapitalertrag einzustufen, nicht als Arbeitserwerb.

Die Unterscheidung zwischen Arbeitserwerb und Kapitalertrag ist nicht immer einfach. Ein Anhaltspunkt kann sein, ob darauf Einkommens- oder Kapitalgewinnsteuern zu zahlen sind. In den meisten Fällen ist die Abgrenzung jedoch nur von theoretischer Bedeutung. Kapitalerträge aus Errungenschaft zählen immer zur Errungenschaft. Auch Kapitalerträge aus Eigengut gehören zur Errungenschaft, wenn kein Ehevertrag besteht. Wichtig ist die Abgrenzung also nur bei Kapitalerträgen aus Eigengut, die ein Ehevertrag dem Eigengut zuweist. Hier ist die Unterscheidung zwischen Arbeitserwerb und Kapitalertrag relevant. Denn mit einem Ehevertrag lassen sich nur Kapitalerträge dem Eigengut zuweisen; beim Arbeitserwerb ist das nicht möglich (siehe dazu auch Kapitel 11).

Bei Selbständigen und Unternehmern stellt sich ferner regelmässig die Frage, ob der Zuwachs des Geschäftsvermögens Arbeitserwerb darstellt oder nicht.

Beispiel: Der Ehemann betreibt unter einer eigenen Firma (AG) ein Internetportal. Das Portal ist sehr erfolgreich, so dass er sich ein monatliches Einkommen von 8 000 Franken ausbezahlen kann. Zudem stieg der Wert des Portals im letzten Jahr um 50 000 Franken. Stellt auch die Wertzunahme Arbeitserwerb dar?

Die Praxis unterscheidet hier zwischen industriellem und konjunkturellem Mehrwert. Ein industrieller Mehrwert liegt vor, wenn die Wertzunahme auf den Einsatz von Arbeitskraft zurückzuführen ist. Bei konjunkturellem Mehrwert wurde der Wertzuwachs allein durch den Einsatz von Kapital erzielt. Er ist also nur auf die Veränderung von Angebot und Nachfrage zurückzuführen, nicht auf die Arbeitsleistung. Zur Unterscheidung kann man danach fragen, ob ein Mehrwert auch ohne die wirtschaftliche Tätigkeit des Unternehmers entstanden wäre. Wenn ja, liegt konjunktureller Mehrwert vor, wenn nein, handelt es sich um industriellen Mehrwert. Konjunkturelle Mehrwerte sind nicht (zwingend) der Errungenschaft zuzurechnen, sondern der Gütermasse, aus der das Kapital stammt. Die industriellen Mehrwerte werden hingegen immer der Errungenschaft zugeordnet.

Beispiel 1: Der Ehemann erbte von seinem Vater alle Aktien einer Vermögensverwaltungsfirma (AG). Die Aktien wurden bei der Erbteilung mit 300 000 Franken bewertet. Als Geschäftsführer baute er den Kundenstamm der Firma sukzessive aus und konnte auch einige institutionelle Anleger hinzugewinnen. Drei Jahre später wird der Wert der Aktien auf 500 000 Franken geschätzt. Die Wertzunahme ist als industrieller Mehrwert einzustufen, da sie primär auf den Arbeitseinsatz des Ehemannes zurückzuführen ist. Sie bildet somit Errungenschaft.

Beispiel 2: Der Ehemann erbte von seinem Vater alle Aktien einer Textilhandelsfirma (AG). Den grössten Wert des Betriebes bildet eine Gewerbeliegenschaft. Die Aktien wurden im Zeitpunkt der Erbschaft auf 2,3 Millionen Franken geschätzt. Drei Jahre später beträgt ihr Wert 2,7 Millionen Franken. Da der Wertzuwachs gemäss einer Expertise einzig auf die

Wertzunahme der Liegenschaft zurückzuführen ist, liegt ein konjunktureller Mehrwert vor. Er ist dem Eigengut des Ehemannes zuzuordnen.

> Als Arbeitserwerb oder industrieller Mehrwert ist jedoch nur ein Mehrwert einzustufen, der nicht schon an den Unternehmer ausbezahlt wurde, etwa in Form von Lohn, Tantiemen oder als Gewinnbeteiligung. Denn nur die entschädigungslose Wertsteigerung bildet einen industriellen Mehrwert. Entscheidend ist dabei die Frage, ob ein Dritter zu demselben Lohn denselben Mehrwert geschaffen hätte.

Beispiel: Der Ehemann ist Inhaber und Geschäftsführer einer Druckerei (AG), die er von seinen Eltern geerbt hat. Er bezieht ein Jahreseinkommen von 240 000 Franken. Trotz diesem relativ hohen Salär konnte er das Unternehmen aus den laufenden Einnahmen ständig erweitern. Es konnten Maschinen, Fahrzeuge, Material etc. hinzuerworben werden, so dass das Unternehmen im Verlaufe der Ehe einen Wertzuwachs von 200 000 Franken erfuhr. Angesichts des günstigen Marktumfeldes kann man davon ausgehen, dass auch ein Dritter zu diesem Lohn den erreichten Mehrwert geschaffen hätte. Der Wertzuwachs bildet deshalb keinen Arbeitserwerb.

> Auch ein Mehrwert, der auf fremde Arbeitsleistung oder fremde Geschäftsführung zurückzuführen ist, bildet keinen Arbeitserwerb.

Beispiel: Die Ehefrau hat alle Aktien einer Schreinerei geerbt. Die Schreinerei beschäftigt drei Angestellte und wird von einem Geschäftsführer geleitet. Die Frau arbeitet nicht im Unternehmen mit. Die Schreinerei konnte aus den laufenden Einnahmen stetig erweitert werden, so dass sie bei der Scheidung einen Mehrwert von 150 000 Franken aufweist. Der Mehrwert ist auf fremde Geschäftsführung zurückzuführen und zählt deshalb nicht zum Arbeitserwerb der Frau.

Privatiers Auch Personen, die von ihrem Vermögen leben, kann ein Arbeitserwerb zugerechnet werden. Wenn die Vermögensverwaltung das gewöhnliche Mass übersteigt (quasiprofessionelle Vermögensverwaltung) und Einkommenssteuern für diese Tätigkeit zu zahlen sind, liegt güterrechtlich gesehen ein Arbeitserwerb vor.

> Beispiel: Der Ehemann erbt von seiner Mutter ein Vermögen von 8,5 Millionen Franken. Er gibt seine Erwerbstätigkeit als Angestellter einer Bank auf und beschäftigt sich ausschliesslich mit der Verwaltung seines Vermögens. In dem Masse, in dem er für seine Tätigkeit Einkommenssteuern bezahlen muss, liegt güterrechtlich ein Arbeitserwerb vor, der zur Errungenschaft zu zählen ist.

Erträge auf Eigengut

Zur Errungenschaft gehören im Weiteren alle Erträge des Eigengutes. Während die Substanz des Eigengutes über die Ehe bestehen bleibt, fallen die Erträge in die Teilung.

> Beispiel: Der Ehemann hat von seinen Eltern 800 000 Franken geerbt. Das Geld hat er auf einem Bankkonto angelegt, das einen durchschnittlichen Zins von 4 000 Franken pro Jahr abwirft. Im Zeitpunkt des Scheidungsbegehrens ist das Guthaben mit den Zinsen auf 860 000 Franken angewachsen. 60 000 Franken bilden Ertrag auf dem ererbten Eigengut und zählen zur Errungenschaft des Mannes.

Zu den Erträgen auf dem Eigengut gehören beispielsweise Zinsen, Dividenden, Mieterträge sowie Einnahmen aus immateriellen Gütern. In einem Ehevertrag kann man die Erträge des Eigengutes dem Eigengut zuweisen (siehe dazu auch Kapitel 11).

Erträge auf Wertpapieren und Unternehmen

Bei Wertpapieren ist von Bedeutung, dass nur die Zinsen und Dividenden als Ertrag gelten, die Wertsteigerungen jedoch nicht.

> Beispiel: Die Ehefrau hat 150 Aktien einer börsenkotierten Firma geerbt. Die Aktien werfen eine durchschnittliche Dividende von 500 Franken pro Jahr ab. Die Dividende bildet Ertrag auf ihrem Eigengut und ist deshalb ihrer Errungenschaft zuzurechnen.

Bei der Wertsteigerung des Papiers ist zwischen konjunkturellem und industriellem Mehrwert zu unterscheiden. Bei börsenkotierten Wertpapieren handelt es sich in der Regel um konjunkturellen Mehrwert, weil die Wertzunahme auf eine höhere Nachfrage zurückzuführen ist. Der Mehrwert fällt deshalb in dieselbe Vermögensmasse wie das Wertpapier selbst.

Beispiel: Der Ehemann hat eine Erbschaft von 800 000 Franken in Aktien angelegt. Bis zur Scheidung ist ihr Wert auf 1 Million Franken angestiegen. Da es sich um einen reinen Kursgewinn und nicht um einen Ertrag handelt, fällt die Wertsteigerung von 200 000 Franken in sein Eigengut.

Bei Aktien eines Familienunternehmens und anderen nicht börsenkotierten Wertpapieren stellt sich die Frage, ob die Wertsteigerung auf die Arbeitsleistung des Inhabers zurückzuführen ist oder nicht. Je nach dem liegt Arbeitserwerb (und nicht Ertrag) oder konjunktureller Mehrwert vor (siehe auch Kapitel 10, Abschnitt 5).

Beispiel: Der Ehemann hat eine Erfindung gemacht und patentieren lassen. Der Wert der Aktien seines Unternehmens schnellt nach der Anmeldung des Patents in die Höhe. Hier liegt kein Ertrag vor, sondern ein industrieller Mehrwert, der zur Errungenschaft des Mannes zu zählen ist.

Den Ertrag aus dem Eigengut kann man in einem Ehevertrag dem Eigengut zuweisen. Beim Arbeitserwerb ist das nicht möglich. Die Erträge von Unternehmen, die nicht als Aktiengesellschaft oder GmbH konstituiert sind (etwa Einzelfirma, Kollektivgesellschaft, Freiberufler), stellen regelmässig Arbeitserwerb dar, soweit sie nicht auf dem blossen Einsatz von Kapital beruhen (siehe auch Kapitel 10, Abschnitt 5).

Erträge aus Liegenschaften Bei Liegenschaften bilden die Mietzinse den Ertrag. Die Wertsteigerung der Liegenschaft stellt nicht Ertrag, sondern eine konjunkturelle (eventuell industrielle) Wertsteigerung dar.

Beispiel: Die Ehefrau hat drei Liegenschaften im Wert von 2,4 Millionen Franken geerbt. Die jährlichen Mietzinserträge von 75 000 Franken legt sie in Aktien an. Bei der Scheidung ist der Wert der Liegenschaften auf 2,7 Millionen Franken gestiegen. Das Aktien-Portfolio aus den Mietzinserträgen entspricht einem Wert von 350 000 Franken. Die Aktien muss sie mit ihrem Mann teilen, weil sie sie aus dem Ertrag auf ihrem Eigengut finanziert hat, der in ihre Errungenschaft fällt. Die Wertsteigerung der Liegenschaft um 300 000 Franken muss sie nicht teilen, da sie rein konjunkturell bedingt ist und deshalb in ihrem Eigengut verbleibt.

Als Mietzinsertrag gilt der Netto-Ertrag abzüglich aller Aufwendungen. Vom Brutto-Mietertrag sind also die Kosten für den Unterhalt (tatsächlich bezahlte Aufwendungen plus notwendige Rückstellungen), die Hypothekarzinsen und die werterhaltenden Amortisationen abzuziehen.

> Beispiel: Die Ehefrau hat eine Liegenschaft im Wert von 1 Million Franken geerbt. Der Brutto-Mietzinsertrag beträgt 42 000 Franken pro Jahr. Die Zinsen für die Hypothek im Betrag von 300 000 Franken kosten jedes Jahr 12 000 Franken. Für Renovationen werden durchschnittlich etwa 7 000 Franken pro Jahr investiert. Der Nettoertrag der Liegenschaft beträgt somit 23 000 Franken.

Ersatzanschaffungen

Analog zum Eigengut bilden auch bei der Errungenschaft alle Ersatzanschaffungen wiederum Errungenschaft. Sinngemäss gilt das zuvor Gesagte auch hier: Wird Errungenschaft in andere Vermögenswerte investiert, bilden auch die neuen Vermögenswerte Errungenschaft (siehe auch Kapitel 9, Abschnitt 3).

> Beispiel: Der Ehemann investiert die Ersparnisse aus seinem Arbeitserwerb in Aktien. Um mit seiner Frau zusammen ein Einfamilienhaus zu kaufen, verkauft er die Aktien und bezahlt damit den Kaufpreis. Das Einfamilienhaus bildet wiederum Errungenschaft.

Auch bei der Errungenschaft ist es in der Praxis oft schwierig nachzuvollziehen, welche Mittel in welche Ersatzanschaffungen geflossen sind. Es empfiehlt sich deshalb, die Belege aller Transaktionen (Quittungen, Bankauszüge, Kaufverträge usw.) sorgfältig aufzubewahren. Bei den Ersatzanschaffungen für Errungenschaft ist das jedoch etwas weniger wichtig als bei den Ersatzanschaffungen für Eigengut, denn im Zweifel gilt das gesamte Vermögen eines Ehepaares als Errungenschaft, solange nicht das Gegenteil nachgewiesen ist.

Weiteres

Das Gesetz bezeichnet auch Leistungen von Personalfürsorgeeinrichtungen, Sozialversicherungen und Sozialfürsorgeeinrichtungen als Errungenschaft. Ferner zählen auch Entschädigungen wegen Arbeitsunfähigkeit zur Errungenschaft. Konsultieren Sie Ihren Anwalt, wenn Sie Fragen zu diesen Themen haben.

5. Absichtliche Vermögensschmälerung

Das Gesetz sieht vor, dass absichtliche Vermögensschmälerungen mit dem einzigen Ziel, den Anspruch des Ehegatten zu vermindern, zur Errungenschaft hinzuzurechnen sind. Das gilt auch für Schenkungen und andere unentgeltliche Zuwendungen ohne Zustimmung des Ehegatten in den letzten fünf Jahren vor der Scheidung. Bei Schenkungen ist eine Benachteiligungsabsicht nicht erforderlich. Blosse Gelegenheitsgeschenke fallen aber nicht in diese Kategorie.

Liegt eine Benachteiligung vor, wird nicht das fragliche Rechtsgeschäft aufgehoben oder für ungültig erklärt. Der Betrag wird stattdessen zur Errungenschaft hinzugerechnet.

Beispiel 1: Der Ehemann will das Einfamilienhaus, das er mit seinem Arbeitserwerb finanziert hat, nicht mit seiner Frau teilen. Deshalb überschreibt er es vor der Scheidung seinem Sohn aus erster Ehe. Die Überschreibung deklariert er als Schenkung. Seine Frau kann die Schenkung nicht rückgängig machen, aber den Wert des Einfamilienhauses der Errungenschaft ihres Ehemannes hinzurechnen lassen.

Beispiel 2: Ein Ehepaar besitzt eine wertvolle Bildersammlung. Aus Wut über seine Frau zerstört der Ehemann ein Bild, nur um es ihr vorzuenthalten. Sie kann verlangen, dass der Wert des zerstörten Bildes seiner Errungenschaft hinzugerechnet wird.

Bei Unternehmern ist die Versuchung gross, das Unternehmen vor der Scheidung noch treuhänderisch jemandem zu übertragen, Unternehmensteile auszugliedern oder den Wert zu schmälern, zum Beispiel durch Abführung von Geschäftsvermögen. Auch solche Transaktionen sind zur Errungenschaft hinzuzurechnen, und zwar in dem Umfang, in dem sie die Errungenschaft absichtlich schmälern.

Beispiel: Der Ehemann besitzt ein Handelsunternehmen (AG). Kurz vor der Scheidung überträgt er alle Aktien zum Nominalwert auf eine eigens dafür gegründete Holdinggesellschaft. Die Aktien der Holdinggesellschaft werden treuhänderisch vom Steuerberater des Ehemannes gehalten. Seine Frau kann den tatsächlichen Wert der Aktien – das heisst den Verkehrswert – der Errungenschaft ihres Mannes hinzurechnen lassen.

Hinzurechnungen sind nur bei der Errungenschaft möglich. Verfügungen über das Eigengut sind von diesen Schutzvorschriften nicht betroffen, weil keine Benachteiligung ersichtlich ist.

Reicht das Vermögen der Partei, die eine unzulässige Vermögensverschiebung vorgenommen hat, für den Ausgleich der anderen Partei nicht aus, kann gegen den Begünstigten der Zuwendung geklagt werden.

Beispiel: In unserem Beispiel der Aktienübertragung kann die Frau gegen die Holdinggesellschaft klagen und verlangen, dass die Holding den nicht gedeckten Teil ihrer Ausgleichsforderung zahlt.

Geklagt wird hier auf Leistung des Fehlbetrages in Geld. Für die Einzelheiten einer solchen Klage konsultieren Sie am besten Ihren Anwalt.

6. Was gilt, wenn sich Gütermassen vermischen?

Allgemeines

Komplex wird die Situation bei Investitionen von einer Gütermasse in eine andere. Das ist zum Beispiel der Fall, wenn beide Ehegatten zur Finanzierung eines Unternehmens beitragen oder wenn sie gemeinsam – je aus eigenen Mitteln – eine Liegenschaft kaufen.

In diesen Fällen steht der Gütermasse, aus der die Investition stammt, eine so genannte Ersatzforderung gegenüber der Gütermasse zu, in die das Geld hineingeflossen ist.

Beispiel: Der Ehemann kauft ein Einfamilienhaus. Den Kaufpreis von 2,4 Millionen Franken finanziert er mit 1,8 Millionen aus seinen vorehelichen Ersparnissen und 600 000 Franken aus einer Erbschaft seiner Frau. Die Liegenschaft bildet Eigengut des Mannes. Dem steht jedoch eine Ersatzforderung des Eigenguts der Frau von 600 000 Franken gegenüber.

Mehrwertbeteiligung

Noch komplizierter wird es, wenn ein Vermögensgegenstand eines Ehegatten, in den der andere Ehegatte investiert hat, im Lauf der Zeit einen Mehrwert erfahren hat. In diesem Fall partizipiert auch die Ersatzforderung des Ehegatten am Mehrwert. Mehrwertberechtigt sind jedoch nur Investitionen, die zum Erwerb, zur Verbesserung oder zur Erhaltung eines Gegenstandes beigetragen haben. Eine Mehrwertberechtigung besteht ferner nur dann, wenn die Investition ohne Gegenleistung und ohne Schenkungsabsicht erfolgte. Im Weiteren partizipiert die Ersatzforderung ausschliesslich am so genannten konjunkturellen Mehrwert. Das ist die Wertzunahme, die allein auf die Veränderung von Angebot und Nachfrage zurückzuführen ist. Am industriellen Mehrwert, der dank der Arbeitsleistung eines Ehegatten entstanden ist, partizipiert sie nicht.

Sind alle Voraussetzungen erfüllt, erfolgt die Mehrwertbeteiligung proportional zum investierten Betrag und zur Wertsteigerung. Konkret rechnet man investierte Mittel mal Mehrwert durch Ausgangswert, was den Mehrwertanteil ergibt.

Beispiel: Der Ehemann kauft ein Einfamilienhaus. Den Kaufpreis von 2,4 Millionen Franken finanziert er mit 1,8 Millionen aus seinen vorehelichen Ersparnissen und 600 000 Franken aus einer Erbschaft seiner Frau. Die Liegenschaft bildet Eigengut des Mannes. Bei der Scheidung ist sie 2,8 Millionen Franken wert. Der Mehrwert ist konjunkturell bedingt. Das Eigengut der Frau hat eine Ersatzforderung von 600 000 Franken gegenüber dem Eigengut ihres Mannes. Dazu kommt eine Beteiligung am Mehrwert von 100 000 Franken (600 000 mal 400 000 durch 2,4 Millionen Franken). Ihre Ersatzforderung beträgt somit 700 000 Franken.

Weist der Gegenstand, in den investiert wurde, einen Minderwert auf, partizipiert die Ersatzforderung nicht daran. Anders verhält es sich nur, wenn zwei verschiedene Gütermassen desselben Ehegatten in einen Gegenstand investiert haben, der in seinem Eigentum steht. In diesem Fall partizipiert die eine Gütermasse auch am Verlust der anderen.

7. Bewertung von Vermögensgegenständen

Massgeblicher Zeitpunkt

Der Bestand des Errungenschafts-Vermögens wird bei der Einreichung des Scheidungsbegehrens bestimmt. Der Wert der einzelnen Gegenstände bestimmt sich hingegen bei der Scheidung, das heisst am Tag der Urteilsfällung. Bei streitigen Scheidungen kann vom Scheidungsbegehren bis zum Urteil viel Zeit vergehen. Der Gesetzgeber will, dass beide Seiten an negativen und positiven Wertschwankungen des Vermögens während des Scheidungsverfahrens teilhaben.

> Beispiel: Der Ehemann besitzt 100 Aktien einer börsenkotierten Firma. Bei der Einreichung des Scheidungsbegehrens sind sie 25 800 Franken wert. Das Scheidungsverfahren dauert zwei Jahre. Als das Urteil gefällt wird, haben die Aktien einen Wert von 35 600 Franken. Massgebend für die Teilung sind 35 600 Franken.

Finden Hinzurechnungen statt (siehe auch Kapitel 9, Abschnitt 5), sind sie in dem Zeitpunkt zu berechnen, in dem der Vermögenswert veräussert wurde.

Das Eigengut wird nur im Zusammenhang mit Mehr- oder Minderwertbeteiligungen bewertet. Die vorgenannten Regeln kommen deshalb für das Eigengut grundsätzlich nicht zur Anwendung.

Werden Errungenschaftsgegenstände nach der Einreichung des Scheidungsbegehrens veräussert, gilt der Erlös als Wert. Das gilt auch für Ersatzanschaffungen. Denn nach der Einreichung des Scheidungsbegehrens kann keine neue Errungenschaft mehr entstehen.

Beim Verbrauch von Errungenschaft nach dem Scheidungsbegehren ist für die Wertbestimmung der Zeitpunkt des Verbrauchs massgebend.

Welcher Wert ist massgebend?

Massgebend für die Bewertung ist der Verkehrswert. Das ist der in Geld ausgedrückte Tauschwert, der sich zum massgeblichen Zeitpunkt auf einem unbehinderten Markt unter normalen Verhältnissen erzielen lässt.

Die Bestimmung des Verkehrswertes bereitet meistens keine Schwierigkeiten. Bei einem Auto ist etwa der Preis auf dem Occasions-Markt relevant. Bei Schmuck ist es der Preis, den Juweliere oder Trödler dafür bezahlen würden. Viel schwieriger ist die Bewertung von Unternehmen, Liegenschaften, Wertpapieren und Hausrat. Mehr dazu erfahren Sie im Kapitel 10, Abschnitt 3 und im Kapitel 12, Abschnitte 1 bis 3.

8. Schulden

Zu welcher Gütermasse gehören Schulden?

Schulden wie Hypotheken, Kredite, Darlehen usw. werden bei der Vermögensteilung einer Gütermasse zugeordnet. Grundsätzlich belasten sie die Gütermasse, für die sie begründet wurden.

> Beispiel 1: Auf dem Einfamilienhaus, das die Ehefrau in die Ehe eingebracht hat, lastet eine Hypothek von 500 000 Franken. Das Einfamilienhaus bildet Eigengut der Frau. Die Hypothek belastet somit ihr Eigengut.

> Beispiel 2: Der Ehemann hat während der Ehe von einem Freund eine Yacht für 70 000 Franken gekauft. Der Kaufpreis ist bei der Scheidung noch nicht beglichen. Die Yacht gehört zur Errungenschaft des Mannes. Die offene Schuld belastet somit seine Errungenschaft.

Haben mehrere Gütermassen zum Erwerb oder zur Erhaltung einer Liegenschaft beigetragen, wird die Hypothek für die Berechnung der Mehrwertanteile auf diese Gütermassen aufgeteilt. Das stellt jedoch nur eine rechnerische Grösse dar. Der Spezialfall der Hypothek wird noch ausführlich im Kapitel 12, Abschnitt 1 behandelt.

Bereits zurückbezahlte Schulden können zu einer Ersatzforderung führen, wenn sie aus Mitteln einer anderen Gütermasse beglichen wurden.

Steht fest, welcher Gütermasse eine offene Schuld zuzuordnen ist, wird sie darunter als Passivum aufgeführt.

Wer haftet gegen aussen für Schulden?

Eine ganz andere Frage ist, wer nach aussen gegenüber den Gläubigern für Schulden haftet. Grundsätzlich haftet die Person, die eine Schuld eingegangen ist.

> Beispiel 1: In unserem Beispiel mit der Hypothek auf dem Haus der Frau haften beide Ehegatten gegenüber der Bank, weil sich beide im Hypothekarvertrag als Solidarschuldner verpflichten mussten.

> Beispiel 2: Im Beispiel mit der Yacht haftet nur der Ehemann gegenüber seinem Freund für den Kaufpreis, da er den Kaufvertrag allein abgeschlossen hat.

Nur in wenigen Ausnahmefällen haften beide von Gesetzes wegen gemeinsam: nämlich für Schulden, die sie für den alltäglichen Lebensbedarf eingegangen sind (so genannte Haushaltsschulden), oder für Schulden, zu deren Eingehung ein Ehegatte vom anderen oder vom Richter ermächtigt wurde oder die dringlich sind.

9. Die rechnerische Teilung

Ist der Bestand und Wert des Vermögens geklärt und steht auch die Zuordnung auf die Gütermassen fest, folgt die rechnerische Teilung. Sie hat zum Ziel, den so genannten Vorschlag an der Errungenschaft jedes Ehegatten zu berechnen. Am Vorschlag partizipieren die Ehegatten je hälftig. Die beiden Vorschlagssummen werden addiert, durch zwei geteilt und die Differenz zum eigenen Vorschlag ausgeglichen. Geteilt wird nur ein positiver Vorschlag: Weist die Errungenschaft eines Ehegatten einen Verlust oder Rückschlag auf, muss der andere diesen Verlust nicht mittragen.

Für die Berechnung des Vorschlags gibt es verschiedene Rechenmethoden. Im Sinne einer Praktikermethode wird in diesem Ratgeber folgendes Vorgehen angewendet: Zunächst wird das Aktivvermögen beider Seiten festgestellt. Die einzelnen Vermögenswerte werden dabei der Errungenschaft oder dem Eigengut jedes Ehegatten zugeordnet. Vom Aktivvermögen beider Ehegatten werden sodann die Passiven abgezogen, wobei die Passiven der entsprechenden Gütermasse eines Ehegatten zuzuordnen sind. Als Resultat erhalten wir das Netto-Eigengut und die Netto-Errungenschaft jedes Ehegatten. Sein Netto-Eigengut kann jeder Ehegatte für sich behalten. Die Netto-

Errungenschaft (der so genannte Vorschlag) wird hälftig geteilt.

Beispiel: Bei der Scheidung gehören einem Ehepaar folgende Vermögenswerte: Dem Mann gehören alle Aktien eines Ingenieur-Betriebes im Wert von 3,4 Millionen Franken und ein Wertschriften-Portfolio im Wert von 430 000 Franken. Beides hat er während der Ehe aufgebaut resp. angespart. 100 000 Franken gehörten ihm schon zu Beginn der Ehe, diese sind in Obligationen angelegt. Der Frau gehört das gemeinsam bewohnte Einfamilienhaus im Wert von 1,45 Millionen Franken, auf dem eine Hypothek von 800 000 Franken lastet. Das Haus hat sie in die Ehe eingebracht. Ihr gehört ausserdem eine Bildersammlung im Wert von 180 000 Franken, die sie mit ihrem Arbeitserwerb finanziert hat.

Die rechnerische Aufteilung sieht in diesem Beispiel wie folgt aus:

Rechnerische Teilung

Angaben in Franken

	Mann Errungenschaft	Eigengut	Frau Errungenschaft	Eigengut
Aktiven				
Ingenieur-Betrieb	3 400 000	–	–	–
Wertschriften-Portfolio (Obligationen)	430 000	100 000	–	–
Einfamilienhaus	–	–	–	1 450 000
Bildersammlung	–	–	180 000	–
Passiven				
Hypothek	–	–	–	800 000
Total	**3 830 000**	**100 000**	**180 000**	**650 000**

Hälftige Teilung der Errungenschaften

Angaben in Franken

Hälfteanteil Errungenschaft Mann:	1 915 000
Hälfteanteil Errungenschaft Frau:	–90 000
Ausgleichsanspruch der Frau:	**1 825 000**

Die Errungenschaft des Mannes beträgt in unserem Beispiel 3,83 Millionen Franken, sein Eigengut 100 000 Franken. Die Errungenschaft der Frau beträgt 180 000 Franken, ihr Eigengut 650 000 Franken. Jeder Ehegatte behält seine Vermögenswerte. Die Ehefrau hat vom Ehemann aus der hälftigen Teilung der Errungenschaften noch den Betrag von 1,825 Millionen Franken zugute.

10. Auszahlung

Bei Ehegatten, die im Laufe ihrer Ehe ein beträchtliches Vermögen aufbauen, können bei der Scheidung hohe Ausgleichsansprüche entstehen. Sie sind grundsätzlich in Geld zu leisten. Die Schuld lässt sich nur dann durch Hingabe von Vermögenswerten tilgen, wenn der andere Ehegatte damit einverstanden ist. Zwingen kann man den anspruchsberechtigten Ehepartner dazu nicht.

Beispiel: Der Ehemann hat ein Unternehmen (AG) aufgebaut. Als Ausgleichszahlung schuldet er seiner Frau bei der Scheidung 1 Million Franken. Diesen Betrag muss er grundsätzlich in Geld aufbringen. Er kann ihr nicht 35 Prozent seiner Aktien übertragen, wenn sie damit nicht einverstanden ist – auch dann nicht, wenn das Aktienpaket mehr wert ist als der geschuldete Betrag.

Die Ausgleichsforderung wird mit dem Scheidungsurteil sofort fällig, sofern die Ehegatten keine Zahlungstermine vereinbart haben. Das heisst, dass die Forderung umgehend bezahlt werden muss.

Schon während der Ehe kann ein Ehegatte, der dem anderen Geld schuldet, jedoch angemessene Zahlungsfristen verlangen, wenn ihn die Begleichung der Schuld in ernstliche Schwierigkeiten bringt, die die eheliche Gemeinschaft gefährden. Bei der Scheidung sieht das Gesetz eine analoge Bestimmung vor: «Bringt die sofortige Bezahlung der Beteiligungsforderung und des Mehrwertanteils den verpflichteten Ehegatten in ernstliche Schwierigkeiten, so kann er verlangen, dass ihm Zahlungsfristen eingeräumt werden.» Mit dieser Bestimmung will das Gesetz Härten abmildern, die für den zahlungspflichtigen Ehegatten entstehen können. Die Bestimmung ist ein Ausdruck nachehelicher Solidarität.

Unter «ernstlichen Schwierigkeiten» sind Schwierigkeiten wirtschaftlicher Natur zu verstehen. Gemeint ist mangelnde Liquidität, die auch bei zumutbarer Anstrengung nicht behoben werden kann und zur zwangsweisen Veräusserung von Vermögenswerten führt, die spürbare Nachteile für den Verpflichteten hat. Solche Nachteile sind gegeben, wenn die berufliche Tätigkeit des Verpflichteten mit dem Vermögenswert zusammenhängt, der veräussert werden müsste. Typisches Beispiel ist der Zwangsverkauf eines Unternehmens, allenfalls verbunden mit der Berufsaufgabe. Ernstliche Schwierigkeiten können auch gegeben sein, wenn die Ehefrau mit den Kindern im gemeinsamen Haus bleiben will, ihren Mann jedoch nicht auszahlen kann. Je nach Konstellation (Anzahl Kinder, Notwendigkeit, im Haus zu bleiben, Schwierigkeit der Wohnungssuche usw.) ist auch hier die Zuweisung des Hauses an die Frau, verbunden mit einem Zahlungsaufschub, gerechtfertigt.

Um zu entscheiden, ob eine Härtesituation gegeben ist, die einen Zahlungsaufschub rechtfertigt, muss das Gericht die Interessen des Verpflichteten am Aufschub gegen die des Berechtigten an einer sofortigen Zahlung abwägen. Auch die Interessen des Berechtigten sind gebührend zu berücksichtigen, etwa wenn seine berufliche Zukunft von der sofortigen Zahlung abhängt oder er aus anderen Gründen dringend auf die Zahlung angewiesen ist.

Der Zahlungsaufschub führt dazu, dass der Verpflichtete die Forderung später oder in Raten begleichen kann.

Beispiel: Der Ehemann hat eine Unternehmensberatungsfirma (AG) mit mehreren Angestellten aufgebaut. Die Scheidung führt zu einer Ausgleichsforderung an seine Frau von 800 000 Franken. Damit er sein Unternehmen nicht verkaufen muss, wird ihm zugestanden, die Forderung über einen Zeitraum von fünf Jahren abzutragen, wobei er seiner Frau jedes Jahr am Jahresende 160 000 Franken plus Zinsen zahlen muss. Diesen Betrag kann er voraussichtlich mit den Einnahmen aus dem Unternehmen aufbringen.

Wenn das Gericht einen Zahlungsaufschub bewilligt, ist die Ausgleichszahlung ab dem Zeitpunkt der Urteilsfällung zu verzinsen. Der gesetzliche Verzugszins beträgt 5 Prozent. Die Ehepartner können jedoch auch einen anderen Zins vereinbaren oder auf die Verzinsung verzichten.

Mit dem Zahlungsaufschub kann das Gericht die Verpflichtung verbinden, den Forderungsbetrag sicherzustellen. Das ist angezeigt, wenn die Bezahlung gefährdet ist, zum Beispiel weil die zukünftigen Einnahmen eines Unternehmers fraglich sind. Die Sicherstellungspflicht sollte jedoch zurückhaltend gehandhabt werden, weil sie sonst den Sinn des Zahlungsaufschubes zunichte macht. Denn oft besteht das Problem gerade darin, dass keine Sicherheiten vorhanden sind. Sonst könnte der Zahlungspflichtige auch eine Finanzierung über eine Bank in die Wege leiten.

Sofortige Fälligkeit, Bezahlung in Geld und Verzinsungs- und Sicherstellungspflicht sind keine zwingenden Regeln. Das lässt Paaren die Möglichkeit, in der Scheidungskonvention andere Regelungen zu treffen, die ihrer Situation besser entsprechen. Sie können zum Beispiel ein Mehrfamilienhaus des Ehemannes in Stockwerkeigentum aufteilen, und die Ausgleichsforderung der Frau tilgen, indem sie eine Einheit übernimmt. Oder die Ehefrau kann ein Minderheitspaket an Aktien übernehmen, die ihr Mann an einem Unternehmen hält. Den Konventionsverhandlungen kommt in diesem Zusammenhang grosse Bedeutung zu.

Kapitel 10:
Die Teilung von Unternehmen

Vorbemerkungen

In diesem Kapitel geht es um die güterrechtliche Auseinandersetzung bei Ehegatten, die ein Unternehmen besitzen. Unter einem Unternehmen wird dabei jedes Gewerbe verstanden, das einer dauernden wirtschaftlichen Tätigkeit dient, unabhängig davon, ob es im Handelsregister eingetragen ist oder nicht. Dazu zählen also beispielsweise Arzt- oder Anwaltspraxen, Einzelfirmen, Beteiligungen an Personengesellschaften (etwa Kollektivgesellschaft) oder das Betreiben einer Kapitalgesellschaft (AG oder GmbH) bzw. die Beteiligung daran.

Vereinfacht wird in diesem Ratgeber von der «Teilung eines Unternehmens» gesprochen. In Wirklichkeit ist die Angelegenheit jedoch komplizierter. Denn geteilt wird nicht das Unternehmen, sondern es wird im Zuge der güterrechtlichen Auseinandersetzung untersucht, welcher Gütermasse welches Ehegatten Geschäftsvermögen zuzuordnen ist, und welcher Ehegatte gegenüber dem anderen noch welche Ausgleichsansprüche aus der Teilung dieser Gütermassen hat. Da dies jedoch schwer verständlich ist, wird von der «Teilung eines Unternehmens» gesprochen. Als Erstes werfen wir aber einen Blick auf die Eigentumsverhältnisse bei Unternehmen.

1. Wem gehört das Unternehmen?

Die Eigentumsverhältnisse bei einem Unternehmen sind in der Regel klar. Die Arztpraxis gehört dem Arzt oder der Ärztin, die Autowerkstatt (AG) dem Ehemann, der 100 Prozent der Aktien besitzt. Bei Kapitalgesellschaften ergibt sich das Eigentum aus den Beteiligungspapieren. Eigentümer ist, wer die Aktien oder Stammanteile besitzt. Bei Unklarheiten lassen sich die Eigentumsverhältnisse anhand des Aktienbuches beziehungsweise Stammanteilbuches verifizieren. Sind Inhaberaktien ausgegeben, ist der Besitzer dieser Aktien der Eigentümer. Gemeinschaftliches Eigentum von Mann und Frau ist bei Kapitalgesellschaften selten. Hält ein Ehepartner 30 Prozent des

Aktienkapitals und der andere 70 Prozent, ist jeder Ehegatte alleiniger Eigentümer seiner Aktien. Auch an der einzelnen Aktie besteht in der Praxis kaum gemeinschaftliches Eigentum, obwohl das theoretisch möglich ist (vor allem wenn unter den Ehegatten eine so genannte einfache Gesellschaft besteht). Gemeinschaftliches Eigentum kann in seltenen Fällen an einzelnen Vermögenswerten bestehen, zum Beispiel wenn unklar ist, ob sie überhaupt zum Unternehmen gehören oder nicht. Zu denken ist an den Computer zu Hause, bei dem sich die Ehegatten nicht einig sind, ob er für die Arztpraxis des Ehemannes oder für private Zwecke erworben wurde. Hier wird mangels eines Beweises Miteigentum angenommen. Solche Fälle sind jedoch selten und fallen in der Regel auch finanziell kaum ins Gewicht.

Bei Personengesellschaften (Kollektiv- und Kommanditgesellschaft) gehört das Unternehmen den Gesellschaftern gemeinsam. Man spricht von Eigentum zu gesamter Hand. Betreibt ein Ehepaar ein Unternehmen als Personengesellschaft, gehört es ihnen also gemeinsam. Ist nur einer von beiden an einer Personengesellschaft beteiligt, steht bei der Scheidung sein Anteil an der Gesellschaft zur Diskussion. Scheidet er aus der Gesellschaft aus und wird die Gesellschaft aufgelöst, steht sein Liquidationsanteil an der Gesellschaft zur Diskussion.

Einzelfirmen und Unternehmen von Freiberuflern gehören dem, der sie führt. Unklarheiten sind hier selten.

Ist streitig, ob ein Vermögenswert zum Unternehmen gehört oder nicht, muss man die Eigentumsverhältnisse anhand der Kaufbelege klären. Vermögenswerte, die im Namen des Unternehmens erworben wurden, gehören dem Unternehmen. Daran ändert sich auch nichts, wenn der andere Ehegatte finanziell zum Erwerb beigetragen hat.

Beispiel: Die Frau stellt ihrem Mann 200 000 Franken aus einer Erbschaft für den Kauf einer Maschine für seine Druckerei (AG) zur Verfügung. Wird die Maschine im Namen der Druckerei gekauft, gehört sie der Druckerei. Sie gehört nicht deshalb der Ehefrau, weil diese finanziell zum Erwerb beigetragen hat.

2. Wer behält das Unternehmen nach der Scheidung?

Die Scheidung bewirkt grundsätzlich keine Neuregelung der Eigentumsverhältnisse, sondern das bestehende Eigentum dauert über die Scheidung fort. Einzig bei gemeinschaftlichem Eigentum von Mann und Frau kann eine Seite die Zuweisung eines Gegenstandes in ihr Alleineigentum verlangen. Wer massgeblich ins Unternehmen seines Ehepartners investiert, kann bei der Scheidung also nicht die Übernahme des Unternehmens (oder Teilen davon) verlangen. Unternehmen werden bei der Scheidung also nicht geteilt, sondern der Ehegatte, dem das Unternehmen bereits vor der Scheidung gehört hat, darf es auch nach der Scheidung behalten. Unter Umständen zwingen ihn jedoch hohe Ausgleichsforderungen dazu, es zu verkaufen oder seinem Ehegatten zu übertragen, um die Forderungen abgelten zu können.

Wer (Allein-)Eigentümer eines Unternehmens ist, kann es bei der Scheidung also stets für sich beanspruchen. Der andere Ehegatte kann es ihm weder durch Ausgleichsforderungen abspenstig machen noch durch die Geltendmachung eines überwiegenden Interesses.

Beispiel: Ein Arzt baut während der Ehe eine Orthopädie-Klinik auf (AG). Die Klinik ist Teil seiner Errungenschaft und wird auf 2,2 Millionen Franken geschätzt. Zusätzlich gehören noch mehrere Liegenschaften zu seiner Errungenschaft. Die hälftige Teilung des Vorschlages des Ehepaares ergibt eine Ausgleichsforderung der Frau von 2,3 Millionen Franken. Sie ist ebenfalls Ärztin und möchte die Klinik gerne übernehmen. Weil er alle Aktien allein besitzt, muss er sich ihrem Wunsch nicht beugen, auch wenn ihre Ausgleichsforderung etwa dem Wert der Klinik entspricht.

Sind beide Ehegatten an einem Unternehmen beteiligt, ohne dass sie gemeinschaftliche Eigentümer sind (die Ehefrau hält zum Beispiel 30 Prozent der Aktien, der Ehemann 70 Prozent), kann auch bei dieser Konstellation jeder Ehegatte seine Beteiligung über die Scheidung hinaus behalten. Es stellt sich allerdings die Frage, ob es sinnvoll ist, dass sie weiterhin geschäftlich verbunden bleiben. Gerade in zerstrittenen Verhältnissen kann das langfristig zur Benachteiligung eines Ehegatten führen. Das Unternehmen kann in eine Sackgasse geraten, wenn es keine Entscheidungen mehr treffen kann. In diesen Fällen liegt es auf der Hand, dass sich eine Seite von ihrer Beteiligung trennt, indem sie sie an seinen Ehegatten oder einen Dritten abtritt.

Beispiel: Ein Ehepaar hat gemeinsam eine Werbeagentur aufgebaut (AG). Beide Ehegatten besitzen je 50 Prozent des Aktienkapitals. Ein Aktionärsbindungsvertrag besteht nicht. Sie sind sich einig, dass sie die Agentur wegen ihres Ehestreites langfristig nicht gemeinsam weiterführen können. Deshalb vereinbaren sie, dass der Mann seine Aktien bei der Scheidung an seine Frau abtritt. Als Ausgleich erhält er eine angemessene Zahlung.

Gemeinschaftliches Eigentum an einem Unternehmen kommt in der Praxis vor, wenn Mann und Frau eine Personengesellschaft gemeinsam führen.

Beispiel: Ein Ehepaar hat sich beim Architekturstudium kennen gelernt. Nach dem Studium gründen und betreiben sie zusammen ein Architekturbüro (Kollektivgesellschaft). Das Büro gehört ihnen gemeinschaftlich, sie sind beide Eigentümer zu gesamter Hand.

Bei solchen Personengesellschaften stellt sich die Frage, wer sie nach der Scheidung weiterführen darf. Wollen beide Seiten die Gesellschaft trotz Ehestreit und Scheidung gemeinsam weiterführen, ist das möglich, ohne dass sie ihren Gesellschaftsvertrag aufheben müssen. Wollen beide die Gesellschaft auflösen, können sie den Gesellschaftsvertrag unabhängig von der Scheidung kündigen oder durch gemeinsame Übereinkunft aufheben. Die Gesellschaft tritt in diesem Fall in Liquidation: Die laufenden Aktivitäten werden beendet, die Gesellschafterbeiträge zurückerstattet, die gesellschaftlichen Aktiven verwertet und der Gewinn oder Verlust wird auf die Ehegatten aufgeteilt. Bei der Scheidung ist dann zu bestimmen, welcher Gütermasse die Vermögenswerte zuzuordnen sind, die jedem Ehegatten aus der Gesellschaftsauflösung zugeflossen sind, und ob daraus noch Ausgleichsansprüche resultieren. Wenn beide die Gesellschaft allein weiterführen wollen und sich nicht einigen können, wer sie übernehmen darf, erhält derjenige den Vorzug, der ein überwiegendes Interesse daran geltend machen kann. Diesen Nachweis zu erbringen ist in der

Regel schwierig. Kriterien können sein, dass eine Seite stärker im Unternehmen mitarbeitet (zum Beispiel 100 Prozent gegenüber 30 Prozent), mehr Geld in die Gesellschaft eingebracht hat oder dass sein Anteil am mutmasslichen Liquidationserlös deutlich höher ist. Um die Gesellschaft allein weiterzuführen, müssen die gesellschaftsrechtlichen Voraussetzungen für die «Fortsetzung des Geschäftes durch einen Gesellschafter» erfüllt sein. In diesem Fall wird aus der Gesellschaft eine Einzelfirma.

Zusätzlich zu den rein rechtlichen Eigentumsverhältnissen muss man bei der Auseinandersetzung um ein Unternehmen immer auch die finanziellen Aspekte im Auge behalten. Oft nützt es wenig, wenn man das Unternehmen zwar rechtlich für sich beanspruchen kann, die Ausgleichsforderungen seines Ehegatten jedoch nicht ausbezahlen kann. Auch grosszügige Zahlungsfristen helfen hier oft nicht weiter. In der Praxis gilt es deshalb, eine sinnvolle und zugleich finanziell tragbare Lösung zu finden.

3. Wie werden Unternehmen bewertet?

Allgemeines

Die Bewertung von Unternehmen ist eine komplexe und in der Regel aufwändige Angelegenheit. Es gibt zahlreiche Bücher zu diesem Thema. Ebenso zahlreich sind die Theorien darüber, wie ein Unternehmen bewertet werden soll.

In Scheidungsverfahren entscheidet der Richter oder die Richterin, nach welchem Massstab ein Unternehmen bewertet wird, nicht der Fachexperte (etwa der Treuhänder oder der Spezialist für Mergers & Acquisitions). Denn hier handelt es sich um eine so genannte Rechtsfrage, über die einzig das Gericht zu befinden hat. Eine Sachfrage ist die Schätzung an sich, deshalb ist sie allenfalls von Experten zu beurteilen.

Bis heute gibt es keine klaren Leitlinien der obersten Gerichte, wie Unternehmen im Zuge eines Scheidungsverfahrens zu bewerten sind. Einzelheiten sind nach wie vor offen. Weitere Schwierigkeiten bereiten

Kapitel 10 — Die Teilung von Unternehmen

die unterschiedlichen Rechtsformen von Unternehmen. Auch wenn die Rechtsform bei einer Scheidung nicht von ausschlaggebender Bedeutung ist, ergeben sich in Bezug auf die Bewertung doch gewisse Unterschiede.

AG und GmbH

Bei der Bewertung von Kapitalgesellschaften geht es zuerst um die Frage, ob ein Unternehmen fortgeführt werden soll oder nicht. Soll es fortgeführt werden, kommt dem so genannten Fortführungswert entscheidende Bedeutung zu. Soll es nicht fortgeführt werden, kommt der so genannte Liquidationswert zum Tragen. Dieser kommt bei einer Scheidung selten zur Anwendung, weil Unternehmen meistens von einem Ehegatten oder einem Dritten fortgeführt werden. Der Liquidationswert ist vor allem beim Tod eines Ehegatten von Bedeutung. Kommt er zur Anwendung, ist der Netto-Liquidationswert massgebend. Das ist der Wert, der nach Abzug aller Kosten bei der Liquidation der einzelnen Vermögenswerte des Unternehmens übrig bleibt.

Wird nach Fortführungsgrundsätzen bewertet, ist das Unternehmen als Einheit zu betrachten. Massgebend ist eine zukunftsbezogene Gesamtbewertung. Die Erfassung der einzelnen Wertgegenstände des Unternehmens genügt nicht.

Die zukunftsbezogene Gesamtbewertung orientiert sich am bisherigen Gewinn und an der Substanz des Unternehmens bei der Scheidung. Absichtliche Gewinnschmälerungen in der Vergangenheit (etwa aus steuerlichen Gründen) sind ausser Acht zu lassen. Relevant ist der tatsächlich erzielte Gewinn. Der Substanzwert entspricht der Summe der einzelnen Teilwerte des Unternehmens in der Bilanz. Auf die Bilanz ist allerdings nicht immer Verlass, da sie nur Annäherungswerte gemäss den Grundsätzen der kaufmännischen Buchführung darstellen. Bestehen Zweifel an der Richtigkeit der Bilanz, ist der wirkliche Wert zu ermitteln. Vermögenswerte, die nicht für den Betrieb notwendig sind, werden separat bewertet. Zur eigentlichen Substanz gehören alle betriebsnotwendigen Vermögenswerte wie Einrichtungen, Maschinen, Lager usw., aber auch Rechte wie Lizenzen, Patente, Urheberrechte, Konzessionen usw. Forderungen sind immer genau zu analysieren und je nach Beurteilung zu korrigieren. Warenvorräte werden um stille Reserven bereinigt und anhand der Ansätze für Rohwaren sowie Halb- und Fertigfabrikate bewertet. Für Sachanlagen sind die Kosten einzusetzen, die für eine Anlage mit gleicher Leistungsfähigkeit aufzuwenden wären. Schulden werden in der Regel zu ihrem Nennwert eingesetzt.

Der Goodwill, der dem Unternehmen entgegengebracht wird, ist ebenfalls in die Bewertung mit einzubeziehen. Allerdings nur in dem Mass, als er dem Unternehmen an sich anhaftet und nicht mit der Person des Unternehmers verknüpft ist (siehe dazu auch den Abschnitt zur Einzelfirma). Dasselbe gilt für den Gewinn bzw. den Ertrag. Die künftige Arbeitskraft des Unternehmerehegatten soll nicht in die güterrechtliche Auseinandersetzung mit einberechnet werden.

Auf die Frage, wie aus dem Ertrag (bisherige Gewinne) und der Substanz der genaue Unternehmenswert zu ermitteln ist, gibt es keine abschliessende Antwort, nur eine Vielzahl von Theorien. Auf jeden Fall sind die anerkannten Grundsätze der Betriebswirtschaftslehre anzuwenden. In der Praxis sind das so genannte Mittelwertverfahren und das Ertragswertverfahren am häufigsten anzutreffen. Das Mittelwertverfahren berechnet einen Durchschnitt aus dem Ertrags- und dem Substanzwert. Das Ertragswertverfahren stellt ausschliesslich auf den Ertrag eines Unternehmens ab (Durchschnitt der letzten Jahre) und lässt die Substanz ausser Acht.

Dem tatsächlichen Verkehrswert einer Kapitalgesellschaft kommt das Mittelwertverfahren wohl am nächsten. Das ist die Methode, die in der Praxis auch am häufigsten angewendet wird. Festzuhalten bleibt, dass es keine höchstrichterlichen Entscheide gibt, die andere Methoden ausschliessen, solange sich der wirkliche Verkehrswert damit errechnen lässt.

Kommt es noch vor der Scheidung zum Verkauf des Unternehmens, stellt der Verkaufserlös den zu teilenden Wert dar. In solchen Fällen ist genau zu untersuchen, ob Umgehungshandlungen vorliegen. Zu denken ist an Fälle, in denen absichtlich ein zu geringer Verkaufspreis vereinbart wurde, allenfalls mit der Absicht, das Unternehmen nach der Scheidung wieder zurückzukaufen. Lässt sich eine Benachteiligungsabsicht nachweisen, ist der Wert, um den das Unternehmen zu billig verkauft wurde, zum zu teilenden Vermögen hinzuzurechnen (mehr zur Hinzurechnung im Kapitel 9, Abschnitt 5). Der Verkauf bleibt grundsätzlich rechtsgültig.

Minderheits- und Mehrheitspakete

Minderheitsbeteiligungen an einer AG oder GmbH sind unter Umständen schwer verkäuflich oder sogar unverkäuflich. Sie werden deshalb nicht zum vollen prozentualen Anteil am Gesamtwert bewertet. Je nach Verkäuflichkeit des Minderheitspakets ist ein grösserer oder kleinerer Abschlag vorzunehmen.

Dasselbe gilt analog für Mehrheitsbeteiligungen. Ein Mehrheitspaket von 51 Prozent an einer Gesellschaft kann unter Umständen einen Wert von annähernd 100 Prozent des Gesamtwertes erreichen. Das rechtfertigt einen Zuschlag zum anteilsmässigen Wert, der vom Unternehmen und der Stimmkraft abhängt.

Einzelfirmen

Für Einzelfirmen gelten grundsätzlich die selben Bewertungsgrundsätze wie für Kapitalgesellschaften. Ins Gewicht fällt jedoch, dass Einzelfirmen in der Regel stark personenbezogen sind. Ihr Erfolg oder Misserfolg hängt stark vom Inhaber ab.

Steht und fällt eine Einzelfirma mit dem Inhaber, kommt dem Ertragswert höchstens eine marginale Bedeutung zu: Denn kein Käufer zahlt etwas für vergangene Erträge, wenn sie ohne den bisherigen Inhaber in Zukunft nicht mehr anfallen werden. Das gilt auch für den Goodwill des Unternehmens, wenn er massgeblich mit der Person des bisherigen Inhabers verknüpft ist. Bei solchen Konstellationen stellt in der Regel nur die Substanz des Unternehmens einen Wert dar, für die ein Käufer etwas zu bezahlen bereit ist. Der Substanzwert ist deshalb mit dem Verkehrswert des Unternehmens gleichzusetzen.

Hat die Einzelfirma eine gewisse Grösse und ist ihr Schicksal nicht zwingend an die Person des Inhabers gebunden, kann der Ertragswert der Vergangenheit mitberücksichtigt werden. Das ist zum Beispiel der Fall, wenn eine neue Person die Firma übernehmen kann, eine Umfirmierung möglich ist, Aufträge weitergeführt werden können und sich der bisherige Goodwill auf den neuen Inhaber übertragen lässt.

Freiberufler

Für die Bewertung einer Praxis von Freiberuflern wie Ärzten, Anwälten oder Architekten kommt in aller Regel nur der Substanzwert zur Anwendung, weil der gesamte Goodwill und Ertrag an der Person des Freiberuflers hängt. Zu bewerten sind die einzelnen Gegenstände wie Mobiliar, Geräte, Bibliothek usw., die zur Praxis gehören. Die Berücksichtigung eines Ertragswertes oder Goodwills ist nur in Einzelfällen denkbar, zum Beispiel wenn ein Nachfolger viele Kunden übernehmen kann. Das kann bei Arztpraxen der Fall sein, bei Anwaltspraxen oder Architekturbüros eher selten.

Anteile an Personengesellschaften

Schwieriger ist die Bewertung von Anteilen an Personengesellschaften. Bestand die Personengesellschaft unter den Ehegatten (zum Beispiel ein gemeinsames Architekturbüro oder eine gemeinsame Praxis), stellt sich zuerst die Frage, ob eine Partei die Gesellschaft weiterführt. Trifft dies zu, ist nach Fortführungsgrundsätzen zu bewerten, wobei in der Regel nur der Substanzwert zu berücksichtigen ist. Will niemand die Gesellschaft weiterführen, ist ihr Wert nach Liquidationsgrundsätzen zu ermitteln.

Eine Gesellschaft mit Dritten, die über die Scheidung hinaus fortgesetzt wird, ist nach Fortführungsgrundsätzen zu bewerten. Die Verkäuflichkeit der Gesellschaftsanteile ist in der Regel jedoch stark eingeschränkt, weil ein Gesellschafterwechsel nicht ohne Weiteres möglich ist (der Geschäftspartner des Ehemannes will zum Beispiel keinen neuen Partner). Diesem Umstand muss die Bewertung angemessen Rechnung tragen. Der Ertragswert ist auch hier nur insoweit von Bedeutung, als er der Gesellschaft selber anhaftet und nicht mit der Person des Gesellschafters verbunden ist.

4. Wenn der Ehepartner im Unternehmen mitarbeitet

Vorbemerkungen

Vor allem in Klein- und Mittelunternehmen ist die Mitarbeit im Unternehmen des Ehepartners weit verbreitet (mehr dazu auch im Kapitel 2, Abschnitt 2).

Die Mitarbeit erfolgt in vielen Fällen im Sinne eines Beitrags an die Familiengemeinschaft: Es geht darum, den Ehepartner zu entlasten, bei einem krankheitsbedingten Ausfall zu ersetzen oder die Kosten des Unternehmens zum Wohl der ganzen Familie zu minimieren. Möglich ist aber auch die schlichte Arbeit gegen Entgelt. Bei ihr steht der Beitrag an die Familiengemeinschaft im Hintergrund. Kommt es zur Trennung oder Scheidung, stellt sich die Frage, ob der mitarbeitende Ehegatte Ansprüche aus seiner Mitarbeit erheben kann. Es ist in diesen Fällen zu unterscheiden, ob ein Arbeitsvertrag bestand oder nicht.

Mit Arbeitsvertrag

Bestand zwischen dem mitarbeitenden Ehepartner und dem Unternehmen ein Arbeitsvertrag, ist die Rechtslage relativ einfach: Es ist in diesem Fall zu prüfen, ob noch Lohnansprüche oder sonstige Ansprüche aus dem Arbeitsverhältnis bestehen. Denkbar sind Lohnansprüche für die Dauer der Kündigungsfrist, Ferien- oder Überstundenguthaben usw. Massgebend ist jeweils der Arbeitsvertrag, der die Rahmenbedingungen des Arbeitsverhältnisses absteckt. Ein Arbeitsvertrag liegt auch dann vor, wenn er nur mündlich geschlossen wurde. Denn entscheidend ist nicht die Form (Mündlichkeit oder Schriftlichkeit), sondern die Vereinbarung, dass der Ehepartner Arbeit gegen ein bestimmtes Entgelt leistet.

Ohne Arbeitsvertrag

Fand die Mitarbeit ohne Arbeitsvertrag statt, sieht das Gesetz unter bestimmten Voraussetzungen einen Anspruch auf eine angemessene Entschädigung für den Einsatz des mitarbeitenden Ehegatten vor.

Der mitarbeitende Ehegatte kann eine Entschädigung verlangen, wenn er im Beruf oder Gewerbe des anderen erheblich mehr mitgearbeitet hat, als sein Beitrag an den Unterhalt der Familie verlangt hätte. Vorausgesetzt ist somit eine erhebliche Mitarbeit, welche die übliche Mitwirkung eines Ehegatten deutlich übersteigt. Zu denken ist an einen ausserordentlichen Einsatz während der Krankheit des Ehepartners, an Sonderleistungen während einer Krisenzeit des Unternehmens oder aber an eine sonstige Mitarbeit, die eine ordentliche Arbeitskraft ersetzt hat. Die gelegentliche Mithilfe im Unternehmen fällt somit ausser Betracht. Die Mitarbeit muss zudem das Mass übersteigen, zu dem die Ehepartner im Rahmen der Aufgabenteilung unterhaltsrechtlich verpflichtet sind. Hier ist die gesamte Aufgabenteilung zu berücksichtigen, also auch die Kindererziehung, die Haushaltführung usw. Arbeitete die Frau beispielsweise zusätzlich zu Haushalt und Kinderbetreuung noch zu 60 Prozent im Betrieb des Ehemannes mit, ohne dass ein Arbeitsverhältnis bestand, dürften die Voraussetzungen für eine angemessene Entschädigung gegeben sein.

Jeder Ehegatte ist verpflichtet, zum Unterhalt der Familie beizutragen. Deshalb entfällt ein Anspruch, wenn der gebührende Unterhalt ohne seine Mitarbeit nicht erreicht worden wäre. Reicht das gesamte Betriebsergebnis gerade für den Unterhalt der Familie aus, besteht daher kein Anspruch. Das Gesetz geht in diesem Fall davon aus, dass der Ehepartner bereits dadurch entschädigt wurde, dass er am erreichten Lebensstandard teilhaben konnte. Wirft das Unternehmen hingegen deutlich mehr ab, als für den Unterhalt der Familie erforderlich ist, soll die Mitarbeit entschädigt werden. Der Mitarbeitende soll in diesem Fall am Betriebsergebnis teilhaben und nicht als billige Arbeitskraft missbraucht werden.

Die Rechtsform des Unternehmens spielt in dieser Frage eine untergeordnete Rolle. Entscheidend ist, ob der wirtschaftliche Vorteil der Arbeitsleistung dem anderen Ehegatten zugute kam. Möglich ist eine Entschädigung somit auch bei der Mitarbeit in einer Kapitalgesellschaft, wenn der andere Ehegatte einen Nutzen daraus ziehen konnte.

Die Entschädigung ist nicht gleichzusetzen mit dem Lohn, der bei einem gewöhnlichen Arbeitsverhältnis geschuldet wäre. Erst die Gesamtbeurteilung der ehelichen Verhältnisse zeigt, was angemessen ist. Sind die finanziellen Verhältnisse des Leistungspflichtigen knapp, ist die Entschädigung tiefer anzusetzen, als wenn sie gut sind. Auch die Vor- und Nachteile, die der Mitarbeitende von seiner Leistung hatte, sind in die Waagschale zu werfen. Musste er zum Beispiel auf eine eigene Karriere verzichten und grosse Einbussen bei der beruflichen Vorsorge hinnehmen, fällt die Entschädigung höher aus, als wenn die Mitarbeit auch Vorteile brachte (zum Beispiel eine teilweise Freistellung von der Hausarbeit). Können sich die Ehegatten nicht auf eine angemessene Entschädigung einigen, entscheidet das Gericht. Eine Berechnungsformel für die Entschädigung gibt es nicht, weil in jedem Fall die individuellen Verhältnisse der Ehegatten zu berücksichtigen sind.

Seinen Anspruch auf eine angemessene Entschädigung kann man jederzeit geltend machen, also schon während der Ehe oder bei der Trennung. Ein Anspruch auf Verzinsung besteht nur dann, wenn der Anspruch bereits geltend gemacht wurde und der Zahlungspflichtige in Verzug ist. Sonst besteht nur dann ein Anspruch auf Verzinsung, wenn die Ehegatten das ausdrücklich vereinbart haben.

5. Wem gehört der Zuwachs des Geschäftsvermögens?

Bei der rechnerischen Teilung eines Unternehmens beziehungsweise des Geschäftsvermögens stellen sich oft heikle Fragen, vor allem im Zusammenhang mit dem Zuwachs von Geschäftsvermögen und der Beteiligung des Ehepartners am Mehrwert.

Die einzelnen Faktoren

Unternehmen sind bei der Scheidung selten genau gleich viel wert wie bei der Heirat beziehungsweise bei der Unternehmensgründung. Oft wächst der Wert bis zur Scheidung beträchtlich. In diesen Fällen stellt sich die Frage, wem der Wertzuwachs gehört.

Beispiel: Der Ehemann gründet zwei Jahre vor seiner Heirat eine Werbeagentur (AG) mit einem Aktienkapital von 100 000 Franken. Bei der Heirat 1990 ist die Werbeagentur 130 000 Franken wert. Im Jahr 2004 lässt er sich scheiden. Die Werbeagentur wird bei der Scheidung auf einen Wert von 600 000 Franken geschätzt. Der Wert des Unternehmens ist somit seit der Gründung um 500 000 Franken und seit der Heirat um 470 000 Franken gestiegen. Steht dieser Wertzuwachs bei der Scheidung dem Mann, der Frau oder beiden zu?

Von einem Zuwachs des Geschäftsvermögens kann man dann sprechen, wenn nicht bloss die Konkurrenzfähigkeit erhalten wird, sondern eine eigentliche Erweiterung des Unternehmens oder seines Marktanteiles stattfindet. Eine solche Erweiterung wird zusammen mit den offenen und stillen Reserven eines Unternehmens als «Stehenlassen von Gewinnen» bezeichnet. Bei der Scheidung interessiert die Frage, welcher Gütermasse dieser Zuwachs zuzuordnen ist. Die Antwort hängt davon ab, welche Faktoren für den Zuwachs verantwortlich sind.

Bei der güterrechtlichen Auseinandersetzung wird nur der Zuwachs berücksichtigt, der während der Ehe entstanden ist. Ein Zuwachs vor der Heirat fällt nicht in die Berechnung.

Als Faktoren, die den Zuwachs verursacht haben, kommen in Betracht:

Mögliche Faktoren für den Zuwachs:

- Die Arbeitsleistung des Unternehmerehegatten (so genannte industrielle Wertsteigerung)
- Die Geschäftsführung durch Dritte
- Die Mitarbeit des anderen Ehegatten
- Konjunkturelle Wertsteigerungen
- Stehengelassene Unternehmensgewinne

Ist der Zuwachs des Geschäftsvermögens auf die Arbeitsleistung des Unternehmerehegatten zurückzuführen, spricht man von einem so genannten industriellen Mehrwert. Industrielle Mehrwerte gehören zur Errungenschaft des Ehegatten, der sie geschaffen hat. Eine wertschöpfende Tätigkeit ist dabei regelmässig nur bei einer hauptberuflichen Mitarbeit im Unternehmen gegeben. Eine untergeordnete und nebenberufliche Mitarbeit reicht in der Regel nicht aus. Beim Halten von Beteiligungen, die nicht mit einer Arbeitsleistung verbunden sind, bleibt kein Raum für industriellen Mehrwert. Der industrielle Mehrwert findet ferner dort eine Grenze, wo der Unternehmerehegatte für seine wertschöpfende Tätigkeit bereits ausreichend entlöhnt wurde, zum Beispiel in Form von Lohn, Tantiemen oder Gewinnbeteiligungen. Als

Vergleichswert dient die Entlöhnung, die ein Dritter für dieselbe Tätigkeit bekommen hätte. Es kommt somit nur die Arbeitsleistung des Unternehmerehegatten in Frage, die er ohne angemessenes Entgelt, also quasi entschädigungslos, geleistet hat.

Beispiel 1: Der Ehemann hat eine Spenglerei (AG) im Wert von 200 000 Franken in die Ehe eingebracht. Während der Ehe arbeitet er als Geschäftsführer und baut den Kundenstamm sukzessive aus. Zugunsten einer hohen Selbstfinanzierung des Unternehmens zahlt er sich nur einen minimalen Lohn von 5 000 Franken pro Monat aus. Auf einen 13. Monatslohn und eine Gewinnausschüttung verzichtet er. Bei der Scheidung hat die Spenglerei einen Wert von 500 000 Franken. Der Mehrwert ist als industrieller Mehrwert zu betrachten und der Errungenschaft des Ehemannes zuzuordnen (als Ersatzforderung gegen sein Eigengut), da er für seine Tätigkeit nicht hinreichend entschädigt wurde.

Beispiel 2: Die Ehefrau gründete vor der Heirat ein Internetportal (AG), auf dem sie Liegenschaften zum Kauf und Verkauf anbietet. Der gute Geschäftsgang lässt es zu, dass sie sich jedes Jahr einen stattlichen Lohn von 200 000 Franken auszahlen kann. Bei der Scheidung wird das Portal auf einen Wert von 350 000 Franken geschätzt. Der Mehrwert von rund 250 000 Franken ist nicht als industrieller Mehrwert zu qualifizieren, da die Tätigkeit der Ehefrau bereits hinreichend entschädigt wurde: Zu diesem Lohn hätte sie ohne Weiteres einen Geschäftsführer einstellen können, welcher denselben Mehrwert geschaffen hätte.

Ein industrieller Mehrwert liegt ferner nicht vor, wenn die Geschäftsführung Dritter den Zuwachs verursachte.

Beispiel: Der Ehemann beteiligt sich drei Jahre vor der Heirat finanziell an einer Werbeagentur (AG). Er erwirbt 30 Prozent der Aktien zum Nominalpreis von 30 000 Franken. Neben seinem Hauptberuf als Vermögensverwalter ist er nebenher als Finanzberater der Werbeagentur tätig und bezieht dafür ein Honorar. Bei der Scheidung wird der Wert seines Aktienpakets auf 90 000 Franken geschätzt. Der Wertzuwachs kann nicht als industrieller Mehrwert des Ehemannes betrachtet werden, weil er nicht auf seine Arbeitsleistung zurückzuführen ist.

Ist der Zuwachs des Geschäftsvermögens auf die Mitarbeit des anderen Ehegatten zurückzuführen, steht diesem eine angemessene Entschädigung zu. Die Entschädigung ist der Errungenschaft des mitarbeitenden Ehegatten zuzurechnen. Der Betrag entspricht nicht einfach dem erwirtschafteten Zuwachs, sondern bemisst sich nach eigenen Gesichtspunkten (siehe dazu auch Abschnitt 4 in diesem Kapitel).

Beispiel: Die Ehefrau hat von ihrem Vater eine Beteiligungsgesellschaft (AG) geerbt. Durch geschicktes Kaufen und Verkaufen von Beteiligungen durch ihren Mann steigt der Wert der Gesellschaft erheblich. Für seine Bewirtschaftungstätigkeit, die das gewöhnliche Mass einer Verwaltung übersteigt, hat er nie einen Lohn erhalten. Deshalb steht ihm eine angemessene Entschädigung zu, die seiner Errungenschaft zuzurechnen ist.

Das Geschäftsvermögen kann auch durch rein konjunkturelle Veränderungen zunehmen. Um konjunkturellen Mehrwert handelt es sich immer dann, wenn der Wertzuwachs nicht auf die wertschöpfende Tätigkeit eines Ehegatten, sondern auf die Veränderung von Angebot und Nachfrage zurückzuführen ist. Im Gegensatz zu einem industriellen Mehrwert ist ein konjunktureller Mehrwert nicht unbedingt der Errungenschaft zuzurechnen, sondern der Vermögensmasse, zu der das Unternehmen gehört.

Beispiel: Die Ehefrau hat eine Galerie (AG) in die Ehe eingebracht. Sie unterhält seit Jahren Kontakt zu einem Künstler und hat schon zahlreiche Bilder von ihm erworben. Im Lauf der Ehe gewinnen diese Bilder erheblich an Wert. Der entstandene Mehrwert der AG ist als konjunktureller Mehrwert einzustufen und verbleibt im Eigengut der Frau.

Eine weitere Ursache für den Zuwachs des Geschäftsvermögens können stehengelassene oder reinvestierte Gewinne sein. Der Unternehmensgewinn ist dabei immer der Errungenschaft des Unternehmerehegatten zuzurechnen. Bei der AG und GmbH tritt er regelmässig als Kapitalertrag in Erscheinung (Dividenden), bei anderen Unternehmensformen (beispielsweise der Einzelfirma) ist er regelmässig als nicht-ausbezahlter Arbeitserwerb anzusehen.

Beispiel 1: Der Ehemann bringt ein Handelsunternehmen in die Ehe ein (AG). Die Bilanzen weisen konstant stattliche Gewinne aus. Er lässt die Gewinne jedes Jahr stehen, wodurch die freien Reserven wachsen. Die stehengelassenen Gewinne sind als Kapitalertrag auf dem Eigengut anzusehen und gehören damit zu seiner Errungenschaft.

Beispiel 2: Eine Innenarchitektin betreibt eine Einzelfirma, die ihr schon vor der Ehe gehörte. Sie erwirtschaftet einen jährlichen Umsatz von 250 000 Franken. 120 000 Franken bezahlt sie sich jährlich als Lohn aus, die restlichen 130 000 Franken fliessen in den Betrieb der Firma und in die Erweiterung des Ladengeschäftes. Im Laufe ihrer Ehe erweitert sie das Ladengeschäft beträchtlich, unter anderem baut sie ein Lager mit Einrichtungsgegenständen im Wert von rund 200 000 Franken auf. Der Zuwachs des Geschäftsvermögens ist im Sinne von nicht-ausbezahltem Arbeitserwerb ihrer Errungenschaft zuzuordnen.

Werden Gewinne nur für den Erhalt der Konkurrenzfähigkeit reinvestiert, liegt kein Zuwachs des Geschäftsvermögens vor.

Beispiel: Im Beispiel unserer Innenarchitektin bezahlt sich die Inhaberin einen jährlichen Lohn von 160 000 Franken aus, der geschäftliche Aufwand beträgt 90 000 Franken. Der Aufwand beinhaltet unter anderem den ständigen Ersatz und die Erneuerung der Ladeneinrichtung. In diesem Fall kann nicht von einer Erweiterung gesprochen werden, weil das Geschäft nur à jour gehalten wird. Deshalb besteht kein Anspruch der Errungenschaft.

Ehepaare können in einem Ehevertrag Kapitalerträge des Eigengutes ihrem Eigengut zuweisen. Beim Arbeitserwerb ist das hingegen nicht möglich. Bei stehengelassenen Gewinnen ist deshalb immer zu überprüfen, ob der Zuwachs als Kapitalertrag oder als Arbeitserwerb einzustufen ist (mehr dazu auch im Kapitel 11).

Berechnung Oft ist es nicht erforderlich, den Zuwachs des Geschäftsvermögens genau zu berechnen und auf die Gütermassen zu verteilen. Die Berechnung dient in erster Linie dazu, das Eigengut von den Errungenschaften auszuscheiden. Sie erübrigt sich dann, wenn das Unternehmen zur Errungenschaft eines Ehegatten gehört. Das trifft auf Unternehmen zu, die erst nach der Heirat gegründet oder aufgebaut werden, nicht aus einer Erbschaft oder Schenkung stammen und ohne Mittel aus dem Eigengut erworben oder erhalten werden. In diesen Fällen bildet ein Zuwachs des Geschäftsvermögens immer Errungenschaft des Unternehmerehegatten, unabhängig davon, ob er auf seine Arbeitsleistung, auf die Geschäftsführung durch Dritte, eine konjunkturelle Wertsteigerung oder auf stehengelassene Gewinne zurückzuführen ist. Das ganze Geschäftsvermögen bildet in einem solchen Fall bei der Scheidung eine Einheit und wird als Errungenschaft hälftig aufgeteilt. Wenn der andere Ehegatte im Unternehmen mitgearbeitet hat, steht ihm unter Umständen ein Teil der Errungenschaft als angemessene Entschädigung zu.

Gehört das Unternehmen zum Eigengut eines Ehegatten, ist die Aufteilung des Zuwachses auf die Gütermassen unumgänglich. In diesem Fall geht man bei der Berechnung wie folgt vor: Ausgangspunkt ist der Wert des Unternehmens bei der Scheidung. Dieser Wert wird zunächst gesamthaft dem Eigengut zugeschlagen. Alsdann ist zu untersuchen, ob der Errungenschaft eines Ehegatten Ersatzforderungen gegenüber dem Eigengut des Unternehmerehegatten zustehen. In Betracht kommen industrielle Mehrwerte, Mitarbeit des anderen Ehegatten oder stehengelassene Gewinne.

Konjunkturelle Mehrwerte führen nicht zu einer Errungenschaftsforderung. Sie sind dem Eigengut des Unternehmerehegatten zuzurechnen. Deshalb werden sie bei dieser Berechnungsweise zunächst ausser Acht gelassen. Nur wenn Mehrwertbeteiligungen zur Diskussion stehen, sind auch konjunkturelle Mehrwerte auszuscheiden (siehe auch Abschnitt 6 in diesem Kapitel).

Auch ein Zuwachs, der auf die Geschäftsführung Dritter zurückzuführen ist, führt nicht zu einer Errungenschaftsforderung und kann deshalb vorerst ausser Acht gelassen werden.

Beispiel 1: Der Ehemann gründet vier Jahre vor der Heirat eine Gerüstebaufirma (AG) mit einem Aktienkapital von 100 000 Franken. Während der Ehe zahlt er sich einen Lohn von lediglich 6 000 Franken pro Monat aus. Auf einen 13. Monatslohn verzichtet er ebenso wie auf Gewinnausschüttungen. Stattdessen investiert er sämtliche Einnahmen wieder ins Unternehmen. Seine Frau führt seit der Heirat die Buchhaltung des Unternehmens, erhielt jedoch nie einen Lohn. Ihre Tätigkeit entspricht etwa einem 50-Prozent-Pensum. Die Firma baut über die Jahre ein Lager an Baugerüsten und Baumaterialien auf, stellt etwa 15 zusätzliche Mitarbeitende ein und gewinnt laufend neue Kunden dazu. Nach 15 Jahren Ehe kommt es zur Scheidung. In diesem Zeitpunkt wird der Wert des Unternehmens auf 1,2 Millionen Franken geschätzt.

Aufteilung

Angaben in Franken	Mann Errungenschaft	Eigengut	Frau Errungenschaft	Eigengut
Aktiven				
Aktien AG	–	1 200 000	–	–
Industrieller Mehrwert	360 000	–360 000	–	–
Mitarbeit der Frau	–	–150 000	150 000	–
Stehengelassene Gewinne	375 000	–375 000	–	–
Konjunktureller Mehrwert	–	p.m.	–	–
Geschäftsführung durch Dritte	–	p.m.	–	–
Passiven	0	0	0	0
Total	**735 000**	**315 000**	**150 000**	**0**

Ausgleichsanspruch der Frau

Angaben in Franken

50% ihrer Errungenschaft:	75 000
50% der Errungenschaft ihres Mannes:	367 500
Total Ausgleichsanspruch der Frau:	**442 500**

Eine Expertise führt den Zuwachs des Geschäftsvermögens in diesem Beispiel auf die unzureichend entschädigte Arbeitsleistung des Mannes, die nicht entschädigte Mitarbeit der Frau sowie auf stehengelassene beziehungsweise reinvestierte Gewinne zurück: Die Entschädigung der Arbeitsleistung des Mannes hätte jeden Monat etwa

2 000 Franken höher sein müssen. Über 15 Jahre führt das zu einer Forderung von 360 000 Franken. Die Entschädigung für die Mitarbeit der Frau setzen die Experten pauschal auf 150 000 Franken fest. Die stehengelassenen Gewinne werden auf 25 000 Franken pro Jahr veranschlagt, 375 000 Franken insgesamt. Die Errungenschaft des Mannes beträgt nach dieser Berechnung 735 000 Franken, sein Eigengut 315 000 Franken und die Errungenschaft der Frau 150 000 Franken. Die hälftige Aufteilung der Errungenschaften führt dazu, dass die Frau eine Forderung von 442 500 Franken an ihren Mann hat.

Beispiel 2: Der Ehemann erbt von seinem Vater kurz nach der Heirat eine Ingenieurfirma (AG) mit 70 Angestellten. Zu diesem Zeitpunkt sind die Aktien 2,3 Millionen Franken wert. Der Alleinerbe übernimmt die Geschäftsleitung und wird gleichzeitig Präsident des Verwaltungsrates. Als Lohn zahlt er sich jedes Jahr 300 000 Franken aus. Im Lauf der Jahre erweitert er das Unternehmen auf 120 Angestellte. Die Geschäftsräumlichkeiten baut er laufend aus und rüstete sie mit modernen CAD-Anlagen aus. Den ausgewiesenen Gewinn von durchschnittlich 50 000 Franken pro Jahr lässt er sich als Dividende auszahlen. In den ersten Jahren arbeitet seine Frau als Personalverantwortliche mit einem Teilzeitpensum im Unternehmen mit und erhält dafür einen Lohn. Nach der Geburt des ersten Kindes gibt sie diese Tätigkeit auf. Bei der Scheidung wird der Wert des Unternehmens auf 3,5 Millionen Franken geschätzt.

Aufteilung

Angaben in Franken	Mann Errungenschaft	Eigengut	Frau Errungenschaft	Eigengut
Aktiven				
Aktien AG	–	3 500 000	–	–
Industrieller Mehrwert	0	0	0	–
Mitarbeit der Frau	–	0	–	–
Stehengelassene Gewinne	300 000	–300 000	–	–
Konjunktureller Mehrwert	–	p.m.	–	–
Geschäftsführung durch Dritte	–	p.m.	–	–
Passiven	0	0	0	0
Total	300 000	3 200 000	0	0

Ausgleichsanspruch der Frau

Angaben in Franken

Hälfte der Errungenschaft ihres Mannes:	150 000
Total Ausgleichsanspruch der Frau:	**150 000**

In diesem Beispiel führt eine Expertise den Zuwachs des Geschäftsvermögens primär auf die gute Positionierung des Unternehmens im Markt (Goodwill) zurück. Ein Teil des Zuwachses, den die Experten pauschal auf 300 000 Franken festsetzen, ist auf die modernen Geschäftsräumlichkeiten und die CAD-Anlage zurückzuführen, die mit stehengelassenen Gewinnen finanziert worden sind. Dem Ehemann steht keine Forderung aus industriellen Mehrwerten zu, da seine Tätigkeit mit 300 000 Franken Einkommen pro Jahr und den ausbezahlten Dividenden ausreichend entschädigt wurde. Auch die Tätigkeit der Ehefrau wurde entsprechend ihrem Arbeitsvertrag angemessen entlöhnt. Die Errungenschaft des Mannes beträgt somit 300 000 Franken, sein Eigengut 3,2 Millionen Franken. Der Frau steht eine Ausgleichsforderung von 150 000 Franken gegenüber ihrem Mann zu.

6. Mehrwertansprüche bei Investitionen des Ehepartners

Vorbemerkungen
Das Gesetz sieht vor, dass ein Ehegatte am konjunkturellen Mehrwert eines Vermögensgegenstandes des anderen partizipiert, wenn er zu seinem Erwerb, seiner Verbesserung oder seiner Erhaltung beigetragen hat.

Beispiel 1: Der Inhaber einer IT-Beratungsfirma (AG) gerät in einen finanziellen Engpass. Seine Frau überlässt ihm zur Überbrückung 100 000 Franken aus einer Erbschaft mit der Anweisung, damit die offenen Lieferantenforderungen zu begleichen. In den folgenden Jahren wächst das Unternehmen beträchtlich. Bei der Scheidung weist es einen konjunkturellen Mehrwert von 200 000 Franken auf.

> Beispiel 2: Die Ehefrau gründet zu Beginn ihrer Ehe eine Immobiliengesellschaft (AG) mit einem Aktienkapital von 1 Million Franken. 40 Prozent des Aktienkapitals finanziert ihr Mann aus einer Erbschaft. Der Wert der Immobilien steigt im Lauf der Ehe stetig an, so dass die Gesellschaft im Zeitpunkt der Scheidung einen konjunkturellen Mehrwert von 500 000 Franken aufweist.

Bei diesen Sachverhalten stellt sich die Frage, ob der investierende Ehepartner bei der Scheidung Anspruch auf eine Mehrwertbeteiligung am konjunkturellen Zuwachs des Geschäftsvermögens hat.

Für eine Mehrwertbeteiligung kommen zunächst nur Investitionen in Frage, die ausdrücklich für das Unternehmen bestimmt sind. Wenn die Ehefrau ihrem Mann einfach Mittel zur Verfügung stellt, über die er mehr oder weniger frei verfügen kann, fehlt es an der erforderlichen Zweckbestimmung, selbst wenn er das Geld letztendlich ins Unternehmen investiert.

Investitionen in ein Unternehmen beruhen ferner meistens auf einer vertraglichen Grundlage. Eine Finanzspritze zur Überbrückung eines finanziellen Engpasses wird zum Beispiel als verzinsliches Darlehen verbucht, oder Mittel werden als Schenkung ins Unternehmen eingebracht. Liegt so eine vertragliche Grundlage vor, entfällt die Beteiligung am Mehrwert. Denn das Gesetz sieht vor, dass der Beitrag ohne Gegenleistung erfolgt sein muss, was zum Beispiel bei einem Darlehen wegen der Zinszahlung nicht der Fall ist.

Für eine Mehrwertbeteiligung bleiben somit nur Investitionen bzw. Ersatzforderungen übrig, die nicht auf einer vertraglichen Grundlage mit Gegenleistung beruhen, nicht als Schenkung erfolgt sind und die mit der ausdrücklichen Zweckbestimmung geleistet wurden, der Beitrag solle dem Unternehmen zugute kommen.

Sind die genannten Voraussetzungen erfüllt, besteht grundsätzlich ein Anspruch auf Mehrwertbeteiligung. Auf die in Lehre und Rechtsprechung geführten Kontroversen zu diesem Thema kann hier nicht im Einzelnen eingegangen werden. In Frage kommen für die Mehrwertbeteiligung nicht nur finanzielle Beiträge, sondern auch die Mitarbeit des anderen Ehegatten, Ersatzforderungen aus industriellen Mehrwerten oder aus stehengelassenen Gewinnen.

Die Berechnung des Mehrwertanteils

Die Berechnung des Mehrwertanteils ist in der Praxis nur dann erforderlich, wenn das Unternehmen zum Eigengut des Unternehmerehegatten gehört oder wenn ein Ehegatte Mittel aus seinem Eigengut ins Unternehmen investiert hat. Bilden sowohl das Unternehmen als auch die Investitionen Errungenschaft, ist die Unterscheidung nicht relevant, weil beide Errungenschaften hälftig geteilt werden.

Die Mehrwertbeteiligung erfolgt proportional zu den investierten Mitteln und der konjunkturellen Wertsteigerung. Die investierten Mittel werden mit dem konjunkturellen Mehrwert multipliziert und durch den Ausgangswert geteilt.

Beispiel 1: Der Ehemann erwirbt zu Beginn der Ehe alle Aktien einer Immobiliengesellschaft zum Preis von 600 000 Franken. Den Kaufpreis finanziert er mit 400 000 Franken aus seinem Arbeitserwerb, die restlichen 200 000 Franken zahlt seine Frau aus einer Erbschaft. Bei der Scheidung sind die Aktien 800 000 Franken wert. Der Mehrwert von 200 000 Franken ist rein konjunkturell bedingt.

Aufteilung

Angaben in Franken

	Mann Errungenschaft	Eigengut	Frau Errungenschaft	Eigengut
Aktiven				
Aktien AG	800 000	–	–	–
Eigengut der Ehefrau	–	–	–	–
Ersatzforderung	–200 000	–	–	200 000
Mehrwertanteil	–66 666	–	–	66 666
Passiven	0	0	0	0
Total	533 334	0	0	266 666

Ausgleichsanspruch der Frau

Angaben in Franken

Ersatzforderung Eigengut:	266 666
Hälfte der Errungenschaft des Mannes:	266 667
Total Ausgleichsanspruch der Frau:	**533 333**

Beispiel 2: Die Ehefrau betreibt eine Kunstgalerie als Einzelfirma und hat sich auf die Bilder eines befreundeten Künstlers spezialisiert. Ihr Mann führt die Buchhaltung und erledigt alle administrativen Aufgaben, bezieht dafür aber keinen Lohn. Die Ehefrau zahlt sich einen Lohn von 5 000 Franken pro Monat aus. Bei der Gründung der Galerie verfügt sie über keinerlei Mittel. Ihr Mann stellt ihr aus einer Erbschaft 100 000 Franken für den Aufbau der Bildersammlung zur Verfügung. Bei der Scheidung wird der Wert der Einzelfirma auf 800 000 Franken geschätzt. Eine Expertise kommt zum Schluss, dass geschicktes Kaufen und Verkaufen von Bildern durch die Frau 400 000 Franken, die konjunkturelle Wertsteigerung der Bilder des befreundeten Künstlers 200 000 Franken, die nicht entschädigte Mitarbeit des Ehemannes 100 000 Franken und seine Anfangsfinanzierung 100 000 Franken zum gesamten Wert beigetragen haben.

Aufteilung

Angaben in Franken

	Mann Errungenschaft	Eigengut	Frau Errungenschaft	Eigengut
Aktiven				
Einzelfirma	–	–	800 000	–
Eigengut: Ersatzforderung des Ehemanns	–	100 000	–100 000	–
Mehrwertanteil	–	33 333	–33 333	–
Mitarbeit des Ehemanns	100 000	–	–100 000	–
Mehrwertanteil	33 333	–	–33 333	–
Industrieller Mehrwert Ehefrau	–	–	p.m.	–
Mehrwertanteil	–	–	p.m.	–
Stehengelassene Gewinne	–	–	p.m.	–
Mehrwertanteil	–	–	–	–
Passiven	0	0	0	0
Total	**133 333**	**133 333**	**533 334**	**0**

Ausgleichsanspruch des Mannes

Angaben in Franken

Ersatzforderung Eigengut:	133 333.00
Hälfte der Errungenschaft:	333 333.50
Total Ausgleichsanspruch des Mannes:	**466 666.50**

In diesem Beispiel wird die Entschädigung für die Mitarbeit des Mannes pauschal auf 100 000 Franken festgesetzt. Sie steht der Errungenschaft des Ehemannes zu. Die Ersatzforderung für die Anfangsinvestition von 100 000 Franken ist dem Eigengut des Ehemannes zuzurechnen. Beide Forderungen partizipieren am konjunkturellen Mehrwert des Unternehmens von 200 000 Franken, und zwar mit je einem Sechstel (100 000 Franken zu 100 000 Franken zu 400 000 Franken). Der Ehemann kann sein Eigengut von 133 333 Franken für sich beanspruchen. Zusammen mit der Hälfte der beiden Errungenschaften resultiert eine Ausgleichsforderung gegenüber seiner Frau von 466 666.50 Franken.

7. Wie kann man den Ehepartner auszahlen?

Ist ein erheblicher Teil des Unternehmens der Errungenschaft des Unternehmerehegatten zuzuordnen, kann die Ausgleichsforderung des anderen Ehegatten beträchtlich sein. Das stellt Unternehmer vor die schwierige Frage, wie sie die Ausgleichsforderung begleichen können, ohne das Unternehmen zu verkaufen oder es zerstückeln oder liquidieren zu müssen.

Folgende Möglichkeiten kommen in Betracht:

- Bezahlung der Ausgleichsforderung durch andere Vermögenswerte ausserhalb des Unternehmens
- Bankkredit mit Sicherheiten (Verpfändung von Aktiven des Unternehmens, Hypothek auf einer Liegenschaft usw.)
- Stehenlassen der Ausgleichsforderung als Darlehen mit Sicherstellungs-, Abzahlungs- und Verzinsungsabreden
- Übertragung von Unternehmensanteilen an den Ehegatten (evtl.

mit Ausgabe von Partizipationsscheinen oder Stimmrechtsaktien)
- Gerichtliche Zahlungsfristen
- Verkauf des Unternehmens oder von Unternehmensteilen

Verfügt der Ausgleichspflichtige zusätzlich zum Unternehmen über weitere Vermögenswerte, liegt es nahe, die Ausgleichsforderung damit zu begleichen.

Beispiel: Die Errungenschaft des Ehemannes besteht aus einem Unternehmen im Wert von 1 Million Franken und einer Liegenschaft im Wert von 1 Million Franken. Seiner Frau steht eine Ausgleichsforderung von 1 Million Franken zu (50 Prozent von 2 Millionen Franken). Der Ehemann kann ihre Ausgleichsforderung tilgen, indem er ihr die Übernahme der Liegenschaft anbietet.

Der anspruchsberechtigte Ehegatte muss die Übernahme von Vermögensgegenständen jedoch nicht akzeptieren: Er hat Anspruch darauf, dass seine Ausgleichsforderung in Geld bezahlt wird (siehe auch Kapitel 9, Abschnitt 10). Ist er mit der Übernahme von Vermögensgegenständen nicht einverstanden, muss der Ausgleichspflichtige die Mittel also in bar aufbringen. Dabei kommt der Verkauf der angebotenen Vermögensgegenstände in Frage (zum Beispiel Verkauf von Liegenschaften), oder er muss versuchen, Vermögensgegenstände zu verpfänden (zum Beispiel Hypothek auf einer Liegenschaft).

Banken vergeben Kredite nur gegen ausreichende Sicherheiten. Als Sicherheit kommen das Unternehmen selbst (Aktien, Geschäftsvermögen usw.) oder andere Vermögenswerte (Liegenschaften, Wertschriften usw.) in Betracht. In seltenen Fällen begnügt sich eine Bank mit Personalsicherheiten (Bürgschaften).

Oft sind keine ausreichenden Vermögenswerte vorhanden, und es können auch keine Sicherheiten für eine Bankenfinanzierung aufgebracht werden. In diesen Fällen kann der Leistungspflichtige versuchen, mit seinem Ehepartner tragbare Rückzahlungs- und Verzinsungsmodalitäten auszuhandeln und die Schuld in ein Darlehen umzuwandeln. Das setzt allerdings die Kooperation des Ehepartners voraus. In

Frage kommt ferner, dem Ehegatten Teile des Unternehmens anzubieten (beispielsweise Aktien, GmbH-Anteile usw.). Meistens ist von diesem Schritt jedoch abzuraten, weil man so über die Scheidung hinaus mit dem Ehepartner geschäftlich verbunden bliebe.

Die letzte und in der Regel schmerzhafteste Möglichkeit ist der Verkauf des Unternehmens an Dritte. Bevor man diesen Weg einschlägt, sollte man unbedingt die Chancen auf gerichtliche Zahlungsfristen prüfen. Wenn die Bezahlung der Ausgleichsforderung einen Ehegatten in ernsthafte wirtschaftliche Schwierigkeiten bringt, kann er verlangen, dass ihm angemessene Zahlungsfristen eingeräumt werden. Ein typisches Beispiel hierfür ist ein Unternehmen, das ohne Zahlungsfristen verkauft werden müsste. Die Voraussetzungen und Modalitäten dieser Zahlungsfristen sind im Kapitel 9, Abschnitt 10, dargestellt.

Führen auch Zahlungsfristen nicht zu einem tragbaren Ergebnis, bleibt nichts anderes übrig, als das Unternehmen zu verkaufen. In vielen Fällen empfiehlt es sich, den Verkauf schon vor der Scheidung abzuwickeln. Bestehen etwa Zweifel am Wert des Unternehmens, können diese durch den Verkauf ausgeräumt werden. Der erzielte Verkaufserlös stellt dann den Wert dar. Ferner ist es in der Regel ungünstiger, den Verkauf unter dem zeitlichen Druck der Ausgleichsforderungen abzuwickeln, als bereits frühzeitig mit den Verkaufsverhandlungen zu beginnen.

In vielen Fällen liegt der Verkauf des Unternehmens nicht im Interesse des anspruchsberechtigten Ehepartners. Denn damit entfällt die Einkommensbasis des Unternehmerehegatten, und die Bezahlung von Unterhaltsbeiträgen ist in Frage gestellt. Ferner ist der Erlös bei einem zwangsweisen Verkauf normalerweise geringer, als wenn der Zeitpunkt frei gewählt werden kann.

Beispiel: Der Ehemann hat während der Ehe eine Ingenieurfirma (AG) mit 20 Angestellten aufgebaut. Er bezieht ein jährliches Einkommen von rund 300 000 Franken. Das Unternehmen wird im Zuge der Konventionsverhandlungen auf 2 Millionen Franken geschätzt. Die Frau hat kein Interesse daran, ihren Mann durch ihre Forderungen dazu zu zwingen, das Unternehmen zu verkaufen. Denn als Angestellter wäre sein Einkommen deutlich geringer, und er könnte die hohen Unterhaltsbeiträge nicht bezahlen. Ausserdem weiss sie, dass der Zeitpunkt für den Verkauf einer Ingenieurfirma ungünstig ist. Der geschätzte Verkehrswert lässt sich deshalb nur bedingt realisieren. Sie einigt sich deshalb mit ihrem Mann auf den geschätzten Wert von 2 Millionen Franken, räumt ihm für die Bezahlung ihrer Ausgleichsforderung aber grosszügige Zahlungsfristen ein.

Kapitel 10 Die Teilung von Unternehmen

Kapitel 11:
Unternehmen erhalten mit einem Ehevertrag

Vorbemerkungen

Das vorangehende Kapitel macht deutlich, dass eine Scheidung den Fortbestand eines Unternehmens gefährden kann. Es liegt deshalb im Interesse von Unternehmern, ihr Unternehmen für den Fall einer Scheidung abzusichern. Diese Möglichkeit bietet das Güterrecht mit einem Ehevertrag. Dieser muss von einem Notar öffentlich beurkundet werden.

Das Augenmerk in diesem Kapitel liegt ausschliesslich auf dem Erhalt des Unternehmens für den Unternehmerehegatten. Wer ein Unternehmen über seinen Tod hinaus zugunsten des überlebenden Ehegatten oder anderer Erben absichern möchte, muss zusätzlich erbrechtliche Massnahmen ergreifen. Auf diese Aspekte kann an dieser Stelle nicht im Einzelnen eingegangen werden.

Der Abschluss eines Ehevertrages setzt voraus, dass die Beziehung der Ehegatten noch so weit intakt ist, dass sie über eine vertragliche Absicherung diskutieren können. Zeichnet sich eine Trennung oder Scheidung bereits ab, ist es für einen Ehevertrag in der Regel zu spät. Kluge Unternehmer sorgen deshalb rechtzeitig vor.

Ausgangslage

Die Möglichkeiten zur ehevertraglichen Absicherung eines Unternehmens hängen von den einzelnen Güterständen ab. Die Ausgangslage präsentiert sich dabei wie folgt:

Die Gütertrennung schafft die günstigsten Voraussetzungen für Unternehmer. Jeder Ehegatte besitzt sein eigenes Vermögen und verwaltet es auch selber. Entsprechend gehört auch das Geschäftsvermögen voll und ganz dem Unternehmerehegatten, und er kann frei darüber verfügen. Auch die Erträge des Geschäftsvermögens fliessen voll und ganz in sein Vermögen. Ein gemeinsames Vermögen, das bei der Scheidung zu teilen wäre, gibt es nicht. Bei der Scheidung findet nicht einmal eine güterrechtliche Auseinandersetzung statt.

Die Errungenschaftsbeteiligung ist für Unternehmer deutlich ungünstiger: Nur das in die Ehe eingebrachte Vermögen und Mittel aus Schenkungen und Erbschaften bleiben sein Eigengut. Der Arbeitserwerb und die Erträge aus dem Eigengut fallen in die Errungenschaft. Wächst das Geschäftsvermögen während der Ehe, fallen die industriellen Mehrwerte und alle stehengelassenen Gewinne in die Errungenschaft (siehe Kapitel 10, Abschnitt 5). Die Errungenschaft wird bei der Scheidung hälftig geteilt (siehe Kapitel 9, Abschnitt 4).

Noch ungünstiger ist die Situation bei der Gütergemeinschaft: Hier fallen auch das in die Ehe eingebrachte Vermögen sowie alle Schenkungen und Erbschaften in einen gemeinsamen Topf, der beiden gehört. Diese umfassende Gemeinschaft wird bei der Scheidung allerdings dadurch wieder abgemildert, dass in diesem Fall gleich geteilt wird wie bei der Errungenschaftsbeteiligung (siehe auch Kapitel 13, Abschnitt 1). Mit Blick auf eine Scheidung nähert sich die Gütergemeinschaft deshalb wieder der Errungenschaftsbeteiligung an.

1. Die beste Möglichkeit: Gütertrennung

Die Gütertrennung ist die beste Möglichkeit, um ein Unternehmen mit Blick auf eine Scheidung abzusichern. Das Geschäftsvermögen gehört auch nach der Heirat ohne Einschränkung dem Unternehmerehegatten, und er muss bei der Scheidung nichts mit seinem Ehegatten teilen. Es findet keine güterrechtliche Auseinandersetzung statt, und es gibt keine Vorschlagsbeteiligung.

2. Anpassung der Errungenschaftsbeteiligung

Aber auch bei der Errungenschaftsbeteiligung gibt es Möglichkeiten, ein Unternehmen gegen Scheidung abzusichern. Ehepaare mit Errungenschaftsbeteiligung können Vermögenswerte, die für die Berufsausübung oder den Betrieb eines Gewerbes bestimmt sind, in einem Ehevertrag zu Eigengut erklären. Damit lässt sich das Geschäftsvermögen von der Errungenschaft ausklammern, so dass es bei einer Scheidung nicht geteilt werden muss.

> Beispiel: Der Ehemann ist Zahnarzt. Im Ehevertrag vereinbart er mit seiner Frau unter anderem, dass die Zahnarztpraxis (einschliesslich Mobiliar und Gerätschaften) sein Eigengut bildet. Kommt es zur Scheidung, muss er die Praxis nicht mit ihr teilen.

Zu den Vermögenswerten, die für die Ausübung eines Berufes oder Gewerbes bestimmt sind, zählt alles, was im weitesten Sinne einer wirtschaftlichen Tätigkeit dient. Auch die Beteiligung an einer Aktiengesellschaft fällt darunter, wenn damit ein Sitz im Verwaltungsrat verbunden ist. Die eigentliche Arbeitsentschädigung kann man hingegen nicht dem Eigengut zuweisen, sie zählt in jedem Fall zur Errungenschaft. Nur Ersparnisse aus der Erwerbstätigkeit, die schon vor dem Abschluss des Ehevertrages bestanden, kann man für Reinvestitionen in Beruf und Gewerbe zu Eigengut erklären. Die Zuweisung erfasst auch Ersatzanschaffungen und Mehrwertbeteiligungen.

Das Gesetz sieht ausserdem vor, dass Ehepaare in einem Ehevertrag alle Erträge aus dem Eigengut von der Errungenschaft ausklammern und dem Eigengut zuweisen können. Ausgenommen ist auch hier die Arbeitsentschädigung für die Unternehmertätigkeit, die auf jeden Fall Errungenschaft bleibt. Wächst das Geschäftsvermögen während der Ehe, sind die industriellen Mehrwerte somit der Errungenschaft des Unternehmerehegatten zuzurechnen. Das gilt auch für die Entschädigung der Mitarbeit des anderen Ehegatten. Nur den übrigen Zuwachs darf man dem Eigengut zuweisen.

Ehepaare können auch die Beteiligung am Mehrwert mit einer schriftlichen Vereinbarung ausschliessen oder ändern. Eine öffentliche Beurkundung dieser Vereinbarung ist nicht erforderlich, es genügt die einfache Schriftlichkeit.

Auch die hälftige Vorschlagsbeteiligung an der Errungenschaft kann man in einem Ehevertrag aufheben oder anpassen. Paare können einen anderen Aufteilungsschlüssel für eine oder für beide Errungenschaften vereinbaren. Sie können auch abstrakte Wertquoten oder feste Beträge festlegen, die der eine oder der andere bei der Scheidung erhalten soll. Im Ehevertrag muss ausdrücklich stehen, dass der vereinbarte Teilungsschlüssel auch bei der Scheidung zur Anwendung kommen soll, nicht nur beim Tod. Auch damit können Unternehmer erreichen, dass sie das Geschäftsvermögen bei einer Scheidung nicht oder nur teilweise mit ihrem Ehepartner teilen müssen.

3. Anpassung der Gütergemeinschaft

Für die Gütergemeinschaft entscheiden sich Ehepaare in der Regel nur dann, wenn sie entweder den überlebenden Ehegatten so weit wie möglich begünstigen oder die Kreditgrundlage für ein Unternehmen verbessern wollen. Mit Blick auf eine Scheidung bietet die Gütergemeinschaft eher Nachteile als Vorteile. Paare mit Gütergemeinschaft können trotzdem Vorkehrungen treffen, um ein Unternehmen für den Fall der Scheidung abzusichern.

Ehepaare können die Gemeinschaft vertraglich auf die Errungenschaft begrenzen. Bestand das Geschäftsvermögen schon vor der Ehe oder stammt es aus einer Erbschaft, bildet es in diesem Fall Eigengut. Die Erträge aus dem Eigengut fallen bei dieser Variante in das Gesamtgut.

Die Ehegatten können auch bestimmte Vermögenswerte oder Arten von Vermögenswerten aus der Gemeinschaft ausschliessen, zum Beispiel den Arbeitserwerb eines Ehegatten oder Vermögenswerte, mit denen ein Ehegatte einen Beruf ausübt oder ein Gewerbe betreibt. Sofern nichts anderes vereinbart ist, fallen die Erträge dieser Vermögenswerte nicht in das Gesamtgut. Diese Variante bietet Unternehmerehegatten die Möglichkeit, das gesamte Unternehmen und alle Erträge von der Gemeinschaft auszuklammern. Bemerkenswert ist, dass hier sogar der Arbeitserwerb ausgeklammert werden kann, was bei der Errungenschaftsbeteiligung nicht möglich ist. Die Beteiligung am Mehrwert lässt sich ebenfalls vertraglich ausschliessen oder abändern.

Kapitel 12:
Die Teilung weiterer Vermögenswerte

Vorbemerkungen

Die Teilung von Liegenschaften, Wertschriften und wertvollem Hausrat spielt bei der Scheidung von Unternehmern und Gutverdienenden regelmässig eine Rolle. Die folgenden Abschnitte beleuchten zuerst das Eigentum an solchen Vermögenswerten und gehen dann auf die rechnerischen Aspekte bei der Teilung ein.

1. Liegenschaften

Wem gehört eine Liegenschaft?

Das Eigentum an einer Liegenschaft ergibt sich aus dem Grundbuch. Wenn Sie Fragen dazu haben, fordern Sie einen Grundbuchauszug an, daraus gehen die Eigentumsverhältnisse hervor. Möglich sind das alleinige Eigentum eines Ehegatten, das Miteigentum beider Ehegatten oder das Gesamteigentum beider Ehegatten.

Gehört eine Liegenschaft dem Unternehmen (zum Beispiel eine Geschäftsliegenschaft im Eigentum einer AG oder GmbH), wird bei der Scheidung nicht separat vom Unternehmen über ihr Schicksal befunden. Die Liegenschaft folgt dem Schicksal des Unternehmens. Ihr Wert ist im Zuge der Teilung des Geschäftsvermögens zu berücksichtigen.

Die Bewertung von Liegenschaften

Auch bei Liegenschaften gilt die Regel, dass sich ihr Verkehrswert im Zeitpunkt der Scheidung beurteilt (siehe auch Kapitel 9, Abschnitt 7).

Der tatsächliche Verkehrswert von Liegenschaften lässt sich nicht immer problemlos feststellen. Zu denken ist an «Problemobjekte», die einen hohen Realwert haben, aber schwer verkäuflich sind. Umgekehrt kann eine Liegenschaft einen durchschnittlichen Realwert haben, wegen des berühmten Architekten aber einen hohen Affektionswert aufweisen (Liebhaberobjekt). Eine Liegenschaft kann schliesslich einen niedrigen Realwert, aber einen hohen Ertragswert haben, wenn zum Beispiel feste Mietverträge mit einer langen Zeitdauer bestehen.

Alle diese Elemente sind bei der Schätzung zu berücksichtigen. In der Praxis kommt man bei einer Liegenschaftsstreitigkeit selten um eine Schätzung durch einen anerkannten Fachexperten herum (Immobilientreuhänder, Hauseigentümerverband usw.). Um Zeit zu sparen, empfiehlt sich eine Schätzung schon zu Beginn der Auseinandersetzung. Das Ergebnis bildet dann die Grundlage für die weiteren Verhandlungen.

Schätzungen von Experten sind für das Gericht allerdings nicht verbindlich. Sie bieten zwar einen hilfreichen Anhaltspunkt, das Gericht kann aber auch zu einer anderen Einschätzung gelangen. Denn die Bewertungsmethode (zum Beispiel das Mass der Berücksichtigung des Ertragswertes) bildet eine so genannte Rechtsfrage, über die das Gericht entscheidet, nicht der Experte. Auch hier ist also Vorsicht geboten mit Meinungen und Einschätzungen von Experten.

Zur Bewertungsmethode lässt sich Folgendes festhalten: Sowohl der Real- als auch der Ertragswert sind immer zu berücksichtigen. Der Realwert entspricht der Summe von Boden- und Zeitwert des Gebäudes, der Ertragswert dem kapitalisierten Mietwert. Im Kapitalisierungssatz sind eine angemessene Verzinsung des investierten Kapitals sowie die Bewirtschaftungskosten zu berücksichtigen. Für die Beantwortung der Frage, in welchem Verhältnis Real- und Ertragswert für die Bestimmung des Verkehrswertes zu berücksichtigen sind, wird auf die Fachliteratur zu diesem Thema verwiesen.

Bei unüberbauten Grundstücken führt oft die so genannte statistische Methode zum besten Ergebnis. Diese Methode zieht eine Vielzahl von Vergleichsobjekten zur Bewertung heran. Eine anerkannte Methode bei der Bewertung von unüberbautem Bauland ist ferner die so genannte Rückwärtsrechnung. Sie untersucht, wie hoch der Ertragswert des Grundstückes wäre, wenn es entsprechend den zulässigen Ausnutzungsbestimmungen überbaut wäre, und zieht die Erstellungskosten von diesem Wert ab.

Wer darf eine Liegenschaft behalten?

Steht eine Liegenschaft im Alleineigentum eines Ehegatten, bleibt sie auch nach der Scheidung sein Eigentum. Der andere Ehegatte kann sie ihm grundsätzlich nicht wegnehmen. Denn bei Alleineigentum wird im Scheidungsverfahren nicht danach gefragt, wer ein grösseres Interesse an der Liegenschaft hat (siehe auch Kapitel 9, Abschnitt 1).

Ist ein Ehepartner jedoch wegen der Kinder oder aus anderen wichtigen Gründen auf die Liegenschaft angewiesen, kann ihm das Gericht ein befristetes Wohnrecht einräumen, allerdings gegen eine angemessene Entschädigung oder unter Anrechnung auf Unterhaltsbeiträge. Die Befristung wird entweder in der Scheidungskonvention vereinbart oder vom Richter festgelegt. Wie lange das Wohnrecht dauert, hängt vom Zweck ab. Stehen die Interessen der Kinder im Vordergrund, rechtfertigt sich eine Befristung bis zur Mündigkeit oder bis zum Abschluss ihrer Ausbildung. Zu entschädigen ist grundsätzlich der Verkehrswert des Wohnrechtes im Zeitpunkt der Scheidung. Das Gericht kann aber auch die finanzielle Leistungsfähigkeit des berechtigten Ehegatten bei der Festlegung der Entschädigung berücksichtigen.

Steht eine Liegenschaft im Miteigentum oder Gesamteigentum der Ehegatten, müssen sie sich bei der Scheidung darüber einigen, wer sie übernimmt. In der Regel ist es derjenige, der es sich leisten kann, den anderen auszuzahlen. Können sie sich über die Zuteilung nicht einigen, wird die Liegenschaft dem zugewiesen, der ein überwiegendes Interesse daran geltend machen kann (siehe auch Kapitel 9, Abschnitt 1). Das überwiegende Interesse besteht in der Regel bei der Ehefrau, wenn sie zusammen mit den Kindern darin wohnen bleiben möchte. Ein überwiegendes Interesse kann aber auch in geschäftlichen Gründen liegen, wenn die Liegenschaft zugleich zur Ausübung eines Gewerbes gebraucht wird (zum Beispiel als Arztpraxis). Schliesslich kann ein überwiegendes Interesse darin begründet sein, dass ein Ehegatte sehr viel Arbeit in ein Haus steckte, das Haus selber erbaute oder eigenhändig renovierte.

Bei Renditeobjekten oder Ferienhäusern ist die Feststellung des überwiegenden Interesses meistens schwierig. Ausschlaggebend kann hier sein, wer die stärkere Beziehung zum Objekt hat, etwa wer die Ferienwohnung in der Vergangenheit am meisten nutzte oder wer das Renditeobjekt verwaltete und betreute.

Möchte keiner der Ehegatten die Liegenschaft übernehmen, bleibt meistens nur der Verkauf übrig. Dieser wird in der Regel durch einen Makler, gelegentlich durch eine private oder öffentliche Versteigerung durchgeführt. Ehepaare tun gut daran, sich zumindest über die Form und die Frist des Verkaufes zu einigen, um optimale Bedingungen für einen guten Verkaufspreis zu schaffen.

Mit der Liegenschaft übernimmt man in der Regel auch die Hypotheken, die auf der Liegenschaft lasten.

Bei einer Scheidung ist keine öffentliche Beurkundung des Liegenschaftsüberganges erforderlich. Das Scheidungsurteil ersetzt im Verfahren die öffentliche Beurkundung. Bei einer einvernehmlichen Scheidung genügt es, die Übertragung der Liegenschaft in der Scheidungskonvention festzuhalten, die dann Bestandteil des Urteils wird.

Die rechnerische Teilung

Die rechnerische Teilung von Liegenschaften wird dann kompliziert, wenn verschiedene Gütermassen zum Erwerb oder zur Erhaltung beigetragen haben. Es entstehen dann so genannte Ersatzforderungen, allenfalls mit Mehrwertbeteiligungen (mehr dazu auch in Kapitel 9, Abschnitt 6). Bei der Berechnung des Mehrwertanteils kommt eine Komplikation meistens dadurch hinzu, dass auf der Liegenschaft eine Hypothek lastet.

Ersatzforderungen und Mehrwertbeteiligungen

Tragen verschiedene Gütermassen zum Erwerb oder zur Erhaltung einer Liegenschaft bei, entsteht eine Ersatzforderung der Gütermasse, die investiert hat, an die Gütermasse, der die Liegenschaft als Ganzes zuzuordnen ist. Steigt der Wert der Liegenschaft seit der Investition aus konjunkturellen Gründen, partizipiert auch die Ersatzforderung am Mehrwert. Ohne Hypothek ist die Berechnung des Mehrwertanteils relativ einfach. Gerechnet wird in diesem Fall so: investierte Mittel mal Mehrwert durch Ausgangswert.

Beispiel: Ein Ehepaar erwirbt kurz nach der Heirat ein Einfamilienhaus für 800 000 Franken. Beide sind im Grundbuch als Miteigentümer eingetragen. Der Mann trägt 600 000 Franken aus seinen vorehelichen Ersparnissen zum Kauf bei, die Frau 200 000 Franken aus ihren vorehelichen Ersparnissen. Bei der Scheidung hat die Liegenschaft einen Wert von 1 Million Franken. Der Mehrwert ist allein auf konjunkturelle Veränderungen der Liegenschaftspreise zurückzuführen. Bei der Scheidung übernimmt der Mann die Liegenschaft.

Aufteilung

Angaben in Franken

Aktiven	Mann Errungenschaft	Mann Eigengut	Frau Errungenschaft	Frau Eigengut
Liegenschaft	–	500 000	–	500 000
Eigengut der Ehefrau: Ersatzforderung	–	–100 000	–	100 000
Mehrwertanteil	–	–25 000	–	25 000
Eigengut des Ehemanns: Ersatzforderung	–	300 000	–	–300 000
Mehrwertanteil	–	75 000	–	–75 000
Passiven	0	0	0	0
Total	0	750 000	0	250 000

Ausgleichsanspruch der Frau

Angaben in Franken

Ersatzforderung Eigengut:	250 000
Total Ausgleichsanspruch der Frau:	**250 000**

In diesem Beispiel muss der Mann seiner Frau als Ausgleich für die Übernahme der Liegenschaft 250 000 Franken bezahlen. Vom Mehrwert der Liegenschaft von 200 000 Franken profitieren Mann und Frau im Verhältnis zwei zu sechs. Das ergibt ein Viertel zugunsten der Frau und drei Viertel zugunsten des Mannes.

Lastet auf der Liegenschaft eine Hypothek, kann die Mehrwertberechnung komplizierter ausfallen. Die Hypothek belastet normalerweise die Gütermasse, der die Liegenschaft zuzuordnen ist.

Von diesem Grundsatz gibt es eine Ausnahme mit zwei Gegenausnahmen: Werden die Hypothekarzinsen dauernd und regelmässig aus einer anderen Gütermasse bezahlt, ist es gerechtfertigt, die Hypothekarschuld an diese Gütermasse umzuteilen. In diesem Fall ist von einer Investition der zinserbringenden Gütermasse im Umfang der Hypothek auszugehen. Diese Ausnahme findet jedoch dann keine Anwendung, wenn die Hypothekarzinsen für eine vermietete Eigentutsliegenschaft aus dem Mieterstrag erbracht werden oder wenn die Eigenutsliegenschaft als Familienwohnung genutzt und der Hypothekarzins aus Errungenschaftsmitteln eines Ehegatten – im Sinne eines Beitrages an den ehelichen Unterhalt – bezahlt wird.

Beispiel: Die Ehefrau erwirbt ein unbebautes Grundstück zum Preis von 400 000 Franken. 200 000 Franken bezahlt sie aus Ersparnissen ihres Arbeitserwerbes, für 200 000 Franken nimmt sie eine Hypothek auf. Die Hypothekarzinsen werden zur Hälfte aus dem Eigengut der Ehefrau und zur Hälfte aus dem Arbeitserwerb des Ehemannes bezahlt. Bei der Scheidung ist der Wert des Grundstückes konjunkturell bedingt auf 800 000 Franken gestiegen. Bei der Scheidung behält die Ehefrau das Grundstück.

Aufteilung

Angaben in Franken

	Mann Errungenschaft	Eigengut	Frau Errungenschaft	Eigengut
Aktiven				
Liegenschaft	–	–	800 000	–
Mehrwertanteil Eigengut der Frau	–	–	–100 000	100 000
Mehrwertanteil Errungenschaft Mann	100 000	–	–100 000	–
Passiven				
Hypothek	0	0	–200 000	0
Total	**100 000**	**0**	**400 000**	**100 000**

Ausgleichsanspruch des Ehemannes

Angaben in Franken

Hälfte der eigenen Errungenschaft:	50 000
Hälfte der Errungenschaft der Ehefrau:	200 000
Total Ausgleichsanspruch des Mannes:	**250 000**

In diesem Beispiel profitieren die drei beteiligten Gütermassen im Verhältnis eins zu zwei zu eins am Mehrwert von 400 000 Franken. Es haben also auch die beiden zinserbringenden Gütermassen je zu einem Viertel (100 000 Franken) Anteil am Mehrwert.

Der Wert einer Liegenschaft kann natürlich auch abnehmen. In diesem Fall stellt sich die Frage, ob der Ehegatte, der in die Liegenschaft investiert hat, den Wertverlust mittragen muss. Der Gesetzgeber sieht vor, dass er nicht am Minderwert partizipiert und seine Investition ungeschmälert zurückerhält.

Beispiel: Ein Ehepaar kauft ein Einfamilienhaus für 800 000 Franken. Der Mann ist im Grundbuch als Alleineigentümer eingetragen. Den Kaufpreis leisten sie zu 200 000 Franken aus vorehelichen Ersparnissen der Frau und zu 600 000 Franken aus dem Arbeitserwerb des Mannes. Bei der Scheidung übernimmt der Mann das Einfamilienhaus. Zu diesem Zeitpunkt ist es nur noch 700 000 Franken wert.

Aufteilung

Angaben in Franken

	Mann Errungenschaft	Eigengut	Frau Errungenschaft	Eigengut
Aktiven				
Liegenschaft	700 000	–	–	–
Eigengut der Frau: Ersatzforderung	–200 000	–	–	200 000
Passiven	0	0	0	0
Total	**500 000**	**0**	**0**	**200 000**

Ausgleichsanspruch der Frau

Angaben in Franken

Ersatzforderung Eigengut der Frau:	200 000
Hälfte der Errungenschaft des Mannes:	250 000
Total Ausgleichsanspruch der Frau:	**450 000**

Der Mann muss seiner Frau als Ausgleich für die Übernahme der Liegenschaft 450 000 Franken zahlen. 200 000 Franken davon sind die Ersatzforderung an das Eigengut der Frau, 250 000 Franken die Hälfte der Errungenschaft des Mannes. Das Eigengut der Frau muss den Wertverlust der Liegenschaft nicht mittragen.

Investieren hingegen zwei Vermögensmassen desselben Ehegatten in eine Liegenschaft, die in seinem Allein- oder Miteigentum steht, wird der Verlust auf die beiden Vermögensmassen aufgeteilt.

Beispiel: Ein Ehepaar kauft ein Einfamilienhaus zum Preis von 800 000 Franken. Der Mann ist als Alleineigentümer im Grundbuch eingetragen. 200 000 Franken des Kaufpreises finanziert er aus seinem Arbeitserwerb, 100 000 Franken steuert er aus einer Erbschaft bei. Für die restlichen 500 000 Franken nimmt das Ehepaar eine Hypothek auf. Die Hypothekarzinsen zahlt der Mann aus seinem Arbeitserwerb. Bis zur Scheidung sinkt der Wert des Einfamilienhauses auf 600 000 Franken.

Aufteilung

Angaben in Franken	Mann Errungenschaft	Eigengut	Frau Errungenschaft	Eigengut
Aktiven				
Liegenschaft	600 000	–	–	–
Eigengut des Mannes:				
Ersatzforderung	–100 000	100 000	–	–
Minderwertbeteiligung	66 666	–66 666	–	–
Passiven				
Hypothek	–500 000	0	0	0
Total	**66 666**	**33 334**	**0**	**0**

Ausgleichsanspruch der Frau	
Angaben in Franken	
Hälfte der Errungenschaft des Mannes:	33 333
Total Ausgleichsanspruch der Frau:	**33 333**

Wenn der Mann die Liegenschaft übernehmen will, muss er seiner Frau die Hälfte seiner Errungenschaft auszahlen, also 33 333 Franken. Den Verlust von 200 000 Franken trägt in diesem Beispiel zu 133 334 Franken seine Errungenschaft und zu 66 666 Franken sein Eigengut.

2. Wertschriften

Vorbemerkungen

Auch die Teilung von Wertschriften kompliziert sich dann, wenn verschiedene Gütermassen zum Erwerb beigetragen haben. Das gilt sowohl für Anlagen mit Börsenkurs (Bankdepot mit Aktien, Fondsanteile usw.) als auch für privat gehandelte Wertschriften ohne Börsenkurs. Ist der Besitz der Wertschriften mit einer unternehmerischen Tätigkeit des Ehegatten verbunden, gelten die Ausführungen in Kapitel 10.

Wem gehören die Wertschriften?

Das Eigentum ist bei Wertschriften in der Regel klar. Das Gesetz unterscheidet zwischen Namen-, Inhaber- und Orderpapieren. Die Unterscheidung ist für Laien jedoch kaum verständlich. Vereinfacht gesagt gilt Folgendes: Bei privat gehaltenen Wertschriften ist der der Eigentümer, auf den die Wertschriften lauten; bei Inhaberpapieren der, der sie besitzt. Gemeinschaftliches Eigentum ist selten. Werden Wertschriften in einem Bankdepot gehalten, ist der Eigentümer in der Regel derjenige, auf dessen Namen das Depot lautet.

Wer darf die Wertschriften behalten?

Bei börsenkotierten Wertschriften steht meistens der reine Geldwert im Vordergrund. Deshalb ist kaum von Bedeutung, wer sie bei der Scheidung übernehmen kann. Von Interesse ist hier in der Regel nur die rechnerische Aufteilung. Ist mit dem Halten der Wertschriften eine unternehmerische Tätigkeit verbunden, die über die blosse Bewirtschaftung der Papiere hinausgeht, gilt das zu Unternehmen Gesagte (siehe auch Kapitel 10). Wer nicht börsenkotierte Wertpapiere hält, mit deren Besitz keine unternehmerische Tätigkeit verbunden ist, darf sie auch nach der Scheidung behalten. Denn wie erwähnt hat die Scheidung keine Neuregelung der Eigentumsverhältnisse zur Folge. Das Eigentum bleibt über die Scheidung hinaus bestehen. Nur im Fall von gemeinschaftlichem Eigentum kann derjenige Ehegatte eine Zuweisung in sein Alleineigentum verlangen, der ein überwiegendes Interesse an einem Vermögenswert geltend machen kann (siehe auch Kapitel 9, Abschnitt 1).

Die Bewertung von Wertschriften

Börsenkotierte Wertschriften werden zu ihrem Kurswert bei der Scheidung bewertet. Eine eigene Bewertung rechtfertigt sich bei Publikumsgesellschaften nicht, selbst wenn sie an der Börse unterbewertet sind, weil der Aufwand dafür viel zu gross wäre. Vermittelt der Anteil an einer börsenkotierten Gesellschaft eine beherrschende Stellung, kann sich ein Zuschlag zum Kurswert rechtfertigen (siehe dazu auch Kapitel 10, Abschnitt 3).

Bei nicht börsenkotierten Wertschriften gilt dasselbe wie für Minderheits- oder Mehrheitspakete an einer AG oder GmbH (siehe hierzu Kapitel 10, Abschnitt 3). Es stellt sich bei diesen Wertschriften vor allem die Frage der Verkäuflichkeit, was bei der Bewertung mit einem Ab- oder Zuschlag zu berücksichtigen ist. Als Anhaltspunkt für den inneren Wert solcher Papiere kann man die Wegleitung für die Vermögenssteuern zur Bewertung von Wertpapieren ohne Kurswert heranziehen. Diese Werte sind allerdings eher tief angesetzt, weshalb sie nicht zwingend einen Massstab für die Scheidung abgeben. Im Zweifel lässt man solche Wertschriften am besten von einem Fachmann bewerten.

Die rechnerische Teilung

Wie bei Unternehmen oder Liegenschaften kompliziert sich die rechnerische Teilung von Wertschriften, wenn verschiedene Gütermassen zum Erwerb beigetragen haben. Die Ersatzforderungen und Mehrwertbeteiligungen sind in solchen Fällen einzeln zu berechnen und auf die Gütermassen aufzuteilen. Besondere Bedeutung kommt den Mehrwertberechnungen zu, weil Wertsteigerungen bei Wertschriften fast immer konjunkturell bedingt sind und einen Anspruch auf Mehrwertanteil verleihen.

> Beispiel: Der Ehemann besitzt schon vor der Ehe ein Bankdepot mit börsenkotierten Aktien. Sein Depot weist bei der Heirat einen Wert von 325 445 Franken auf. Er bewirtschaftet sein Depot, indem er laufend Aktien verkauft und neue hinzukauft. Bei gewissen Wertschriften (insbesondere den Fonds) fliessen die Dividenden automatisch wieder in die Anlage zurück (thesaurierend). Die Zukäufe finanziert er zum Teil aus seinem Arbeitserwerb, zum Teil aus dem Verkauf anderer Aktien. Das Depot nimmt stetig an Wert zu, wobei er seit der Heirat etwa 200 000 Franken aus seinem Arbeitserwerb investiert. Bei der Scheidung weist das Depot einen Wert von 787 450 Franken auf.

In diesem Beispiel stellt sich bei der Scheidung die Frage, welcher Teil des Depots der Errungenschaft und welcher Teil dem Eigengut des Mannes zuzuordnen ist (Arbeitserwerb und Erträge des Eigengutes gegenüber vorehelichem Vermögen).

Ersatzforderungen und Mehrwertbeteiligungen

Für die Ersatzforderungen der Gütermassen und die Mehrwertbeteiligungen gelten die bekannten allgemeinen Regeln (siehe dazu auch Kapitel 9, Abschnitt 6). Komplikationen kommen bei Wertschriften dadurch hinzu, dass Ersatzanschaffungen und Erträge auf Eigengut rechnerisch meistens eine wichtige Rolle spielen, jedoch kaum im Einzelnen nachvollziehbar sind.

> Beispiel: Die Ehefrau kauft kurz vor der Heirat zehn Anteile des börsenkotierten Anlagefonds A (Bereich Immobilien) für 30 000 Franken. Die Dividenden des Fonds werden jedes Jahr automatisch in den Fonds reinvestiert. Sie verkauft die Fondsanteile für 40 000 Franken und kauft dafür 20 Anteile am Fonds B (Bereich New Market Asien). Bei der Scheidung sind die 20 Anteile des neuen Fonds 48 000 Franken wert.

Der Fondsertrag stellt in diesem Beispiel einen Ertrag auf Eigengut dar und fällt deshalb in die Errungenschaft der Frau. Der Wert der Anteilscheine steigt konjunkturell bedingt bis zum Verkauf. Es stellt sich die Frage, inwiefern der Ertrag der Ehefrau auch an diesem konjunkturellen Mehrwert partizipiert. Diese Frage kompliziert sich noch dadurch, dass der Ertrag nicht von Anfang an vorhanden war, sondern verteilt über vier Jahre anfiel. Es sind deshalb so viele Berechnungen für die Mehrwertbeteiligung nötig, wie Erträge ausgeschüttet wurden. Jede Berechnung des Verhältnisses Eigengut/Errungenschaft fusst dabei wiederum auf der vorangegangenen Rechnung. Beim Kauf der Anteile an Fonds B mit Mitteln aus dem Verkauf der Anteile an Fonds A stellt sich im Weiteren die Frage, in welchem Verhältnis die neuen Anteile Ersatzanschaffungen für die alten Anteile aus dem Eigengut beziehungsweise aus der Errungenschaft darstellen.

Dieses Beispiel zeigt, dass die Berechnung sehr schnell äusserst komplex wird. Stellt man sich vor, dass ein Ehegatte nicht nur Anteile an einem Fonds hält, sondern an zwanzig Fonds, und zusätzlich während eines langen Zeitraumes laufend Mittel aus verschiedenen Gütermassen in die Anlagen fliessen, ist die Berechnung praktisch nicht mehr durchführbar. Hinzu kommt, dass in vielen Fällen die Belege fehlen, um die einzelnen Transaktionen nachzuvollziehen.

In der Praxis begnügt man sich in solchen Situationen deshalb mit einer Annäherung. Die so genannte Durchschnittsberechnung kommt vor allem bei kontinuierlichen Investitionen aus der gleichen Gütermasse zur Anwendung. Eine so genannte Globalberechnung wird angewendet, wenn ein Ehegatte mehrere Beiträge gleichzeitig oder zeitlich gestaffelt in unterschiedliche Vermögenswerte des anderen Ehegatten investiert.

Beispiel: Der Ehemann besitzt schon vor der Ehe ein Wertschriftenportfolio. Bei der Heirat wird es auf 100 000 Franken geschätzt. Die Wertschriften werfen jedes Jahr einen Ertrag von rund 5 000 Franken ab, der wieder in die Anlagen fliesst. Ausserdem investiert er jedes Jahr etwa 10 000 Franken aus seinem Arbeitserwerb in die Anlagen, indem er neue Wertschriften dazukauft. Seine Ehe wird nach zehn Jahren geschieden. Bei der Scheidung weist sein Wertschriftenportfolio einen Wert von 300 000 Franken auf.

Aufteilung

Angaben in Franken

	Mann Errungenschaft	Eigengut	Frau Errungenschaft	Eigengut
Aktiven				
Wertschriften	–	300 000	–	–
Errungenschaft des Mannes:				
Ersatzforderung	150 000.00	–150 000.00	–	–
Mehrwertanteil	21 428.60	–21 428.60	–	–
Passiven	0	0	0	0
Total	**171 428.60**	**128 571.40**	**0**	**0**

Ausgleichsanspruch der Frau

Angaben in Franken

Hälfte der Errungenschaft des Mannes:	85 714.30
Total Ausgleichsanspruch der Frau:	**85 714.30**

Das Wertschriftenportfolio im Betrag von 300 000 Franken ist zunächst dem Eigengut des Ehemannes zuzuordnen. Da er aus seiner Errungenschaft jährlich im Durchschnitt 15 000 Franken investiert, steht ihr nach zehn Jahren eine Ersatzforderung von 150 000 Franken zu. Das Depot hat zudem einen konjunkturellen Mehrwert von 50 000 Franken erfahren. Das Verhältnis, in dem das Eigengut und die Errungenschaft des Mannes im Durchschnitt an diesem Mehrwert partizipierten, ist drei zu vier: 75 000 Franken (die Hälfte von 150 000 Franken) zu 100 000 Franken. Der Mehrwert von 50 000 Franken ist somit zu 21 428.60 Franken seiner Errungenschaft und zu 28 571.40 Franken seinem Eigengut zuzuordnen. Die Frau hat Anspruch auf die Hälfte der Errungenschaft ihres Mannes, also auf 85 714.30 Franken.

Unser Rechenbeispiel kann nur zu einem annähernden Ergebnis führen und ist juristisch gesehen eigentlich unkorrekt. Streng genommen müsste man nach jeder einzelnen Transaktion (Investition aus fremden Mitteln beziehungsweise Verkauf mit anschliessendem Kauf eines neuen Papiers) eine separate Berechnung durchführen. Das ist in der Praxis jedoch kaum durchführbar. Deshalb begnügt man sich mit einem Annäherungswert.

3. Kunstgegenstände und wertvoller Hausrat

Vorbemerkungen

Die Teilung von Kunstgegenständen und wertvollem Hausrat folgt den bekannten allgemeinen Grundsätzen (siehe dazu auch Kapitel 9). An dieser Stelle geht es nur noch um die Bewertung solcher Gegenstände, weil sich Ehegatten oft falsche Vorstellungen davon machen.

Die Bewertung von Schmuck, Antiquitäten, Kunst und wertvollem Hausrat

Schmuck, Antiquitäten, Kunstobjekte und wertvoller Hausrat sind wie andere Vermögenswerte zum Verkehrswert bei der Scheidung zu bewerten. Beim normalem Hausrat (Möbel, Teppiche, Geschirr usw.) täuschen sich die Ehegatten meistens über den Wert. Regelmässig werden Anwälte und Gerichte mit Listen konfrontiert, die den Anschaffungspreis von Objekten nennen (zum Beispiel Sofa gekauft vor fünf Jahren zum Preis von 5 500 Franken).

Der Anschaffungspreis ist für die güterrechtliche Auseinandersetzung nicht von Bedeutung. Vielmehr ist ausschlaggebend, wie viel ein Objekt bei der Scheidung wert ist. Darüber haben die Ehegatten meist falsche Vorstellungen. Möbel, Teppiche, Geschirr usw. haben in der Regel nur noch einen Flohmarkt-Wert. Beim normalen Hausrat fährt deshalb in der Regel besser, wer die Objekte für den eigenen Gebrauch übernimmt.

Beispiel: Ein Ehepaar kauft während der Ehe ein neues Schlafzimmer (Doppelbett, Schränke, Nachttische, Lampen) für 18 500 Franken. Bei der Scheidung einigen sie sich darauf, dass die Frau das Schlafzimmer behält. Zu diesem Zeitpunkt ist es noch etwa 3 000 Franken wert. Sie zahlt ihrem Mann als Ausgleich 1 500 Franken. Dieser Betrag reicht dem Mann bei weitem nicht aus, um sein eigenes Schlafzimmer einzurichten. Seine neue Einrichtung kostet 8 500 Franken, so dass er 7 000 Franken hinzuzahlen muss. Rein finanziell wäre er deshalb besser gefahren, wenn er das Schlafzimmer übernommen hätte.

Anders ist die Situation bei nicht-alltäglichem Hausrat, etwa Antiquitäten, Kunstobjekten oder Schmuck. Für diese Sachen gibt es in der Regel einen Markt, und es werden angemessene Preise bezahlt. Massgebend ist der Preis, den der Fachhandel bezahlt. Ist ein Objekt wertvoll, kann sich eine Schätzung durch einen Experten lohnen. Zu beachten ist hier allerdings die Verteilung der Beweislast. Wer seinem Ehegatten gegenüber eine Forderung für ein bestimmtes Objekt stellt, muss den Wert beweisen. Nicht selten stellt sich dabei aber das Problem, dass sich das fragliche Objekt beim anderen Ehegatten befindet.

Beispiel: Der Ehemann zieht im Zuge der ehelichen Auseinandersetzung aus, die Frau bleibt mit den Kindern im Einfamilienhaus. Das Paar beabsichtigt, dass die Ehefrau den gesamten Hausrat samt Bildern und Antiquitäten übernimmt. Über den Wert der Bilder sind sie sich aber nicht einig. Der Mann möchte sie schätzen lassen, die Frau weigert sich aber, sie herauszugeben oder einen Galeristen zur Begutachtung zu sich ins Haus zu lassen.

Ehegatten sind verpflichtet, einander Auskunft über alle Vermögenswerte zu geben. Dazu gehört auch, dass sie dem anderen ermöglichen, ein Objekt schätzen zu lassen. Notfalls kann man diese Möglichkeit gerichtlich erzwingen. Bei der Übernahme des gesamten Haushalts kann die Inventaraufnahme durch einen Experten sinnvoll sein. Wer absichtlich Vermögenswerte verheimlicht, begeht unter Umständen eine Straftat.

Bei Gold- und Silbersachen liefert der Metallwert eine Orientierungshilfe für den Verkehrswert, wobei er wohl die unterste Grenze des Verkehrswertes darstellt.

Kapitel 13:
Die Teilung mit einem Ehevertrag

Vorbemerkungen

Die Regeln für die Errungenschaftsbeteiligung kommen immer dann zur Anwendung, wenn ein Ehepaar keinen Ehevertrag abgeschlossen hat. Man bezeichnet die Errungenschaftsbeteiligung deshalb als ordentlichen Güterstand. Ehepaare können sich auch für einen anderen Güterstand entscheiden und das durch einen Ehevertrag regeln. Ein Ehevertrag ist erst gültig, wenn er von einem Notar öffentlich beurkundet ist. Nach geltendem Recht gibt es zwei weitere Güterstände, nämlich die Gütergemeinschaft und die Gütertrennung. Salopp gesagt gehört bei der Gütergemeinschaft den Ehepartnern mehr gemeinsam als bei der Errungenschaftsbeteiligung, bei der Gütertrennung weniger.

Die Gütergemeinschaft ist in der Praxis eher selten. Für diesen Güterstand entscheiden sich vor allem Paare, die einander über den Tod hinaus so weit wie möglich begünstigen wollen. Scheidungsrechtliche Aspekte stehen hier nicht im Vordergrund. Bei der Gütertrennung geht es den Ehegatten darum, Vermögen und Einkommen für sich behalten zu können. Die Folgen einer späteren Scheidung sind hier durchaus von Bedeutung, gerade bei Unternehmern. Im Gegensatz zur Gütergemeinschaft kann die Gütertrennung auch gerichtlich angeordnet werden (siehe dazu auch Kapitel 2, Abschnitt 1).

Der Ehevertrag unterscheidet sich klar von der Scheidungskonvention. Beim Ehevertrag entscheidet sich das Ehepaar für einen bestimmten Güterstand, bei der Scheidungskonvention regelt es die Folgen der Scheidung. Auch andere schriftliche Vereinbarungen unter den Ehegatten sind keine Eheverträge im güterrechtlichen Sinne. Ein Ehevertrag bedarf wie gesagt der öffentlichen Beurkundung.

1. Paare mit Gütergemeinschaft

Allgemeines zur Gütergemeinschaft

Die Gütergemeinschaft kann vertraglich in verschiedenen Ausprägungen abgeschlossen werden. Möglich sind die so genannte allgemeine Gütergemeinschaft, die Errungenschaftsgemeinschaft und andere beschränkte Gütergemeinschaften.

Bei der allgemeinen Gütergemeinschaft zerfällt das eheliche Vermögen in das Gesamtgut und in das Eigengut jedes Ehegatten. Zum Gesamtgut gehört alles ausser den Gegenständen, die einem Ehegatten zum persönlichen Gebrauch dienen (Kleider, Schmuck, Sportartikel usw.) und den Genugtuungsansprüchen. Gesamtgut bilden somit neben dem Arbeitserwerb auch alle Erbschaften, Schenkungen und das gesamte Vermögen, das ein Ehegatte in die Ehe einbringt. Die Gütergemeinschaft verbindet die Ehegatten somit zu einem grossen Ganzen, von dem einzig persönliche Gegenstände ausgeschlossen sind.

Bei der Errungenschaftsgemeinschaft begrenzen die Ehegatten das Gesamtgut auf die Errungenschaft. Die Vermögenswerte, die unter der Errungenschaftsbeteiligung Eigengut darstellen, bilden nicht Bestandteil des Gesamtgutes. Erbschaften und voreheliches Vermögen gehören zum Beispiel nicht zum Gesamtgut.

Neben der Begrenzung des Gesamtgutes auf die Errungenschaft können die Ehegatten auch bestimmte Vermögenswerte vertraglich vom Gesamtgut ausschliessen. Sie müssen im Ehevertrag explizit aufgeführt sein (zum Beispiel eine Liegenschaft oder Vermögenswerte, mit denen ein Ehegatte ein Gewerbe betreibt). Man spricht in diesem Fall von einer Ausschlussgemeinschaft.

Ist streitig oder unklar, zu welcher Vermögensmasse ein Gegenstand gehört, gilt er als Gesamtgut, solange nicht bewiesen ist, dass er zum Eigengut gehört.

Bei der Gütergemeinschaft haftet nicht jeder mit seinem Vermögen für alle Schulden gegenüber Dritten. Es besteht ein Unterschied zwischen so genannten Vollschulden und Eigenschulden. Vollschulden sind Schulden, die in einer Beziehung zum Gesamtgut stehen. Das Gesetz nennt hier zum Beispiel Schulden in Vertretung der ehelichen Gemeinschaft, aus der Verwaltung des Gesamtgutes, in Ausübung eines Geschäftes oder Schulden, für die sich beide Ehegatten verpflichtet haben. Für Vollschulden haftet das Eigengut des entsprechenden Ehegatten und das ganze Gesamtgut beider Ehegatten. Alle übrigen Schulden gelten als Eigenschulden. Dabei handelt es sich um Schulden, die mit dem Gesamtgut nicht in direktem Zusammenhang stehen, wie etwa Schulden aus persönlichen Anschaffungen. Für solche Schulden haften das Eigengut des betreffenden Ehegatten und die Hälfte des Gesamtgutes.

Nach dem Tod eines Ehegatten wird das Gesamtgut bei der güterrechtlichen Auseinandersetzung hälftig geteilt. Dazu gehören also auch Erbschaften, Schenkungen und voreheliches Vermögen.

Wie wird bei der Scheidung geteilt?

Wird die Gütergemeinschaft durch Scheidung aufgelöst, sind die Folgen weniger weit reichend. Offenbar erachtet es der Gesetzgeber nicht als angemessen, wenn die Ehegatten auch Erbschaften, Schenkungen und das gesamte voreheliche Vermögen hälftig teilen müssten. Das Gesetz sieht deshalb vor, dass jeder Ehegatte vom Gesamtgut zurücknimmt, was unter der Errungenschaftsbeteiligung sein Eigengut wäre. Da Erbschaften, Schenkungen und voreheliches Vermögen bei der Errungenschaftsbeteiligung Eigengut bilden, werden sie vor der Teilung aus dem Gesamtgut ausgeschieden. Nur was vom Gesamtgut dann noch übrig bleibt, wird hälftig geteilt.

Allgemeines zur Gütertrennung

2. Paare mit Gütertrennung

Die Gütertrennung ist der einfachste aller Güterstände. Paare mit Gütertrennung haben keine gemeinsamen Vermögenswerte, jeder hat sein eigenes Vermögen. Die Gütertrennung gewährleistet eine vollständige Trennung in Mein und Dein. Sie weist demzufolge nur zwei Vermögensmassen auf, das Vermögen der Frau und das Vermögen des Mannes. Paare, die finanziell möglichst unabhängig bleiben möchten, können die Gütertrennung in einem Ehevertrag vereinbaren.

Auch in Bezug auf die Haftung für Schulden gegenüber Dritten ist die Gütertrennung einfach: Jeder Ehegatte haftet für seine eigenen Schulden mit seinem Vermögen.

Wie wird bei der Scheidung geteilt?

Bei der Scheidung gestaltet sich die Teilung des Vermögens unkompliziert. Jeder Ehegatte behält seine eigenen Vermögenswerte. Eine güterrechtliche Auseinandersetzung im eigentlichen Sinne findet nicht statt.

Ist streitig, wem ein Vermögenswert gehört, dann muss derjenige Ehegatte sein Eigentum beweisen, der es für sich beansprucht. Behauptet etwa der Mann. die Stereoanlage gehöre ihm, muss er das mit einem Kaufbeleg oder Zeugen beweisen. Kann er den Beweis nicht erbringen, wird Miteigentum beider Ehegatten angenommen.

3. Paare mit altrechtlicher Güterverbindung

Unter bestimmten Voraussetzungen unterstehen Ehepaare noch dem altrechtlichen Güterstand der Güterverbindung. Das ist der Fall, wenn sie vor dem 1. Januar 1988 einen entsprechenden Ehevertrag abgeschlossen haben (Güterverbindung mit vom Gesetz abweichender Vorschlagszuteilung); ferner, wenn die Ehegatten bis Ende 1988 eine Erklärung abgegeben haben, wonach sie weiterhin dem Güterstand der Güterverbindung unterstehen wollen. Die Einzelheiten dieses Güterstandes sprengen den Rahmen dieses Buches. Konsultieren Sie Ihren Anwalt, wenn Sie diesem Güterstand unterstehen.

Kapitel 14: Ehegattenunterhalt

1. Wann besteht ein Anspruch auf Ehegattenunterhalt?

Grundregel

Die umstrittenste Frage bei einer Scheidung ist meistens, ob ein Ehegatte Unterhaltsbeiträge an den anderen zahlen muss, und wenn ja, wie viel und wie lange. Das Gesetz sagt zu dieser Frage Folgendes:

«Ist einem Ehegatten nicht zuzumuten, dass er für den ihm gebührenden Unterhalt unter Einschluss einer angemessenen Altersvorsorge selbst aufkommt, so hat ihm der andere einen angemessenen Beitrag zu leisten.»

Die Rechtfertigung für Unterhaltsbeiträge liegt in folgender Überlegung: Ehepaare einigen sich auf eine bestimmte Aufgabenteilung. Zum Beispiel ist einer von beiden voll erwerbstätig und sorgt für das finanzielle Wohl der Familie. Der andere kümmert sich um die Kinder und besorgt den Haushalt. Bei Ehepaaren, die lange zusammenbleiben, bringt diese Aufteilung für den nichterwerbstätigen Ehegatten Nachteile in beruflicher und finanzieller Hinsicht mit sich. Seine Karrieremöglichkeiten werden beschränkt. Nach jahrelanger Kinderbetreuung kann er in fortgeschrittenem Alter nicht mehr ohne Weiteres auf einem ähnlichen Niveau ins Erwerbsleben einsteigen, wie es ohne die Ehe der Fall gewesen wäre. Möglicherweise sind die Kinder bei der Scheidung noch klein, was den Einstieg ins Berufsleben erschwert oder verunmöglicht. Ausserdem haben sich Ehepaare an einen gewissen Lebensstandard gewöhnt. In der Regel hat der nichterwerbstätige Ehepartner zu diesem Lebensstandard indirekt beigetragen, indem er den erwerbstätigen Ehepartner unterstützte. Ein abrupter Abstieg im Lebensstandard ist nicht ohne Weiteres zumutbar. Der Unterhaltsbeitrag soll nach der Scheidung einen Ausgleich für alle diese Nachteile schaffen.

Obwohl die klassische Hausfrauenehe stark im Abnehmen begriffen ist, werden Unterhaltsbeiträge in über 90 Prozent der Fälle der Frau zugesprochen. Möglich sind aber auch Unterhaltsbeiträge an den Mann.

War die Ehe für die finanzielle und berufliche Entwicklung nicht von Bedeutung – zum Beispiel weil sie sehr kurz war, kinderlos blieb oder weil beide immer voll erwerbstätig waren –, sind in der Regel keine Unterhaltsbeiträge geschuldet.

Früher spielte das Verschulden am Scheitern der Ehe noch eine Rolle. Nach dem neuen Scheidungsrecht ist der Unterhaltsanspruch verschuldensunabhängig. Es wird nicht mehr untersucht, wer einen Fehltritt beging, der das Scheitern der Ehe zur Folge hatte.

Welche Faktoren sind entscheidend?

Das Gesetz nennt eine Reihe von Faktoren entscheidend für die Frage, ob, in welcher Höhe und wie lange ein nachehelicher Unterhaltsbeitrag geschuldet ist:

- *Aufgabenteilung während der Ehe:* Wer ging wie lange und in welchem Umfang einer Erwerbstätigkeit nach, wer betreute die Kinder, wer erledigte den Haushalt? Je stärker und je länger ein Ehepartner in seiner Erwerbstätigkeit eingeschränkt war, desto schwieriger wird sein Einstieg in die wirtschaftliche Selbständigkeit, und desto eher ist ein Unterhaltsbeitrag geschuldet.

- *Dauer der Ehe:* Dauerte die Ehe so lange, dass sie lebensprägend war? Je länger die Dauer, desto stärker schränkte sie die Ehegatten in ihrer beruflichen Entwicklung ein, und desto eher besteht ein Unterhaltsanspruch. Weniger als fünf Jahre gelten grundsätzlich als kurz, mehr als zehn Jahre als lang. Die Dauer des Getrenntlebens ist dabei nicht mit einzurechnen.

- *Lebensstellung während der Ehe:* In guten finanziellen Verhältnissen ist die Frage nach dem Lebensstandard wichtig. Das geltende Recht geht davon aus, dass ein sozialer und finanzieller Abstieg nicht ohne Weiteres zumutbar ist, wenn die Ehe lange dauerte und lebensprägend war. In langen Ehen entsteht eine Solidarität unter den Ehegatten, die über die Scheidung hinauswirkt (nacheheliche Solidarität). Der bisherige Lebensstandard kann auch die Aufnahme einer Erwerbstätigkeit nach der Ehe einschränken. Der Ehefrau eines Schönheits-Chirurgen, die früher als Kellnerin arbeitete, ist nicht ohne Weiteres zuzumuten, diese Tätigkeit nach der Scheidung wieder aufzunehmen. Zumindest dann nicht, wenn die Ehe sehr lange dauerte und sie nie mehr als Kellnerin arbeitete.

• *Alter und Gesundheit:* Das Bundesgericht mutet einer Ehefrau grundsätzlich nicht mehr zu, voll ins Erwerbsleben einzusteigen, wenn sie bei der definitiven Trennung über 45 Jahre alt war. Dies zumindest dann nicht, wenn die Ehe lange dauerte und die Frau wegen ehebedingter Nachteile (Kinderbetreuung) lange Zeit nicht erwerbstätig war. Hat sie nach der definitiven Trennung noch Kinder zu betreuen, beurteilt sich das Erreichen der Altersgrenze von 45 Jahren für den Zeitpunkt, in dem die Wiederaufnahme einer Erwerbstätigkeit zumutbar ist. War die Ehefrau teilzeitlich erwerbstätig, stellt sich die Frage nach einem Ausbau zu einer Vollerwerbstätigkeit. Die Altersgrenze von 45 Jahren wurde in den vergangenen Jahren stark kritisiert. Es besteht die Tendenz, diese Grenze mehr und mehr aufzulösen. Möglicherweise wird sie in absehbarer Zeit ganz fallen. Auch eine angeschlagene Gesundheit kann die Erwerbsfähigkeit einschränken.

• *Einkommen und Vermögen:* Diese Faktoren spielen für die Berechnung der Höhe der Unterhaltsbeiträge eine Rolle (siehe auch die Abschnitte 2 und 3 in diesem Kapitel).

• *Kinderbetreuung:* Oft ist die Erwerbsfähigkeit nach der Scheidung eingeschränkt, wenn minderjährige Kinder zu betreuen sind. Das Bundesgericht geht davon aus, dass eine Teilzeiterwerbstätigkeit möglich ist, wenn das kleinste Kind das zehnte Altersjahr vollendet hat (bei einem Kind etwa 50 Prozent, bei zwei Kindern etwa 30 Prozent; bei mehr als zwei Kindern oder bei kranken, besonders pflegebedürftigen Kindern ist eine Erwerbstätigkeit nicht zumutbar). Eine Vollzeiterwerbstätigkeit sollte möglich sein, wenn das jüngste Kind das 16. Altersjahr vollendet hat (siehe auch Kapitel 3, Abschnitt 2).

Eltern mit gemeinsamem Sorgerecht (siehe auch Kapitel 15, Abschnitt 1), die in gleicher Weise zur Kinderbetreuung beitragen, ist dieselbe Erwerbstätigkeit zuzumuten.

- *Ausbildung, Erwerbsaussichten und Aufwand für die berufliche Eingliederung:* Die Ausbildung der anspruchsberechtigten Person ist ein wichtiger Faktor für die Möglichkeiten einer Erwerbstätigkeit. Es spielt auch eine Rolle, wie gross der zeitliche und finanzielle Aufwand für eine Wiedereingliederung ins Erwerbsleben ist. Unter Umständen ist eine Zusatzausbildung oder Wiedereinschulung erforderlich. Von Bedeutung ist auch die Arbeitsmarktlage. Häufig ist die Wiederaufnahme einer Erwerbstätigkeit zumutbar, aber nicht realistisch. Oft sind die Chancen gering, in fortgeschrittenem Alter noch eine passende Stelle zu bekommen.

- *Anwartschaften aus der beruflichen und privaten Vorsorge:* Je geringer die Anwartschaften auf Vorsorgeleistungen sind, desto eher ist Unterhalt geschuldet, damit der Aufbau einer eigenen Vorsorge gewährleistet wird. Dabei fällt insbesondere das voraussichtliche Ergebnis der Teilung der Austrittsleistungen ins Gewicht (mehr dazu auch im Kapitel 16, Abschnitt 2).

Welche Ehetypen gibt es?

Im Sinne einer Faustregel lassen sich für die Beurteilung der Unterhaltspflicht die folgenden Ehetypen unterscheiden:

- *Hausgattenehe mit Kindern:* In der Regel liegen ehebedingte Nachteile vor, auch wenn die Ehefrau einen Zusatzverdienst erzielt. Unterhaltsbeiträge sind deshalb tendenziell geschuldet.

- *Hausgattenehe ohne Kinder:* Bei einer kurzen Ehe sind ehebedingte Nachteile in der Regel zu verneinen, bei einer langen Ehe meistens zu bejahen. Entscheidend ist, wie jemand im Zeitpunkt der Scheidung stehen würde, wenn er die Ehe nie eingegangen wäre.

- *Doppelverdienerehe mit Kindern:* Ehebedingte Nachteile sind zu verneinen, wenn sich ein Ehepaar die Kindererziehung und den Haushalt wirklich partnerschaftlich teilte, so dass beide ihrer Erwerbstätigkeit uneingeschränkt nachgehen konnten. Sind nach der Scheidung noch Kinder zu betreuen oder leistete ein Ehegatte die ganze Kinderbetreuungs- und Hausarbeit zusätzlich zu seiner Erwerbstätigkeit, ist tendenziell Unterhalt geschuldet.

- *Doppelverdienerehe ohne Kinder:* Ehebedingte Nachteile sind in der Regel zu verneinen, somit Unterhaltsbeiträge nicht geschuldet.

- *Altersehe:* Standen die Ehegatten bei der Heirat am Ende ihres Erwerbslebens oder waren sie schon pensioniert, sind ehebedingte Nachteile in der Regel zu verneinen. Ein Unterhaltsanspruch kann sich allenfalls aus der nachehelichen Solidarität ergeben, indem ein Unterhaltsbeitrag das Einkommensgefälle für eine bestimmte Übergangszeit ausgleichen soll.

2. Berechnungsgrundsätze bei Gutverdienenden

Ausgangspunkt der Berechnungen

Steht fest, dass ein Unterhaltsbeitrag grundsätzlich geschuldet ist, stellt sich die Frage nach der Höhe und der Dauer. Das Gesetz sagt, dass der gebührende Unterhalt geschuldet ist. Es erklärt nicht weiter, was darunter genau zu verstehen ist, sondern verweist stattdessen auf die genannten Kriterien (siehe Abschnitt 1 in diesem Kapitel). Die folgenden Beispiele sollen zeigen, wie bei der Berechnung des Unterhaltes in der Praxis vorzugehen ist. Es handelt sich dabei nicht um eine exakte Berechnungsmethode, sondern vielmehr um eine Vorgehensweise aus Sicht des Praktikers.

Basis und Ausgangspunkt der Berechnungen bildet der Unterhaltsbeitrag während der Trennung. Die Grundsätze für die Berechnung dieses Betrages sind im Kapitel 3 aufgeführt. Für die Berechnung des Ehegattenunterhaltes zieht man vom Gesamtunterhaltsbeitrag zunächst den Teil ab, der auf den Kinderunterhalt entfällt.

Beispiel: Der Ehefrau wurde bei der Trennung ein Unterhaltsbeitrag von 9 000 Franken zugesprochen. Davon sind je 1 200 Franken zuzüglich Kinderzulagen für die beiden Kinder bestimmt. Ausgangspunkt der Berechnung bilden somit 6 600 Franken Ehegattenunterhalt.

In einem zweiten Schritt wird ein angemessener Betrag für den Vorsorgeaufbau hinzugerechnet, falls die Voraussetzungen dafür erfüllt sind (siehe dazu auch Abschnitt 4 in diesem Kapitel; der Betrag ist in die Bedarfsberechnung mit einzubeziehen).

Beispiel: In unserem Beispiel kann die Ehefrau nicht voll erwerbstätig sein, solange die Kinder klein sind. Es ist deshalb gerechtfertigt, zu den 6 600 Franken monatlich 400 Franken zum Aufbau ihrer Vorsorge hinzuzurechnen. Der Unterhaltsbeitrag beläuft sich damit auf 7 000 Franken.

In einem dritten Schritt geht es darum zu beurteilen, wie lange dieser Unterhaltsbeitrag geschuldet ist und in welchen Etappen er abnimmt, beispielsweise wenn sich der unterhaltsberechtigte Ehegatte zunehmend selbst versorgen kann.

Bisheriger Lebensbedarf als oberste Grenze

Bei Gutverdienenden ist der Lebensstandard während der Ehe zu berücksichtigen. Die oberste Grenze des Unterhaltes bilden dabei immer die effektiven Kosten des bisherigen Lebensbedarfes (mehr dazu auch im Kapitel 3, Abschnitt 3). Es ist deshalb grundsätzlich ausgeschlossen, dass die Teilhabe am Luxus eines sehr gut verdienenden Ehepartners den vollen Lebensbedarf übersteigt. Verdiente ein Ehepartner während der Ehe beispielsweise 50 000 Franken pro Monat, heisst das nicht, dass dieser Betrag bei der Scheidung unter die Ehegatten aufgeteilt wird. Entscheidend sind vielmehr die tatsächlich anfallenden Lebenshaltungskosten des unterhaltsberechtigten Ehegatten.

Beispiel: Ein Unternehmer verdiente während seiner Ehe rund 1 Million Franken pro Jahr. Die monatlichen Lebenshaltungskosten der Familie lagen etwa bei 30 000 Franken. Nach Steuern von etwa 300 000 Franken blieben jedes Jahr rund 340 000 Franken für die Ver-

> mögensbildung übrig. Bei der Trennung wurden die Lebenshaltungskosten der Ehefrau auf 17 000 Franken pro Monat festgelegt. Dieser Betrag bildet die oberste Grenze des Unterhaltsbeitrages nach der Scheidung. Die Ehefrau partizipiert unterhaltsrechtlich also weder vor noch nach der Scheidung am Kapital, das der Ehemann jedes Jahr spart.

Das hat zur Folge, dass Vermögensbildung nur für den Ehegatten möglich ist, der erwerbstätig ist. Der andere Ehegatte, der die Kinder und den Haushalt versorgt, bleibt von der Vermögensbildung ausgeschlossen. Das ist selbst dann der Fall, wenn beide bei der Heirat gleichwertige Chancen im Beruf hatten, zum Beispiel wenn sie am Anfang einer erfolgreichen Arztkarriere standen. Die Vermögensbildung ist für den anderen Ehegatten erst dann wieder möglich, wenn er selber erwerbstätig wird und Vermögen aus eigener Arbeitskraft erwirtschaftet.

3. Fünf Berechnungsbeispiele je nach Ehetyp

Vorbemerkungen

Im Folgenden werden die Überlegungen, die für die Höhe und zeitliche Abstufung der Unterhaltsbeiträge anzustellen sind, anhand von fünf Berechnungsbeispielen näher dargelegt. In den Beispielen ist der Betrag zum Aufbau einer angemessenen Altersvorsorge der Einfachheit halber nicht berücksichtigt. Sind die Voraussetzungen dafür erfüllt (siehe dazu Abschnitt 4 in diesem Kapitel), ist er bei der Bedarfsberechnung hinzuzurechnen. Hervorzuheben ist, dass die Gerichte bei der Bemessung nachehelicher Unterhaltsbeiträge ein erhebliches Ermessen haben, vor allem bei guten finanziellen Verhältnissen. Obwohl das Unterhaltsrecht in der ganzen Schweiz gleich ist (Bundesrecht), wird ein identischer Fall kaum an zwei Orten auf den Franken genau gleich beurteilt. Die folgenden Zahlenbeispiele sind deshalb nur als Anhaltspunkte zu verstehen.

Beispiel 1: Hausgattenehe mit Kindern

> Beispiel: Der Ehemann ist Besitzer eines Unternehmens für Spritzguss-Teile (AG). Er zahlt sich ein Jahreseinkommen von rund 720 000 Franken aus, pro Monat also etwa 60 000 Franken. Das

Ehepaar hat sich vor vier Jahren getrennt. Die Ehe dauerte bis zur Trennung zehn Jahre. Die beiden Söhne (heute acht und zehn Jahre alt) leben bei der Mutter. Die 35-jährige Ehefrau hat Jura studiert, war aber nie berufstätig. Die Berechnung des Unterhaltsbeitrages während der Trennung ergab einen Anspruch von 18 400 Franken pro Monat, wovon je 2 000 Franken plus Kinderzulagen für die Kinder bestimmt sind. Diesen Betrag zahlt der Ehemann bis heute.

War die Ehe so lebensprägend, dass die Frau auf unbeschränkte Zeit vom hohen Einkommen profitieren kann? Der Unterhaltsanspruch knüpft am ehelichen Lebensstandard an, umso mehr, je länger die Ehe dauerte. Eine zehnjährige Ehe gilt als lang. Es ist deshalb grundsätzlich gerechtfertigt, am hohen ehelichen Lebensstandard anzuknüpfen. Der Unterhaltsbeitrag von 14 400 Franken (18 400 Franken minus 4 000 Franken Kinderunterhalt) ist damit der Ausgangswert.

Kann die Frau ein eigenes Einkommen erzielen? Die Ehefrau ist in unserem Beispiel 35 Jahre alt. Grundsätzlich könnte sie eine Erwerbstätigkeit aufnehmen, da sie die Altersgrenze von 45 Jahren noch nicht erreicht hat. Sie hat jedoch zwei Kinder zu betreuen, die acht und zehn Jahre alt sind. Eine Erwerbstätigkeit ist ihr nach bundesgerichtlicher Rechtsprechung heute deshalb nicht zumutbar. Die Unterhaltspflicht bleibt somit in der ersten Phase nach der Scheidung unverändert bei 14 400 Franken.

Kann sie später ein eigenes Einkommen erzielen? In zwei Jahren wird der jüngste Sohn zehn Jahre alt werden, die Ehefrau ist dann 37. Ab dann ist ihr nach Gerichtspraxis eine Erwerbstätigkeit von 30 bis 50 Prozent zuzumuten. Als studierte Juristin sollte es ihr möglich sein, etwa 4 000 Franken pro Monat zu verdienen. Der Unterhaltsbeitrag reduziert sich damit auf etwa 10 400 Franken.

Wie steht es, wenn auch der jüngste Sohn 16 wird? Wenn der jüngste Sohn 16 wird, ist die Ehefrau 43 Jahre alt. Ab dann ist ihr eine 100-prozentige Erwerbstätigkeit zuzumuten. Mit ihrer Ausbildung sollte sie schätzungsweise 8 000 Franken verdienen. Der Unterhaltsbeitrag vermindert sich dann auf etwa 6 400 Franken.

Profitiert sie auch acht Jahre nach der Scheidung noch vom hohen Lebensstandard? In unserem Beispiel dauerte die Ehe zehn Jahre. Das ist lang, aber nicht so lang, dass sie ihr ganzes Leben vom hohen Einkommen des Ehemannes profitieren soll. Ab einem bestimmten Zeitpunkt kann sie selber für ihren Lebensunterhalt verantwortlich sein. Der Unterhalt reduziert sich deshalb nach drei Jahren für weitere drei Jahre auf 3 400 Franken. Danach erlischt die Unterhaltspflicht ganz.

In unserem Beispiel stehen der Ehefrau die folgenden monatlichen Unterhaltsbeiträge zu:

Beispiel 1: Monatliche Unterhaltsbeiträge

x = Vollendung des 10. Altersjahres des jüngsten Kindes
y = Vollendung des 16. Altersjahres des jüngsten Kindes

Scheidungszeitpunkt bis x:	14 400 Franken
x bis y:	10 400 Franken
y bis y + 3 Jahre:	6 400 Franken
y + 3 Jahre bis y + 6 Jahre:	3 400 Franken
ab y + 6 Jahre:	0 Franken

Beispiel 2: Hausgattenehe ohne Kinder (kurze bis mittlere Dauer)

Beispiel: Der Ehemann ist Schönheits-Chirurg mit eigener Praxis. Sein monatliches Einkommen beläuft sich auf etwa 40 000 Franken. Vor zwei Jahren hat er sich von seiner Frau getrennt. Aus der Ehe sind keine Kinder hervorgegangen. Die Ehefrau ist heute 35 Jahre alt. Sie ist gelernte Sekretärin, war aber während der Ehe nicht berufstätig. Während der Trennung erhielt sie von ihrem Ehemann 9 000 Franken pro Monat. Die Ehe dauerte bis zur Trennung sieben Jahre.

War die Ehe so lebensprägend, dass die Frau auf unbeschränkte Zeit vom hohen Einkommen profitieren kann? Sieben Jahre sind für eine Ehe weder besonders lang noch besonders kurz. Massgebend ist deshalb ein Durchschnittswert zwischen dem Lebensstandard vor und nach der Ehe. Der Unterhaltsbeitrag fällt nach der Scheidung von Anfang an tiefer aus als 9 000 Franken pro Monat.

Kann die Frau sofort ein eigenes Einkommen erzielen? Die Frau ist 35 Jahre alt und hat keine Kinder zu betreuen. Grundsätzlich kann sie sofort wieder ins Erwerbsleben einsteigen. Da sie jedoch sieben Jahre lang nicht gearbeitet hat, ist eine Übergangsfrist von etwa einem Jahr angemessen. Sie kann mit einem eigenen Einkommen von ungefähr 6 000 Franken pro Monat rechnen.

In diesem Beispiel könnte somit folgender Unterhalt vereinbart werden: Die Ehefrau wird bei ihrer Bereitschaft behaftet, innerhalb des nächsten Jahres eine volle Erwerbstätigkeit aufzunehmen. Innerhalb dieses Jahres erhält sie einen Unterhaltsbeitrag von 7 000 Franken pro Monat, wobei sie sich 50 Prozent ihres Eigeneinkommens an diesen Unterhaltsbeitrag anrechnen lassen muss. Nach Ablauf dieses Jahres erhält die Ehefrau noch während zwei Jahren einen Unterhaltsbeitrag von 1 500 Franken pro Monat, dies im Sinne eines Ausgleichs für den Abstieg im Lebensstandard. Anschliessend erlischt die Unterhaltspflicht.

In Zahlen sieht dies wie folgt aus:

Beispiel 2: Monatliche Unterhaltsbeiträge

s = Scheidungszeitpunkt

s bis s + 1 Jahr:	7 000 Franken (minus 50% Eigeneinkommen)
ab s + 1 Jahr bis s + 3 Jahre:	1 500 Franken
ab s + 3 Jahre:	0 Franken

**Beispiel 3:
Hausgattenehe ohne Kinder
(lange Dauer)**

> Beispiel: Der Ehemann ist Inhaber eines Industriebetriebes. Sein monatliches Einkommen beläuft sich auf rund 100 000 Franken. Das Ehepaar hat sich vor drei Jahren getrennt und will sich jetzt scheiden lassen. Kinder haben sie keine. Die Frau ist heute 52 Jahre alt. Sie absolvierte in ihrer Jugend ein Pharmaziestudium, übte aber während der 24-jährigen Ehe nie einen Beruf aus. Während der Trennung hatte sie Anspruch auf 20 000 Franken Unterhalt pro Monat.

War die Ehe so lebensprägend, dass die Frau auf unbeschränkte Zeit vom hohen Einkommen profitieren kann? Eine Ehe, die 24 Jahre dauerte, kann als lebensprägend bezeichnet werden. Die Ehefrau lebte Jahrzehnte auf sehr hohem finanziellem Niveau, ohne selbst erwerbstätig zu sein. Der Lebensstandard während der Ehe ist deshalb der angemessene Anknüpfungspunkt für den Unterhalt nach der Scheidung.

Muss die Frau arbeiten gehen? Die Ehefrau ist in unserem Beispiel 52 Jahre alt. Einer Frau, die bei der Trennung schon 45 ist und nie erwerbstätig war, ist nach geltender Rechtsprechung nicht zuzumuten, wieder voll ins Erwerbsleben einzusteigen. In unserem Beispiel hat sie zwar ein abgeschlossenes Pharmaziestudium, sie hat aber nie in ihrem Beruf gearbeitet. Es ist sehr unwahrscheinlich, dass sie eine Stelle als Pharmazeutin finden würde. Eine weniger qualifizierte Tätigkeit, etwa als Putzhilfe oder Kellnerin, wäre ihr aufgrund ihres bisherigen Lebensstandards nicht zumutbar.

Im vorliegenden Beispiel könnte somit Folgendes hinsichtlich Unterhalt festgelegt werden: Die Ehefrau erhält bis zur Pensionierung einen Unterhaltsbeitrag von 20 000 Franken. Nach der Pensionierung reduziert sich der Unterhaltsbeitrag um die eigenen AHV- und BVG-Leistungen der Ehefrau. Der Unterhaltsbeitrag dauert grundsätzlich lebenslänglich.

> **Beispiel 3: Monatliche Unterhaltsbeiträge**
>
> Scheidung bis Pensionierung: 20 000 Franken
> Pensionierung bis Tod: 20 000 Franken
> minus AHV- und BVG-Leistungen

Was beim Tod des zahlungspflichtigen Ehegatten passiert, ist in Abschnitt 8 in diesem Kapitel beschrieben.

Beispiel 4: Doppelverdienerehe mit Kindern

> Beispiel a: Beide Ehegatten sind selbständige Rechtsanwälte mit je einer eigenen Kanzlei. Ihr monatliches Einkommen beläuft sich auf je 20 000 Franken. Ihre beiden Kinder sind heute sieben und zehn Jahre alt. Sie sind tagsüber in einer Kinderkrippe beziehungsweise Tagesschule. In der schulfreien Zeit werden sie von einer Hausangestellten und von den Grosseltern betreut. Die verbleibenden Betreuungs- und Haushaltarbeiten teilen die Ehegatten partnerschaftlich. Vor zwei Jahren zog der Ehemann aus. Die Ehe dauerte bis zur Trennung 12 Jahre. Bei der Trennung verzichteten beide Seiten vorerst auf einen Unterhaltsbeitrag.

Ist auch nach der Scheidung kein Ehegattenunterhalt geschuldet? Weder der Mann noch die Frau haben durch ihre Ehe einen beruflichen Nachteil erlitten. Sie sind beide voll erwerbstätig und können auch nach der Scheidung ihrer Erwerbstätigkeit nachgehen. Sie konnten sich auf ein gemeinsames Sorgerecht einigen, und beide kümmern sich in gleichem Mass um die Kinder. Es rechtfertigt sich deshalb nicht, dass einer dem anderen Unterhalt zahlt.

> **Beispiel 4a: Monatliche Unterhaltsbeiträge**
>
> Ab Scheidungszeitpunkt: 0 Franken

> Beispiel b: Beide Ehegatten sind selbständige Rechtsanwälte. Sie haben zwei Kinder, die heute sieben und zehn Jahre alt sind. In ihrer gemeinsamen Kanzlei arbeiten der Mann 100 und die Frau 75 Prozent. Gemeinsam erzielen sie ein monatliches Einkommen von 35 000 Franken. Sie übernimmt zusätzlich die gesamte Kinderbetreuung und Hausarbeit. Vor zwei Jahren zog der Mann aus. Seither arbeitet die Frau nicht mehr in der gemeinsamen Kanzlei. Weil die Kinder unter der Trennung litten, setzte sie ihre Erwerbstätigkeit vorerst aus. Seit der Trennung bezahlt der Mann einen Unterhaltsbeitrag von 9 000 Franken pro Monat. Er ist heute 40 Jahre alt, sie 39. Die Ehe dauerte bis zur Trennung 12 Jahre.

Muss die Frau wieder arbeiten gehen? Die Frau übernahm in unserem Beispiel neben ihrer 75-Prozent-Erwerbstätigkeit die gesamte Kinderbetreuung und die Hausarbeit. Damit stand sie unter einer grossen Doppelbelastung. Zwar trifft es zu, dass sie trotz der Kinderbetreuung in hohem Masse erwerbstätig sein konnte. Das ist jedoch allein ihr Verdienst. Obwohl sie so nur beschränkte berufliche Nachteile wegen ihrer Ehe erlitt, kann ihr heute nicht verwehrt werden, sich voll der Kinderbetreuung und Hausarbeit zu widmen. Zumindest so lange nicht, bis das jüngste Kind 10 Jahre alt wird. Bis dann hat sie Anspruch auf einen Unterhaltsbeitrag von 9 000 Franken.

Muss sie später wieder arbeiten gehen? Wenn das jüngste Kind 10 wird, kann die Frau wieder etwa 50 Prozent arbeiten. Allerdings kann sie mit einem Teilzeitpensum keine eigene Kanzlei betreiben. Mit einer Anstellung wird sie rund 5 000 Franken pro Monat verdienen. Der Unterhaltsbeitrag reduziert sich somit auf 4 000 Franken, bis das jüngste Kind 16 Jahre alt wird.

Wann endet die Unterhaltspflicht? Wenn das jüngste Kind 16 wird, kann sie wieder voll arbeiten. Sie sollte dann ein Einkommen von rund 10 000 Franken pro Monat erzielen können, später möglicherweise mehr. Damit kann sie ihren bisherigen Lebensstandard ohne Unterstützung ihres geschiedenen Mannes finanzieren. Die Unterhaltspflicht endet deshalb mit dem 16. Geburtstag des jüngsten Kindes.

Das Gericht könnte die folgenden Unterhaltsbeiträge festlegen:

Beispiel 4b: Monatliche Unterhaltsbeiträge

x = Vollendung des 10. Altersjahres des jüngsten Kindes
y = Vollendung des 16. Altersjahres des jüngsten Kindes

Scheidungszeitpunkt bis x:	9 000 Franken
x bis y:	4 000 Franken
ab y:	0 Franken

Beispiel 5: Doppelverdienerehe ohne Kinder

Beispiel: Der Ehemann ist CEO einer Detailhandelskette und verdient monatlich 40 000 Franken. Seine Frau ist gelernte Floristin und hat ein eigenes Blumengeschäft. Sie verdient rund 6 000 Franken im Monat. Nach 12 Jahren Ehe trennen sie sich. Kinder haben sie keine. Das Gericht legt für die Dauer des Getrenntlebens einen monatlichen Unterhaltsbeitrag an die Frau von 4 000 Franken fest.

Erhält die Frau auch nach der Scheidung Unterhaltsbeiträge? Da die Ehe kinderlos ist und die Frau immer in ihrem erlernten Beruf arbeiten konnte, sind ihr durch die Ehe keine beruflichen Nachteile entstanden. Weil die Ehe aber 12 Jahre dauerte, entstand eine starke Solidarität, die über den Scheidungszeitpunkt hinaus wirkt. Ihr steht deshalb auch nachher für einen gewissen Zeitraum ein Unterhaltsbeitrag zu. Das Ehepaar einigt sich darauf, dass sie vier Jahre lang noch 2 000 Franken pro Monat erhält. Danach besteht keine Unterhaltspflicht mehr.

Die Unterhaltsbeiträge könnten wie folgt festgelegt werden:

Beispiel 5: Monatliche Unterhaltsbeiträge

s = Scheidungszeitpunkt

s bis s + 4 Jahre:	2 000 Franken
ab s + 4 Jahre:	0 Franken

4. Aufbau der Vorsorge nach der Scheidung

Die Unterhaltsbeiträge sollen nicht nur die ehebedingten Nachteile bis zur Pensionierung ausgleichen, sondern auch den Aufbau einer angemessenen Altersvorsorge ermöglichen. In vielen Fällen ist die geschiedene Ehefrau nicht in der Lage, aus eigener Kraft ein ausreichendes Vorsorgeguthaben anzusparen. Bei der Scheidung werden die Guthaben der Pensionskasse zwar hälftig geteilt (mehr dazu auch im Kapitel 16, Abschnitt 2). Viele geschiedene Frauen sind aber nicht voll berufstätig, weil sie allein für ihre Kinder sorgen, und zahlen deshalb auch nicht voll in die Pensionskasse ein.

Der Unterhalt soll aus diesem Grund auch einen Betrag zum Aufbau einer angemessenen Altersvorsorge enthalten. Dieser Betrag wird dem unterhaltsberechtigten Ehegatten in seiner Bedarfsberechnung angerechnet. Seine Höhe hängt vom gebührenden Lebensunterhalt ab. Er wird in ein fiktives Bruttoeinkommen umgerechnet, von dem dann die Arbeitnehmer- und Arbeitgeberbeiträge berechnet werden.

In sehr guten finanziellen Verhältnissen befürwortet die juristische Lehre auch einen angemessenen Betrag zum Aufbau einer dritten Säule.

5. Wann können Unterhaltsbeiträge gekürzt werden?

Der Unterhaltsanspruch ist grundsätzlich verschuldensunabhängig. Es gibt aber einige wenige Ausnahmefälle, in denen das Gericht den Unterhaltsbeitrag dennoch kürzen kann, wenn der volle Beitrag offensichtlich unbillig wäre. Das Gesetz nennt hierfür ausdrücklich drei Fälle.

- *Die unterhaltsberechtigte Person hat ihre Pflicht, zum Unterhalt der Familie beizutragen, grob verletzt:* Diese Pflicht schliesst sowohl den finanziellen Unterhalt als auch die Haushaltführung und die Betreuung der Kinder mit ein. Für eine Unterhaltskürzung muss eine grobe Verletzung über einen längeren Zeitraum gegeben sein, die zu ernstlichen familiären Schwierigkeiten geführt hat. Zu denken ist an eine Ehefrau, die keiner Erwerbstätigkeit nachging und jahrelang die

Kindererziehung vernachlässigte (Vernachlässigung des Haushalts, monatelange Abwesenheiten, keinerlei Interesse an den Kindern usw.). Solche Gründe sind jedoch nur ausreichend, wenn die Kinder – und damit die ganze familiäre Situation – Schaden nahmen. Schwieriger zu beurteilen sind Fälle, in denen die Frau aufgrund des hohen Lebensstandards weder einer Erwerbstätigkeit nachging noch den Haushalt führte (weil das zum Beispiel durch Hausangestellte erledigt wurde). Hier darf man wohl vom Einverständnis des Ehemannes mit dieser Lebensführung ausgehen, was eine Kürzung des Unterhaltsbeitrages ausschliesst. Insgesamt wird die Bestimmung sehr restriktiv gehandhabt.

- *Die unterhaltsberechtigte Person führte ihre Bedürftigkeit mutwillig herbei:* Hier geht es um Personen, die selber dazu beigetragen haben, dass sie ohne Mittel und ohne Erwerbsaussichten dastehen. Diesen Zustand müssen sie mutwillig, also mit einer gewissen boshaften Absicht, herbeigeführt haben. Alkohol- oder Drogenabhängigkeit fallen tendenziell nicht unter diesen Tatbestand, weil es sich dabei um eine Krankheit handelt, die von den Betroffenen nicht mutwillig herbeigeführt wird. Fügt sich jemand absichtlich eine Verletzung zu, um erwerbsunfähig zu werden, dürfte der Tatbestand hingegen erfüllt sein.

- *Die unterhaltsberechtigte Person beging eine schwere Straftat gegen den Unterhaltspflichtigen oder eine Person, die ihm nahe verbunden ist:* Zu denken ist hier an Fälle der versuchten Tötung des Ehegatten, an schwere Körperverletzung, an ein schweres Vermögensdelikt wie eine Veruntreuung oder an schwere sexuelle Delikte. Immer ist eine schwere Straftat gefordert; eine blosse Übertretung genügt nicht. Solche Fälle sind in der Praxis äusserst selten.

Zusätzlich zu den erwähnten Fällen können alle weiteren Situationen zu einer Kürzung des Unterhaltsbeitrages führen, die offensichtlich unbillig sind. In Betracht kommen jedoch nur ganz grobe Unbilligkeiten, weil sonst das Verschuldensprinzip wieder eingeführt würde. Ausserehelische Liebschaften, Lieblosigkeit, Verlassung, eheliche Ungerechtigkeiten usw. reichen dafür in der Regel nicht aus.

6. Einmalige Kapitalabfindung

Der nacheheliche Unterhaltsbeitrag wird meistens in Form von monatlich wiederkehrenden Zahlungen ausgerichtet. Das Gesetz lässt jedoch auch eine einmalige Kapitalabfindung zu. Gerade Personen in guten finanziellen Verhältnissen bevorzugen oft einen solchen «clean break». In der Praxis entscheiden sich etwa 10 Prozent aller Scheidungswilligen in guten finanziellen Verhältnissen für die Kapitalabfindung.

Möglich ist ferner eine Kombination aus Kapitalabfindung und Rentenzahlungen. Weil jedoch ein Hauptmotiv für die Kapitalabfindung ist, die Unterhaltspflicht ein für allemal zu erledigen, wählen nur rund 5 Prozent aller Paare diesen Weg. Sinnvoll kann er zum Beispiel sein, wenn die Abfindung den Weg zur Selbständigkeit ermöglichen soll.

Möglich ist schliesslich, die Kapitalabfindung in mehreren Tranchen zu bezahlen. Das kann sinnvoll sein, wenn der ganze Betrag erst später verfügbar ist.

Grundsätzlich ist die Kapitalabfindung in Form von Geld zu leisten. In Frage kommen aber auch Sachwerte wie Liegenschaften oder Wertschriften. Das Gericht prüft in solchen Fällen, ob die Übertragung des Sachwertes den Verhältnissen angemessen ist und keine Benachteiligung des Unterhaltsberechtigten mit sich bringt.

Die Kapitalabfindung wird anhand versicherungsmathematischer Tabellen berechnet, die das Alter und die Lebenserwartung der unterhaltsberechtigten Person sowie die Dauer der Zahlungspflicht berücksichtigen (vgl. Barwerttafeln von Stauffer/Schaetzle). Je nachdem, wie die Eckdaten der unterhaltsberechtigten Person aussehen, wie hoch die monatlichen Unterhaltsbeiträge sind und wie lange die Leistungspflicht besteht, kann die Kapitalabfindung eine beträchtliche Höhe erreichen. Schon eine relativ geringe monatliche Zahlung kann einem Kapital von mehreren hunderttausend Franken entsprechen. Wenn eine solche Lösung für Sie in Frage kommt, lassen Sie den Kapitalbetrag von Ihrem Anwalt berechnen.

Beispiel: Der Ehemann ist 57 Jahre alt, die Ehefrau 55. Sie vereinbaren einen monatlichen Unterhaltsbeitrag an die Frau von 7 000 Franken bis zu ihrem 64. Altersjahr. Für die Zeit vom 64. Altersjahr bis zu ihrem Tod legen sie einen Unterhaltsbeitrag von 4 000 Franken pro Monat fest.

Kapitalisierung der monatlichen Zahlungen

Lebenslängliche Rente:

Zinsfuss*:	2,5%
Kapitalisierungsfaktor**:	17,12
Kapitalisierung:	17,12 x 48 000 Fr.
	(48 000 Fr. = 12 x 4 000 Fr.)
Total:	**821 760 Fr.**

Temporäre Rente:

Zinsfuss*:	2,5%
Korrigierter Kapitalisierungsfaktor**:	7,79
Kapitalisierung:	7,79 x 36 000 Fr.
	(36 000 Fr. = 12 x 3 000 Fr.)
Total:	**280 440 Fr.**

Total kapitalisierter Betrag: 1 102 200 Franken

* Der Kapitalisierungszinsfuss ist abhängig vom erwarteten Kapitalertrag; bei teuerungsindexierten Scheidungsrenten wird gewöhnlich mit einem zurückhaltenden Zinsfuss von 2,5% gerechnet.
** Die Faktoren sind den Tabellen von Stauffer/Schaetzle zu entnehmen.

Statt der monatlichen Zahlung kann sich das Ehepaar somit auf eine einmalige Kapitalabfindung in der Höhe von 1 102 200 Franken einigen. Damit ist der Unterhaltsanspruch der Frau abgegolten.

Die Kapitalabfindung ist nur auf Antrag möglich. Von sich aus ordnet das Gericht keine Kapitalabfindung an. Das Gericht heisst Anträge gut, wenn sie durch besondere Umstände gerechtfertigt sind. Begehren von Zahlungspflichtigen werden in aller Regel gutgeheissen, da sie dem Unterhaltsberechtigten meistens Vorteile bringen. Begehren von Unterhaltsberechtigten werden nur dann bewilligt, wenn eine Kapitalzahlung aus besonderen Gründen als angemessen und geboten erscheint. Das kann zum Beispiel der Fall sein, wenn der Zahlungspflichtige auswandert und das Inkasso der Unterhaltsbeiträge dadurch erheblich erschwert wird; oder wenn der Unterhaltsberechtigte das Kapital dringend braucht, beispielsweise zum Aufbau eines eigenen Geschäftes. Immer vorausgesetzt ist natürlich, dass der Zahlungspflichtige über genügend Mittel verfügt, um die Kapitalzahlung zu leisten.

Beim Entscheid für oder gegen eine Kapitalzahlung sind alle Vor- und Nachteile sorgfältig gegeneinander abzuwägen: Der wichtigste Vorteil der Kapitalzahlung liegt darin, dass die Unterhaltspflicht ein für allemal erledigt ist und der Unterhaltsverpflichtete nicht noch während Jahren mit dem Unterhaltsberechtigten finanziell verbunden ist. Man spricht deshalb von einem «clean break», weil die ehelichen Bande ein für allemal abgeschlossen werden. Diese Lösung hat aber auch Nachteile: Eine einmalige Zahlung kann nicht mehr nachträglich an veränderte Verhältnisse angepasst werden (siehe dazu den nächsten Abschnitt); zumindest dann nicht, wenn das nicht ausdrücklich vereinbart wurde. Auch wird die Abfindung nicht rückerstattet, wenn der Expartner wieder heiratet oder stirbt. Schliesslich sind die steuerlichen Folgen der Kapitalzahlung zu berücksichtigen. Während der Zahlungspflichtige die monatlich wiederkehrenden Unterhaltszahlungen von seinem steuerbaren Einkommen abziehen darf, ist das bei der Kapitalzahlung in der Regel nicht möglich (mehr dazu im Kapitel 22).

Wer sich für eine Kapitalabfindung entscheidet, sollte mögliche Nachteile durch vertragliche Abmachungen in der Scheidungskonvention abfedern. Zu denken ist an eine zeitlich gestaffelte Rückzahlungspflicht im Falle veränderter Verhältnisse oder für den Fall der Wiederverheiratung.

7. Anpassung an veränderte Verhältnisse

Allgemeines

Höhe und Dauer der nachehelichen Unterhaltsbeiträge hängen also von einer Reihe von Faktoren wie Einkommen, Bedarf, Betreuungssituation der Kinder, Gesundheit usw. ab. Was passiert, wenn sich diese Faktoren nach der Scheidung ändern?

Das Gesetz sagt dazu Folgendes: Bei erheblicher und dauernder Veränderung der Verhältnisse kann eine Rente herabgesetzt, aufgehoben oder für eine bestimmte Zeit eingestellt werden. Eine Verbesserung der Verhältnisse der berechtigten Person ist nur dann zu berücksichtigen, wenn im Scheidungsurteil eine den gebührenden Unterhalt deckende Rente festgesetzt werden konnte. Wurde im Urteil festgehalten, dass keine zur Deckung des gebührenden Unterhalts ausreichende Rente festgesetzt werden konnte, die wirtschaftlichen Verhältnisse der verpflichteten Person sich aber entsprechend verbessert haben, dann kann die berechtigte Person innerhalb von fünf Jahren seit der Scheidung die Festsetzung einer Rente oder deren Erhöhung verlangen.

Nur periodisch ausbezahlte Unterhaltsbeiträge können somit nachträglich angepasst werden. Einmalige Kapitalabfindungen sind von solchen Anpassungen ausgenommen, wenn Letztere nicht ausdrücklich in der Scheidungskonvention vorgesehen sind.

Herabsetzung als Prinzip

Das Gesetz sieht in erster Linie die Herabsetzung des Ehegattenunterhaltes vor. Voraussetzung dafür ist eine erhebliche und dauernde Veränderung der Verhältnisse. Sie kann darin bestehen, dass sich die finanziellen Verhältnisse des Unterhaltsverpflichteten verschlechtern oder die des Unterhaltsberechtigten verbessern (zum Beispiel durch Stellenverlust, Lohnkürzung, Erhöhung der Lebenshaltungskosten auf der einen Seite oder den Ausbau der Erwerbstätigkeit, höheres Einkommen, Senkung der Lebenshaltungskosten auf der anderen Seite). Eine Verbesserung der finanziellen Situation des Unterhaltsberechtigten ist allerdings nur dann relevant, wenn im Scheidungsurteil ein Unterhaltsbeitrag festgesetzt werden konnte, der den gebührenden Unterhalt deckt. Vorübergehende oder geringfügige Veränderungen (zum Beispiel eine einmalige Überstundenauszahlung, Arbeitslosigkeit von zwei Monaten oder eine Mietzinssenkung um 50 Franken) genügen für eine erfolgreiche Abänderungsklage in der Regel nicht. In der Praxis wird eine dauerhafte Veränderung um mindestens 10 bis 15 Prozent verlangt.

Die Dauerhaftigkeit kann vor allem bei Unternehmern und Selbständigen mit schwankenden Einkommen eine Rolle spielen. Sinkt das Einkommen nur vorübergehend (zum Beispiel wegen eines schlechten Halbjahresabschlusses), reicht das in der Regel nicht aus. Kann der Unterhaltsverpflichtete darlegen, dass sich seine geschäftlichen Verhältnisse nachhaltig und für die Zukunft so verändert haben, dass das Einkommen der Vergangenheit nicht mehr erzielt werden kann, sind die Voraussetzungen einer erfolgreichen Abänderung gegeben.

Wurde der Unterhaltsbeitrag in guten finanziellen Verhältnissen auf der Basis des bisherigen Lebensbedarfes festgelegt (siehe auch Abschnitt 2 in diesem Kapitel), ist die Verschlechterung der finanziellen Verhältnisse des Zahlungspflichtigen so lange bedeutungslos, als der Lebensbedarf beider Ehegatten und ihrer Kinder mit dem vorhandenen Einkommen nach wie vor gedeckt werden kann.

Sind die Voraussetzungen für eine Herabsetzung erfüllt, kann der Unterhaltsverpflichtete eine Urteilsänderung beantragen, worauf das Gericht den bisherigen Unterhaltsbeitrag herabsetzt, aufhebt oder einstellt. Ist ungewiss, ob die Veränderung von Dauer ist, kommt auch eine vorübergehende Sistierung des Unterhaltsbeitrages in Betracht.

Beispiel: Der Ehemann ist Inhaber einer Vermögensverwaltungsfirma (AG). Das Scheidungsurteil verpflichtet ihn zur Zahlung eines monatlichen Unterhaltsbeitrags an seine Frau von 7 000 Franken. Der Beitrag basiert auf einem Einkommen von 15 000 Franken pro Monat. Letztes Jahr verlor die Firma zwei Grosskunden, die rund 75 Prozent des Umsatzes ausmachten. Heute kann sich der Mann höchstens noch 4 000 Franken pro Monat auszahlen. Weil die geschäftliche Entwicklung nach diesem Einbruch unsicher ist, kann er eine Sistierung des bisherigen Unterhaltsbeitrages erwirken.

Erhöhung als Ausnahme

Eine Erhöhung des einmal festgesetzten Unterhaltsbeitrages ist nur in Ausnahmefällen möglich. Das Gesetz sieht diese Möglichkeit vor, wenn bei der Scheidung kein zur Deckung des gebührenden Unterhalts ausreichender Unterhaltsbeitrag festgesetzt werden konnte und wenn dies im Scheidungsurteil ausdrücklich festgehalten wurde. Verbessern sich in einem solchen Fall die finanziellen Verhältnisse des Zahlungspflichtigen, kann der Unterhaltsberechtigte innert fünf Jahren seit der Scheidung eine Erhöhung des Unterhaltsbeitrages verlangen.

Umgekehrt ist eine Erhöhung ausgeschlossen, wenn der bei der Scheidung festgelegte Beitrag den Unterhalt des Berechtigten gebührend deckt.

Beispiel: Der Ehemann ist selbständiger Architekt. Das Scheidungsurteil verpflichtet ihn, seiner Frau acht Jahre lang einen Unterhaltsbeitrag von 6 000 Franken pro Monat zu zahlen. Dieser Betrag wurde auf der Basis eines monatlichen Einkommens von 11 000 Franken festgelegt. Dank mehreren Grossaufträgen kann er sein Architekturbüro zwei Jahre nach der Scheidung erheblich vergrössern, und sein Einkommen steigt auf etwa 21 000 Franken pro Monat. Seine geschiedene Frau kann keine Erhöhung ihrer Unterhaltsbeiträge erwirken, weil der bei der Scheidung festgesetzte Beitrag ihren Unterhalt gebührend deckt.

Anpassung an die Teuerung

Die meisten Paare vereinbaren in der Scheidungskonvention, dass der Unterhaltsbeitrag periodisch der Teuerung angepasst wird – in der Regel in dem Mass, in dem auch das Einkommen des Unterhaltspflichtigen mit der Teuerung steigt. Diese Vereinbarung wird Indexklausel genannt. Die Referenzgrösse für die Inflation ist der Landesindex der Konsumentenpreise, den das Bundesamt für Statistik publiziert (www.bfs.admin.ch). Für die Einzelheiten der Indexanpassung konsultieren Sie am besten Ihren Anwalt.

Enthält das Scheidungsurteil keine Indexklausel, kann der Unterhaltsberechtigte eine Anpassung des Unterhaltsbeitrages an die Teuerung nachträglich verlangen. Voraussetzung für diese Anpassung ist allerdings, dass das Einkommen des Unterhaltspflichtigen nach der Scheidung unvorhergesehenerweise mit der Teuerung gestiegen ist. Eine Anpassung ist nicht möglich, wenn diese in der Scheidungskonvention ausgeschlossen ist.

8. Wann endet der Ehegattenunterhalt?

Zeitliche Begrenzung und Tod

Ist der Ehegattenunterhalt im Scheidungsurteil zeitlich begrenzt, hört die Zahlungspflicht mit Ablauf des Termins auf.

Die Zahlungspflicht endet im Weiteren sowohl mit dem Tod des Unterhaltsberechtigten als auch mit dem Tod des Unterhaltspflichtigen. Um den unterhaltsberechtigten Ehegatten über den Tod des zahlungspflichtigen Partners hinaus abzusichern, wird bei der Scheidung gelegentlich eine so genannte passive Vererblichkeit der Unterhaltspflicht vereinbart. Damit wird die Unterhaltspflicht nach dem Tod des Verpflichteten an seine Erben übertragen. Dieser Vorgang muss als Rechtsgeschäft von Todes wegen den erbrechtlichen Formvorschriften genügen. Eine ähnliche Absicherung ermöglicht eine Lebensversicherung mit dem Unterhaltsberechtigten als Begünstigtem.

Wiederverheiratung

Die Unterhaltspflicht endet überdies von Gesetzes wegen, wenn der unterhaltsberechtigte Expartner wieder heiratet. Paare können diesen Grund in ihrer Scheidungskonvention allerdings ausschliessen. Die Wiederverheiratung des Unterhaltsschuldners beendet die Unterhaltspflicht nicht.

Wenn der Expartner in einer neuen Beziehung lebt

Viele Geschiedene gehen eine neue Beziehung ein. Beim unterhaltsverpflichteten Expartner hat das grundsätzlich keinen Einfluss auf die Unterhaltspflicht. Wenn der unterhaltsberechtigte Expartner eine neue Lebensgemeinschaft eingeht, kann das hingegen zum Erlöschen der Unterhaltspflicht führen. Nach der Praxis der Gerichte entfällt die Unterhaltspflicht, wenn der Unterhaltsberechtigte in einem so genannten qualifizierten Konkubinat lebt. Das ist eine Lebensgemeinschaft, die so eng ist, dass die Partner einander Beistand leisten, als ob sie miteinander verheiratet wären. Ausschlaggebend ist, wie tief und gefestigt die neue Lebensbeziehung ist. Die Voraussetzungen für ein qualifiziertes Konkubinat dürften gegeben sein, wenn der Unterhaltsberechtigte schon sehr lange mit dem neuen Partner in einer gemeinsamen Wohnung lebt, die Ferien mit ihm verbringt, vor allem aber auch die gesamten Finanzen mit ihm teilt und zum Beispiel gemeinsame Bankkonten mit ihm hat. Dauert die neue Beziehung hingegen erst kurz und sind die Finanzen nach wie vor getrennt, liegt kein qualifiziertes Konkubinat vor.

Der Nachweis, dass ein qualifiziertes Konkubinat vorliegt, ist in der Praxis meistens steinig und risikoreich. Die Beweispflicht liegt beim Unterhaltspflichtigen: Er muss das Gericht mit geeigneten Beweismitteln (häufig mit Nachbarn als Zeugen) davon überzeugen, dass es sich um eine neue Lebensgemeinschaft mit Ausschliesslichkeitscharakter handelt, die auf längere Zeit angelegt ist. Nur wenn das Konkubinat schon mindestens fünf Jahre dauert, besteht gemäss Gerichtspraxis eine Tatsachenvermutung, wonach es sich beim Konkubinat um eine eheähnliche Schicksalsgemeinschaft handelt. In diesem Fall kehrt sich die Beweislast um. Ein Prozess zur Änderung des Scheidungsurteils ist deshalb wenig aussichtsreich, wenn das Konkubinat noch keine fünf Jahre dauert.

Diese Grundsätze wurden noch unter dem alten Eherecht entwickelt. Bis heute ist unklar, inwiefern sie auch unter dem neuen Eherecht gültig sind. Es gibt Meinungen, die die bisherige Rechtsprechung restriktiver gehandhabt sehen möchten, während andere die strengen Voraussetzungen lockern würden. Die Praxis wird zeigen, in welche Richtung sich die Rechtsprechung entwickelt.

Kapitel 15:
Kinder

1. Sorgerecht

Das alleinige Sorgerecht

Die elterliche Sorge umfasst das Recht und die Pflicht der Eltern, das Kind zu betreuen und zu erziehen, für das Kindesvermögen Sorge zu tragen und das Kind gegenüber Dritten zu vertreten.

In den meisten Scheidungsfällen erhält ein Elternteil das alleinige Sorgerecht, in der überwiegenden Zahl der Fälle die Mutter. Trotz Gleichberechtigung von Mann und Frau in Beruf und Familie stellt es nach wie vor die Regel dar, dass der Mann einer Vollzeiterwerbstätigkeit nachgeht und die Frau nicht oder nur teilzeitlich arbeitet und die Kinder betreut. Dieser Umstand spricht dafür, das alleinige Sorgerecht der Mutter zuzuteilen.

Väter, die voll erwerbstätig sind, haben in der Regel nur dann eine Chance auf das alleinige Sorgerecht, wenn sich die Mutter für die Kindererziehung als ungeeignet erweist. Dabei reicht es nicht aus, dass sie hin und wieder Fehler in der Erziehung begeht. Vielmehr müssen Umstände vorliegen, die das Kindeswohl in seiner Gesamtheit ernstlich gefährden. Zu denken ist an Alkohol- oder Drogensucht der Mutter und ähnliche Situationen.

Bei Eltern, die während der Ehe und in der Trennungszeit in gleichem Masse erwerbstätig waren und sich mit gleicher Intensität um die Kinder gekümmert haben, ist der Entscheid offen, wer die elterliche Sorge erhält. In solchen Situationen kann es durchaus sein, dass die Kinder beim Vater besser aufgehoben sind.

Streit um die Kinder ist immer ein trauriges Kapitel. In der Regel sind es die Kinder, die unter diesem Konflikt am meisten leiden. Eltern sollten deshalb alles versuchen, um eine einvernehmliche Lösung zu finden.

Können sich die Eltern über das Sorgerecht nicht einigen, entscheidet das Gericht. Meistens zieht es Meinungen von Fachinstanzen bei. Es trägt bei seinem Entscheid insbesondere den folgenden Kriterien Rechnung:

- Bei welchem Elternteil fühlt sich das Kind am besten aufgehoben?
- Wer war in der Vergangenheit für die Betreuung zuständig?
- Wer ist in Zukunft am besten in der Lage, das Kind zu betreuen?
- Wie viel Zeit hat jeder Elternteil zur Verfügung?
- Welcher Elternteil lebt in stabilen Verhältnissen?
- Liegen bei einem Elternteil Umstände vor, die das Wohl des Kindes gefährden?
- Welcher Elternteil kann am besten dafür sorgen, dass der Kontakt zum anderen Elternteil gewährleistet ist?

Nach neuem Scheidungsrecht werden die Kinder in das Verfahren miteinbezogen. Sie werden persönlich angehört und geben eine Stellungnahme ab. In streitigen Verfahren bekommen sie einen Vertretungsbeistand, der ihre Interessen wahrnimmt (siehe auch Kapitel 18, Abschnitt 2).

Das gemeinsame Sorgerecht

Seit 2000 können sich die Eltern für das gemeinsame Sorgerecht entscheiden – allerdings nur, wenn sie sich darauf einigen. Ein Elternteil kann das gemeinsame Sorgerecht nicht vor Gericht erstreiten, auch dann nicht, wenn die Voraussetzungen dafür an und für sich erfüllt wären. Hinter dieser vorgeschriebenen Einigung steht die Überlegung, dass ein gemeinsames Sorgerecht nicht sinnvoll ist, wenn sich die Eltern in der Frage der Kinderbetreuung uneinig sind. Das ist grundsätzlich richtig und nachvollziehbar, führt in der Praxis aber zu einer Benachteiligung des Vaters. Die Gerichte teilen das Sorgerecht in der überwiegenden Mehrzahl der Fälle der Mutter zu. In den Konventionsverhandlungen wird das gemeinsame Sorgerecht deshalb oft zum Spielball der Mutter: Sie kann de facto entscheiden, ob sie dem Vater das gemeinsame Sorgerecht zugestehen will oder nicht. In diesem Punkt kann man nur an die Vernunft der Eltern appellieren, mit dem Sorgerecht sinnvoll und zum Wohl des Kindes umzugehen.

Sind sich die Eltern über das gemeinsame Sorgerecht einig, müssen sie Folgendes in die Wege leiten:

- Die Eltern stellen einen gemeinsamen Antrag, in dem sie erklären, dass sie die gemeinsame elterliche Sorge wünschen.
- In einer schriftlichen Vereinbarung regeln sie die Kinderbetreuung (so genannter Betreuungsplan).
- Auch über die Kosten der Kinderbetreuung müssen sich die Eltern einigen.

Das Gericht prüft dann, ob die von den Eltern beantragte Lösung mit dem Kindeswohl vereinbar ist. In der Regel genügt es nicht, wenn ein Elternteil das gemeinsame Sorgerecht wünscht, aber nicht bereit ist, im Betreuungsplan eine angemessene Zeit einzusetzen, in der er für die Kinderbetreuung zuständig ist. Andererseits wird auch nicht verlangt, eine Vollzeiterwerbstätigkeit wegen des gemeinsamen Sorgerechts auf eine Teilzeiterwerbstätigkeit herabzusetzen. Über allem steht immer das Wohl des Kindes. Das Kindeswohl ist der Massstab dafür, ob das Gericht eine Regelung akzeptieren kann oder nicht.

2. Besuchs- und Ferienrecht

Der Elternteil, dem die elterliche Sorge nicht zugeteilt wird, hat Anspruch auf regelmässigen Kontakt mit den Kindern (so genanntes Besuchs- und Ferienrecht).

In der Praxis hat sich ein Besuchs- und Ferienrecht eingebürgert, das dem Berechtigten ein Besuchsrecht an jedem zweiten Wochenende (meistens Freitagabend bis Sonntagabend) und ein Ferienrecht von zwei bis drei Wochen pro Jahr einräumt. Solange sich die Eltern einig sind, können sie davon nach Belieben abweichen.

Die Eltern können auch ein freies Besuchsrecht vereinbaren. So können sie das Besuchsrecht situativ nach ihren zeitlichen Möglichkeiten und den Bedürfnissen der Kinder festsetzen.

Kommt es zu Problemen im Zusammenhang mit dem Besuchs- und Ferienrecht, können die Eltern die Vormundschaftsbehörde um Unterstützung bitten. Die Vormundschaftsbehörde kann die Eltern ermahnen oder Weisungen erteilen, das Besuchs- und Ferienrecht einfrieren oder aufheben. Unter bestimmten Voraussetzungen – zum Beispiel, wenn die Gefahr einer Kindesentführung besteht oder im Zusammenhang mit Gewalt oder Missbrauch – kann sie auch ein begleitetes Besuchsrecht anordnen. Für solche Anordnungen sind allerdings konkrete Anhaltspunkte erforderlich, dass das Wohlbefinden des Kindes gefährdet ist.

3. Kinderunterhalt

Unmündige Kinder

Die Eltern müssen gemeinsam für den Unterhalt des Kindes aufkommen. Leben sie nicht mehr zusammen, muss der Elternteil, der die Kinder nicht unter seiner Obhut hat, dem anderen einen angemessenen Kinderunterhaltsbeitrag bezahlen.

Während des Getrenntlebens ist der Kinderunterhaltsbeitrag ein Bestandteil des gesamten Unterhaltsbeitrags. Bei der Scheidung wird er separat berechnet und im Scheidungsurteil auch separat ausgewiesen.

Bei der Scheidung wird der Kinderunterhaltsbeitrag grundsätzlich nach den gleichen Prinzipien berechnet wie bei der Trennung (siehe auch Kapitel 4, Abschnitt 3). Am häufigsten wird die so genannte Prozentregel angewendet, die sich am Einkommen der Eltern beziehungsweise des Unterhaltspflichtigen orientiert. Der Beitrag für ein Kind entspricht etwa 15 bis 17 Prozent des Monatseinkommens der Eltern, für zwei Kinder etwa 25 bis 27 Prozent und für drei und mehr Kinder 33 bis 35 Prozent. Bei dieser Abstufung handelt es sich allerdings nur um eine Faustregel. Besondere Ausgaben für ein Kind sind stets angemessen zu berücksichtigen. Die Beitragspflicht bei einem Eigeneinkommen des obhutsberechtigten Ehegatten wird später noch behandelt (siehe Abschnitt «Volljährige Kinder»).

Gemäss Bundesgericht ist die Prozentregel nur für durchschnittliche bis leicht unterdurchschnittliche Einkommen anwendbar. Bei hohen Einkommen würde sie zu überhöhten Beiträgen führen, die für die Abdeckung der Bedürfnisse des Kindes nicht erforderlich sind. Ein Vater mit einem Jahreseinkommen von beispielsweise 600 000 Franken und zwei Kindern müsste nach der Prozentregel für jedes Kind rund 75 000 Franken pro Jahr zahlen (600 000 Franken mal 25 Prozent). Dieser Betrag wäre nicht angemessen. Beim Kinderunterhalt geht es nicht darum, dass das Kind am Reichtum der Eltern teilhaben und Vermögen ansparen soll. Der Unterhaltsbeitrag soll dem Kind vielmehr eine Jugend mit einem ähnlichen Lebensstandard wie vor der Scheidung ermöglichen.

In guten finanziellen Verhältnissen bildet deshalb der tatsächliche Bedarf des Kindes die Richtschnur für den Kinderunterhalt. Zu den lebensnotwendigen Ausgaben wie Kleider, Wohnen und Essen sind hier auch die Ausgaben hinzuzurechnen, die erforderlich sind, um den bisherigen Lebensstandard beizubehalten. Dazu zählen höhere Kosten für Kleider, Hobbys wie Skifahren, Tennis oder Ähnliches, ein angemessenes Taschengeld, Ferien, Gesundheits- und Ausbildungskosten.

In sehr guten finanziellen Verhältnissen können dazu noch Luxusausgaben wie Privatunterricht, exklusive Sportarten (zum Beispiel Reitpferde) oder Ähnliches hinzukommen. Auch das Taschengeld soll dem bisherigen (luxuriösen) Lebensstandard angepasst sein. In solchen Fällen muss man vor Gericht jedoch belegen, dass diese Ausgaben tatsächlich angefallen sind und auch in Zukunft anfallen werden.

Bei Kindern unter acht Jahren sollte der Kinderunterhalt auch in guten finanziellen Verhältnissen 2 000 bis 3 000 Franken pro Kind und Monat nicht übersteigen – dies im Sinne einer Faustregel. Sind die Kinder älter als acht Jahre, können die Lebenshaltungskosten diesen Betrag übersteigen. Das hängt von den tatsächlichen Gegebenheiten und dem Lebensstil der Eltern ab.

> Beispiel: Die Familie eines Industriellen pflegt einen ausgesprochen luxuriösen Lebensstil. Die Frau verbringt zum Beispiel jedes Jahr mit den Kindern Ferien in St. Moritz. Für die Kinder wird ein eigener Skilehrer engagiert, und ein Kindermädchen steht rund um die Uhr zur Verfügung. Die Kinder haben immer die teuerste Sportausrüstung, und die Söhne sind Mitglieder des Golfclubs.

In Verhältnissen wie in diesem Beispiel beschrieben gibt es keine obere Grenze für die Kinderunterhaltsbeiträge. Eine entsprechende Gerichtspraxis existiert jedenfalls nicht. Richtschnur für die Unterhaltsbeiträge sollte jedoch immer ihr Zweck bilden: nämlich die Lebenshaltungskosten eines Kindes abzudecken, nicht Vermögen anzusparen.

In der Praxis hat sich eingebürgert, die Kinderunterhaltsbeiträge nach dem Alter der Kinder zeitlich zu staffeln. Je älter die Kinder werden, desto höher ist der Unterhaltsbeitrag. Übliche Altersabschnitte sind 1 bis 8 Jahre, 8 bis 12 Jahre, 12 bis 16 Jahre und 16 bis 18 Jahre.

Die Kinderzulagen kommen jeweils zum Kinderunterhalt hinzu. Sie sollen immer dem Kind zugute kommen.

In guten finanziellen Verhältnissen kann die Berechnung des Unterhalts für ein 16-jähriges Kind zum Beispiel so aussehen:

Unterhaltskosten

Angaben in Franken pro Monat

Essen	395
Kleider	135
Wohnen	320
Zusätzliche Kosten	820
Pflege und Erziehung	310
Total	**1 980**

Unterhaltskosten (Fortsetzung)

Zusatzkosten für den gewohnten luxuriösen Lebensstil:

Total (Übertrag)	1 980
Ferien	500
Kleider-Zuschlag	150
Eigenes Pferd	500
Reitlehrer	300
Taschengeld-Zuschlag	200
Total	**3 630**

Der Kinderunterhalt ist bis zur vollen Erwerbsfähigkeit des Kindes geschuldet, höchstens bis zu seiner Mündigkeit. Ist das Kind schon vor 18 erwerbstätig und kann es seinen Lebensunterhalt mit seinem Einkommen selber bestreiten, ist kein Unterhalt mehr geschuldet. Ein Lehrlingslohn wird bei der Bedarfsberechnung des sorgeberechtigten Elternteils meistens zu einem Drittel angerechnet.

Volljährige Kinder

Volljährig ist man in der Schweiz mit 18. Seit das neue Scheidungsrecht in Kraft ist, kann man Kinderunterhaltsbeiträge auch über die Mündigkeit hinaus festsetzen. Der Unterhaltsanspruch steht dann allerdings dem Kind zu und nicht mehr dem sorgeberechtigten Elternteil.

Bei volljährigen Kindern, die noch zu Hause wohnen, leistet ein Elternteil seinen Beitrag an den Kinderunterhalt durch Pflege und Erziehung, der andere durch Geldzahlungen. Der Elternteil, bei dem das Kind wohnt, muss sich am Unterhalt auch dann nicht finanziell beteiligen, wenn er selber einen Zusatzverdienst erzielt. Solange der unterhaltspflichtige Elternteil finanziell deutlich leistungsfähiger ist, erachten es die Gerichte als gerechtfertigt, dass er den gesamten materiellen Unterhaltsbedarf des Kindes bestreitet. Eine Aufteilung der finanziellen Unterhaltspflicht steht nur dann zur Diskussion, wenn die Einkommen vergleichbar hoch sind.

Für mündige Kinder in Ausbildung müssen die Eltern so lange aufkommen, bis die Ausbildung unter normalen Umständen abgeschlossen ist.

> Beispiel: Der Sohn hat mit 19 Jahren die Matura gemacht und studiert Betriebswirtschaft. Die Unterhaltspflicht der Eltern dauert so lange, bis das Studium normalerweise abgeschlossen ist. Wird der Sohn ein «ewiger Student», hat er, mit anderen Worten, nach vielen Jahren immer noch keinen Studienabschluss, kann der unterhaltspflichtige Vater seine Zahlungen einstellen.

Die Unterhaltspflicht dauert nur bis zum ordentlichen Abschluss der Erstausbildung. Erwägt der Sohn in unserem Beispiel, noch ein Zweitstudium anzuhängen, müssen die Eltern dafür nicht aufkommen.

Für mündige Kinder, die nicht mehr zu Hause wohnen, sind grundsätzlich beide Eltern unterhaltspflichtig. Wie viel Mutter und Vater zahlen müssen, hängt von ihrer finanziellen Leistungsfähigkeit ab. Zahlungen der Mutter sind in der Regel nur gerechtfertigt, wenn ihr Einkommen mit dem des Vaters vergleichbar ist.

4. Einmalige Kapitalabfindung

Voraussetzungen der Kapitalabfindung

Kinderunterhaltsbeiträge sind grundsätzlich in Form von monatlich wiederkehrenden Rentenzahlungen zu leisten. Mit einem vormundschaftlich oder richterlich genehmigten Unterhaltsvertrag kann aber auch eine einmalige Kapitalabfindung vereinbart werden. Die Abfindung kann nicht richterlich angeordnet werden. Es muss stets eine Einigung erzielt werden.

Die Motive, weshalb ein zahlungspflichtiger Elternteil eine Abfindung vorzieht, sind vielfältig. Im Vordergrund steht meistens der Wunsch, einen Sachverhalt definitiv abzuschliessen (siehe auch Kapitel 14, Abschnitt 6).

Eine Abfindung wird nur genehmigt, wenn sie im Interesse des Kindes liegt. Dabei sind die folgenden Kriterien zu berücksichtigen:

- Die Abfindung kann im Interesse des Kindes sein, wenn sie das Inkasso-Risiko vermindert. Das ist zum Beispiel der Fall, wenn der unterhaltsverpflichtete Elternteil im Ausland wohnt und in der Schweiz kein Vermögen besitzt.
- Die Abfindung kann auch im Interesse des Kindes sein, wenn die zukünftige Leistungsfähigkeit des unterhaltsverpflichteten Elternteils fraglich ist.
- Im Interesse des Kindes ist eine Abfindung ferner, wenn mit dem baldigen Tod des unterhaltsverpflichteten Elternteils zu rechnen ist.
- Ist der berufliche Werdegang des Kindes noch ungewiss, spricht das eher gegen eine Abfindung; zumindest dann, wenn die Abfindung die Ausbildungskosten nicht über das Mündigkeitsalter hinaus abdeckt.

Grundsätzlich kann ein Abfindungsvertrag eine Rückerstattungspflicht vorsehen. Solche Klauseln werden allerdings nur genehmigt, wenn eine Beeinträchtigung des Kindesinteresses ausgeschlossen ist. Möglich ist auch eine Abfindung nur für eine bestimmte Phase (zum Beispiel bis zur Volljährigkeit). Auch dadurch darf das Kindesinteresse nicht geschmälert werden.

Ist die Abfindung vereinbart, genehmigt und geleistet, wird die Vereinbarung auch für das Kind verbindlich. Damit ist der unterhaltsverpflichtete Elternteil von seiner Leistungspflicht befreit. Sieht die Vereinbarung nichts anderes vor, gilt das auch für die Zeit nach der Mündigkeit.

Mit einem Abfindungsvertrag erlöscht die Unterhaltspflicht gegenüber dem Kind trotzdem nicht vollständig. Wird es später bedürftig, kann die unterhaltspflichtige Person auf dem Weg der Verwandtenunterstützungspflicht noch zu Leistungen herangezogen werden. Diese Fälle sind in der Praxis jedoch selten.

Die steuerlichen Konsequenzen der Kapitalabfindung sind im Kapitel 22 beschrieben.

Berechnung der Kapitalabfindung

Die Grundlage für die Berechnung der Kapitalabfindung ist die monatliche Rentenleistung. Sie wird anhand versicherungsmathematischer Tabellen, so genannter Barwerttafeln, kapitalisiert (siehe auch Kapitel 14, Abschnitt 6). Das Ergebnis ist ein einmaliger Kapitalbetrag.

Beispiel: Der Vater ist 50 Jahre alt. Er erklärt sich bereit, für seinen 14-jährigen Sohn bis zu seinem 20. Altersjahr 1 800 Franken pro Monat zu bezahlen. Bis dann hat der Sohn seine Erstausbildung abgeschlossen.

Die Kapitalisierung sieht in diesem Fall wie folgt aus:

Kapitalisierung der monatlichen Zahlungen

Zinsfuss*:	1,5%
Kapitalisierungsfaktor**:	5,74 (6 Jahre)
Kapitalisierung:	5,74 x 21 600 Fr.
	(21 600 Fr. = 12 x 1 800 Fr.)
Total kapitalisierter Betrag:	**123 984 Fr.**

* Der Kapitalisierungszinsfuss ist abhängig vom erwarteten Kapitalertrag; bei mündelsicheren Kinderunterhaltsbeiträgen wird mit einem zurückhaltenden Zinsfuss von 1,5% gerechnet.
** Die Faktoren sind den Tabellen von Stauffer/Schaetzle zu entnehmen.

5. Anpassung des Kinderunterhaltes an veränderte Verhältnisse

Wie der Ehegattenunterhalt (siehe Kapitel 14, Abschnitt 7) kann auch der Kinderunterhalt nach der Scheidung veränderten Verhältnissen angepasst werden. Voraussetzung ist eine erhebliche und dauerhafte Veränderung der Faktoren, die für die ursprüngliche Berechnung von Bedeutung waren. In Frage kommen Veränderungen der finanziellen Leistungsfähigkeit des Unterhaltspflichtigen (Stellenverlust, Einkommenseinbussen usw.), Veränderungen der Bedürfnisse des Kindes (zum Beispiel Wegfall von Betreuungskosten), Zunahme der Eigenversorgungsmöglichkeiten des Kindes (Lehre, Erwerbstätigkeit) oder eine Umteilung der elterlichen Sorge. Im Unterschied zum Ehegattenunterhalt ist beim Kinderunterhalt eine Erhöhung der Beiträge ebenso möglich wie eine Senkung. Verdient der unterhaltspflichtige Elternteil nach der Scheidung deutlich mehr als früher, kann der Elternteil, bei dem das Kind wohnt, eine Erhöhung des Kinderunterhaltsbeitrags verlangen. Voraussetzung ist, dass die Erhöhung durch die Lebenshaltungskosten des Kindes gerechtfertigt ist.

Beispiel: Das Scheidungsurteil verpflichtet den Vater, an den Unterhalt seines Sohnes einen monatlichen Beitrag von 900 Franken zuzüglich Kinderzulagen zu zahlen. Dieser Betrag wurde auf der Grundlage seines damaligen Einkommens von 6 000 Franken pro Monat festgelegt. Nach mehreren Beförderungen verdient er heute 13 000 Franken pro Monat. Die Mutter kann gerichtlich die Erhöhung des Unterhaltsbeitrags auf 2 000 Franken zuzüglich Kinderzulagen erwirken.

Haben sich die Verhältnisse erheblich und dauernd geändert, kann ein Elternteil (beziehungsweise das volljährige Kind selber) eine Urteilsänderung mittels einer Klage beim Gericht verlangen. Die Anpassung kann auch in Form einer Vereinbarung geschehen, wenn sich die Parteien über den Betrag einig sind. Damit die Vereinbarung gültig ist, muss sie von der Vormundschaftsbehörde genehmigt werden.

Bei unvorhergesehenen ausserordentlichen Bedürfnissen des Kindes nach der Scheidung können die Eltern zur Zahlung besonderer Beiträge verpflichtet werden. Zu denken ist an Kosten für Operationen, Zahnarzt, Brillen, Prüfungen, einen Wohnungswechsel oder Ähnliches, sofern sie im Kinderunterhalt nicht berücksichtigt sind. Zur Zahlung sind beide Elternteile entsprechend ihrer finanziellen Leistungsfähigkeit verpflichtet.

Kinder

Kapitel 16:
Berufliche Vorsorge

Allgemeines

In der Schweiz beruht die Altersvorsorge auf dem so genannten Drei-Säulen-Prinzip. Die erste Säule besteht aus der beruflichen Alters- und Hinterlassenenvorsorge (AHV), die zweite Säule aus der Pensionskasse und die dritte Säule aus dem freiwilligen (teilweise steuerbegünstigten) Sparen. In diesem Kapitel geht es um die Auswirkungen einer Scheidung auf diese drei Säulen. Besonderes Augenmerk verdient die Pensionskasse, die bei einer Scheidung im Mittelpunkt steht.

In wohlhabenden Verhältnissen ist die Altersvorsorge nicht selten durch das angesparte oder ererbte Vermögen gesichert. Die Aufteilung dieser Guthaben bei der Scheidung ist in Kapitel 9 bis Kapitel 13 dargestellt (Teilung der Vermögenswerte). Erwähnt sei an dieser Stelle, dass es sich unter Umständen lohnt, aus Güterrecht erlangte Vermögenswerte in die Altersvorsorge einzubringen, um Steuervorteile auszuschöpfen (siehe dazu auch Kapitel 22).

Die Beiträge zum Aufbau einer angemessenen Altersvorsorge sind im Kapitel 14, Abschnitt 4, behandelt (Ehegattenunterhalt).

1. AHV (1. Säule)

Die AHV-Guthaben, die während der Ehe angespart wurden, werden bei der Scheidung zusammengezählt und jedem Ehegatten zur Hälfte angerechnet. Damit dieses Splitting vollzogen werden kann, muss man die Scheidung der zuständigen Ausgleichskasse melden. Das Splitting führt dazu, dass beide Ehegatten eine Einzelrente erhalten, wenn sie das Pensionsalter erreichen.

Wenn Sie wissen möchten, wie hoch Ihre gesplittete AHV-Rente ausfällt, können Sie sie von der zuständigen Ausgleichskasse berechnen lassen.

Die Betreuung minderjähriger Kinder führt unter bestimmten Voraussetzungen zu einem Anspruch auf so genannte Erziehungsgutschriften auf dem AHV-Konto. Erkundigen Sie sich bei Ihrer Ausgleichskasse über die Voraussetzungen und die Höhe Ihrer Gutschriften.

Wer nach der Scheidung nicht erwerbstätig ist, sollte unbedingt darauf bedacht sein, weiterhin AHV-Beiträge einzubezahlen, um Beitrags-Lücken zu vermeiden. Personen in erwerbsfähigem Alter mit Wohnsitz in der Schweiz sind dazu gesetzlich verpflichtet.

2. Pensionskasse (2. Säule)

Hälftige Teilung der Pensionskassenguthaben

Bei der Scheidung wird das gesamte Guthaben, das ein Ehepaar während der Ehe in der zweiten Säule angespart hat, hälftig aufgeteilt. Das Ziel dieser Regelung ist, dass nach der Scheidung beide die gleichen Startbedingungen bei der zweiten Säule haben sollen.

> Beispiel: Der Ehemann war während der Ehe immer voll erwerbstätig und konnte ein Pensionskassenguthaben von 235 000 Franken ansparen. Seine Frau war nur einige Jahre lang berufstätig, mit einem Pensum von 30 Prozent. Ihr Pensionskassenkapital beträgt deshalb nur 16 000 Franken. Vom gesamten Guthaben von 251 000 Franken stehen jedem Ehegatten bei der Scheidung je 125 500 Franken zu. Der Mann schuldet seiner Frau also einen Ausgleich von 109 500 Franken (125 500 Franken minus 16 000 Franken). Dieser Betrag wird bei der Scheidung von der Pensionskasse des Mannes direkt an die Pensionskasse der Frau überwiesen.

Beide behalten das Guthaben, das sie vor der Ehe einbezahlt haben, einschliesslich der aufgelaufenen Zinsen.

Die Höhe Ihres Pensionskassenguthabens erfahren Sie von Ihrer Pensionskasse. Im Scheidungsverfahren müssen Sie dem Gericht einen Ausweis über die Freizügigkeitsleistung einreichen, die Sie während der Ehe angespart haben. Massgebend ist der Zeitraum von der Heirat bis zum voraussichtlichen Datum der Scheidung. Das genaue Scheidungsdatum steht in der Regel noch nicht fest und wird deshalb geschätzt. Bei einvernehmlichen Scheidungen ist die zweimonatige Bedenkfrist mit einzuberechnen. Trifft das Datum des Ausweises den exakten Scheidungszeitpunkt nicht, wird das Pensionskassenguthaben auf- oder abgezinst.

Freizügigkeitsleistungen von mehreren Pensionskassen oder Freizügigkeitskonten werden addiert.

Das Gericht darf eine Vereinbarung über die Aufteilung der Pensionskassenguthaben erst genehmigen, wenn es sich von der Durchführbarkeit überzeugt hat. Dem Gericht ist deshalb eine so genannte Durchführbarkeitserklärung einzureichen. Diese Bestätigung schickt die Pensionskasse meistens zusammen mit dem Ausweis über die Freizügigkeitsleistung.

Ein Ehegatte ist pensioniert oder invalid

Wurde ein Ehegatte vor der Scheidung pensioniert oder ist er invalid, bezieht er bei der Scheidung schon eine Rente. Das Freizügigkeitskapital steht in einer solchen Situation nicht mehr für die Teilung zur Verfügung. Das Gesetz sieht für diesen Fall vor, dass eine angemessene Entschädigung an die Stelle der Teilung des Pensionskassenguthabens tritt. Sie kommt auch dann zur Anwendung, wenn die Ansprüche aus der beruflichen Vorsorge aus anderen Gründen nicht geteilt werden können, zum Beispiel, weil ein Ehegatte Pensionskassenkapital vorbezogen hat, um sich selbständig zu machen.

Für die Berechnung der Entschädigung gibt es bis heute keine klare Rechenmethode. Das Gericht berücksichtigt bei seinem Entscheid die Ehedauer, das Alter und die Vorsorgesituation der Parteien sowie die anderen wirtschaftlichen Verhältnisse.

Die Entschädigung ist grundsätzlich in Form einer Kapitalzahlung zu leisten. Ist kein ausreichendes Kapital vorhanden, kann eine Rente festgesetzt werden, die dem mutmasslichen Kapital entspricht.

> Beispiel: Der Ehemann ist bei der Scheidung 68 Jahre alt. Er erhält eine AHV- und eine BVG-Rente von insgesamt 6 500 Franken pro Monat. Für eine Kapitalabfindung fehlt das Geld; deshalb wird er verpflichtet, seiner Frau eine monatliche Rente von 2 300 Franken zu zahlen.

Kann man auf die Teilung verzichten?

Vor der Scheidung kann man nicht auf die Teilung der Pensionskassenguthaben verzichten. Ein Ehepaar kann also nicht in einem Ehevertrag vereinbaren, dass die Pensionskassenersparnisse nicht geteilt werden sollen, falls sie sich dereinst scheiden lassen.

In ihrer Scheidungskonvention können sie hingegen vereinbaren, dass keine Teilung stattfinden soll. Damit das Gericht eine solche Vereinbarung akzeptiert, muss sichergestellt sein, dass die Altersvorsorge des verzichtenden Ehegatten auf andere Weise gewährleistet ist. Das trifft zum Beispiel zu, wenn der verzichtende Ehegatte über hohe Ersparnisse der dritten Säule verfügt, ein lebenslänglicher Unterhaltsbeitrag verabredet wird, der Verzichtende selber ein beträchtliches BVG-Guthaben besitzt oder wenn die Altersvorsorge durch anderes Vermögen, beispielsweise Liegenschaften oder Wertschriften, sichergestellt ist. Der Verzicht auf die Pensionskassenteilung aufgrund einer in Aussicht stehenden Erbschaft ist meistens nicht zu empfehlen. Denn Erbschaften sind in der Regel höchstens wahrscheinlich, aber kaum sicher. Im Zweifel ist es deshalb sinnvoller, das Pensionskassenguthaben zu teilen und parallel dazu den Fall zu regeln, dass die Erbschaft tatsächlich eintrifft.

Der Verzicht auf eine Teilung kann vor allem dann sinnvoll sein, wenn zwischen den Ehegatten ein grosser Altersunterschied besteht und der ältere Ehegatte kurz vor der Pensionierung steht. Seine Rentenleistungen würden bei einer Teilung erheblich geschmälert. Das kann dazu führen, dass er seiner Unterhaltspflicht nicht mehr nachkommen kann. Der andere Ehegatte profitiert vom übertragenen Pensionskassenguthaben aber erst sehr viel später, weil sein Pensionsalter noch in weiter Ferne liegt. Dasselbe gilt, wenn ein Ehegatte mit grosser Wahrscheinlichkeit invalid wird. In diesem Fall kann es für beide nachteilig sein, die Invalidenrente des arbeitsunfähigen Ehegatten erheblich zu schmälern. In diesen Fällen ist es sinnvoll, auf die Teilung der Pensionskassenguthaben zu verzichten und die Altersvorsorge des verzichtenden Ehegatten anders sicherzustellen, zum Beispiel über die dritte Säule.

Wann ist eine Teilung abzulehnen?

Unter bestimmten Voraussetzungen kann das Gericht auf Antrag eines Ehegatten die Teilung der Pensionskassenguthaben ganz oder teilweise ablehnen. Das ist dann möglich, wenn die Teilung aufgrund der güterrechtlichen Auseinandersetzung oder der wirtschaftlichen Verhältnisse nach der Scheidung offensichtlich unbillig wäre.

Die offensichtliche Unbilligkeit muss sich auf die Vorsorgeaspekte beziehen. Durch die Teilung müsste ein markantes Ungleichgewicht zwischen den Vorsorgen der Ehegatten entstehen.

Beispiel 1: Beide Ehegatten waren während ihrer Ehe voll erwerbstätig. Bei der Heirat haben sie die Gütertrennung vertraglich vereinbart. Als Selbständiger zahlte der Mann während der Ehe nur in die dritte Säule ein. Seine Frau zahlte hingegen als Angestellte immer in die zweite Säule ein. Bei der Scheidung käme nur ihr Guthaben zur Teilung, während er seine Ersparnisse in der dritten Säule dank der vereinbarten Gütertrennung für sich behalten könnte. Weil dieses Resultat stossend wäre, kann das Gericht von der Teilung der Guthaben der Ehefrau absehen.

Beispiel 2: Ein Paar heiratete sehr jung. Die Frau finanzierte den gesamten Lebensunterhalt der jungen Familie und das Studium ihres Mannes. Unmittelbar nach dem Abschluss seines Studiums will sich der Mann scheiden lassen. Es wäre in einem solchen Fall stossend, wenn er, der dank dem Studium sehr gute Berufsaussichten hat, bei der Scheidung auch noch die Hälfte ihres Pensionskassenguthabens erhielte. Das Gericht kann unter solchen Umständen von einer Teilung absehen.

Wie wird die Teilung vorgenommen?

Bei den Pensionskassenguthaben handelt es sich um gebundene Gelder. Die Teilung kann deshalb nicht durch eine Barauszahlung erfolgen. Vielmehr wird der Anteil am Guthaben auf ein Vorsorgekonto des anderen Ehegatten überwiesen. Dabei kann es sich um ein Konto bei einer anderen Pensionskasse oder um ein so genanntes Freizügigkeitskonto bei einer Bank handeln. Das Geld bleibt weiterhin gebunden und dient der Vorsorge.

Wie kann man den Verlust in der Pensionskasse wettmachen?

Die Teilung reisst in der Regel ein beträchtliches Loch in die Pensionskasse des ausgleichspflichtigen Ehegatten. Das Deckungskapital und der daraus fliessende Zins vermindern sich, was später zu einer Renteneinbusse führt. Im Rahmen des Betrages, der für den Vorsorgeausgleich nötig ist, können sich Ehegatten wieder in die Pensionskasse einkaufen. Die Pensionskassen sind verpflichtet, den geschiedenen Ehegatten diese Einkaufsmöglichkeit zu gewähren. Der Vorteil des Wiedereinkaufs liegt darin, dass man die Einkaufsbeträge vom steuerbaren Einkommen abziehen darf. Steuerlich am günstigsten ist in der Regel ein gestaffelter Einkauf, verteilt über mehrere Jahre. Inwieweit das zulässig ist, hängt vom anwendbaren Pensionskassenreglement ab. Ein weiterer Vorteil des Wiedereinkaufs besteht meistens darin, dass sich der Versicherungsschutz für Tod und Invalidität erhöht.

Ob der Wiedereinkauf auch die beste Kapitalanlage darstellt, hängt vom Mindestzinssatz im gesetzlichen Obligatorium und vom Zinssatz im Überobligatorium ab. Möglicherweise lässt sich mit anderen Anlagen eine bessere Verzinsung erzielen.

Erwerb von Wohneigentum

Seit einigen Jahren darf man einen Teil seines Pensionskassenguthabens zum Erwerb von Wohneigentum heranziehen. Dieses Geld bleibt trotzdem gebunden: Im Grundbuch wird der Betrag als Pensionskassenguthaben vermerkt. Wird die Liegenschaft vor der Scheidung verkauft, fliesst der vorbezogene Betrag in die Pensionskasse zurück. Lassen sich die Ehepartner scheiden und gehört die Liegenschaft im Scheidungszeitpunkt ihnen, wird der vorbezogene Betrag zum übrigen Pensionskassenguthaben hinzugerechnet. Das gesamte Guthaben wird dann hälftig geteilt. Beim konkreten Ausgleich ist der Vorbezug demjenigen Ehegatten anzurechnen, der das Wohneigentum bei der Scheidung übernimmt.

> Beispiel: Bei der Scheidung hat der Ehemann ein Pensionskassenguthaben von 235 000 Franken, die Ehefrau von 35 000 Franken. Für den Kauf des gemeinsamen Einfamilienhauses hat der Ehemann vor acht Jahren aus seiner Pensionskasse 100 000 Franken vorbezogen. Auch diesen Betrag hat er während der Ehe angespart. Das gesamte Pensionskassenvermögen beträgt somit 370 000 Franken. Weil sie alles während der Ehe angespart haben, steht beiden je die Hälfte zu, also 185 000 Franken. Die Frau übernimmt bei der Scheidung das Einfamilienhaus. Sie hat von ihrem Mann also einen Ausgleich von 50 000 Franken zugut (185 000 Franken minus 35 000 Franken minus anrechenbare 100 000 Franken). Auf seinem Pensionskassenkonto bleiben nach der Ausgleichszahlung noch 185 000 Franken.

Einkäufe in die Pensionskasse

Hat sich ein Ehegatte während der Ehe in die Pensionskasse eingekauft, ist zuerst zu klären, aus welchen Mitteln dieser Einkauf finanziert wurde. Stammt er aus Mitteln der Errungenschaft (siehe dazu auch Kapitel 9, Abschnitt 4), drängt sich keine Sonderbehandlung auf, weil auch die Errungenschaft hälftig geteilt wird. Stammen die Mittel hingegen aus dem Eigengut eines Ehegatten (siehe auch Kapitel 9, Abschnitt 3), wäre es stossend, diesen Betrag zu teilen. Denn das Eigengut kann jeder Ehegatte bei der Scheidung für sich behalten. Bei einer Finanzierung des Einkaufes aus Eigengut ist es deshalb gerechtfertigt, den Einkaufsbetrag einschliesslich der Zinsen von der Teilung auszuklammern.

3. Private Vorsorge (3. Säule)

Im Gegensatz zur ersten und zweiten Säule werden Ersparnisse der dritten Säule vollumfänglich nach den Regeln des Güterrechts aufgeteilt. Diese Guthaben sind allen anderen Ersparnissen eines Ehepaares wie Bankguthaben, Wertschriften und Ähnlichem gleichgestellt.

Wer bei der Scheidung welchen Anteil an Guthaben der dritten Säule erhält, beurteilt sich somit nach den Regeln des Güterrechts (siehe dazu Kapitel 9). Ein Guthaben, das während der Ehe aus Arbeitserwerb finanziert wurde, gehört zur Errungenschaft und wird hälftig geteilt. Ersparnisse der dritten Säule, die ein Ehegatte vor der Ehe oder während der Ehe aus Schenkungen oder Erbschaften finanziert, gehören zu seinem Eigengut.

Die güterrechtliche Behandlung hat zur Folge, dass die Ehegatten vor und während der Ehe Eheverträge über die dritte Säule abschliessen können. Haben sie Gütertrennung vereinbart, werden die Guthaben bei der Scheidung nicht geteilt.

Beispiel: Der Ehemann ist selbständiger Unternehmensberater, seine Frau Hausfrau und Mutter von zwei Söhnen. Bei der Heirat vereinbarte das Paar mit Blick auf das Unternehmen des Ehemannes Gütertrennung. Während der ganzen Ehe zahlte der Ehemann nur in die dritte Säule ein. Weder er noch seine Frau verfügen über ein Guthaben der zweiten Säule. Bei der Scheidung muss er sein Guthaben der dritten Säule nicht mit seiner Frau teilen, es steht ihm allein zu.

Dieses Beispiel zeigt, dass die güterrechtliche Behandlung der Guthaben der dritten Säule unter Umständen zu stossenden Ergebnissen führen kann. Das gilt vor allem für Ehepaare, bei denen die dritte Säule einen erheblichen Teil ihrer Altersvorsorge ausmacht, was bei Selbständigerwerbenden oft der Fall ist. Ein angemessener Ausgleich muss in solchen Fällen über die nachehelichen Unterhaltsbeiträge oder über eine angemessene Kapitalabfindung stattfinden (siehe Kapitel 14).

Die Guthaben der Säule 3a bleiben bei der Teilung gebunden, sie müssen der Altersvorsorge erhalten bleiben. Der Gesetzgeber räumt bei der Scheidung lediglich die Möglichkeit ein, dem anspruchsberechtigten Ehegatten Ansprüche des Vorsorgenehmers auf Altersleistungen ganz oder teilweise abzutreten oder vom Gericht zuzusprechen. Die Guthaben werden an eine Vorsorgeeinrichtung überwiesen.

Die betragsmässige Teilung von reinen Sparguthaben der Säule 3b bietet in der Regel keine Schwierigkeiten. Beim Versicherungssparen ist der Rückkaufswert der Police massgebend. Weil er bei einer Vertragsauflösung in der Regel sinkt, kann es ratsam sein, den Versicherungsschutz in zwei separaten Versicherungspolicen über die Scheidung hinaus weiterlaufen zu lassen.

Teil C:
Das Verfahren

Kapitel 17 bis 19

Kapitel 17:
Das Eheschutzverfahren

Vorbemerkungen

Das Eheschutzgericht ist zuständig, wenn ein Ehepaar seine Probleme richterlich entscheiden lassen möchte, aber noch keine Scheidung anstrebt. Das ist vor allem bei der Regelung des Getrenntlebens der Fall (siehe dazu auch Teil A). Das Scheidungsgericht ist zuständig, wenn sich ein Ehepaar scheiden lassen will. Im Folgenden geht es zuerst um das Verfahren vor dem Eheschutzgericht und danach um das Scheidungsverfahren.

1. Welches Gericht ist zuständig?

Rein schweizerische Verhältnisse

Sind beide Ehegatten Schweizer Staatsbürger, wohnen beide in der Schweiz und gibt es auch sonst keinen wesentlichen Bezug zum Ausland, handelt es sich um ein rein schweizerisches Verhältnis. In diesem Fall entscheidet das so genannte Gerichtsstandsgesetz darüber, welches Gericht für eheschutzrechtliche Massnahmen zuständig ist.

Dieses Gesetz bestimmt, dass Eheschutzmassnahmen und ihre Abänderung beim Gericht am Wohnsitz eines Ehegatten eingereicht werden müssen. Sein Begehren kann man also am eigenen Wohnsitz oder am Wohnsitz seines Ehegatten einreichen. Inhaltlich spielt es keine Rolle, wo in der Schweiz das Begehren eingereicht wird, da auf die Trennung so genanntes Bundesrecht zur Anwendung kommt, das in der ganzen Schweiz gleich ist. Materielle Rechtsunterschiede sind durch die Wahl des Gerichts innerhalb der Schweiz somit nicht zu erwarten. Wo in der Schweiz man am besten klagt, hängt eher von praktischen Überlegungen ab, etwa davon, wie weit entfernt das Gericht ist oder ob man einen Anwalt vor Ort hat.

Welches Gericht innerhalb des Kantons zuständig ist, bestimmt sich nach kantonalem Recht. Meistens sind Bezirks- oder Kreisgerichte zuständig.

> Beispiel: Die Ehefrau wohnt in Basel und möchte das Getrenntleben gerichtlich regeln. Ihr Mann ist vor einigen Monaten ausgezogen und hat sich eine Wohnung in Liestal genommen. Sie kann wählen, ob sie ihr Begehren beim Zivilgericht Basel-Stadt oder beim Bezirksgericht Liestal einreichen will.

Internationale Verhältnisse

Unternehmer und Gutverdienende leben oft nicht nur beruflich, sondern auch privat in internationalen Verhältnissen. Der Manager einer Schweizer Bank lernt zum Beispiel während eines USA-Aufenthalts seine schwedische Frau kennen. Nach der Heirat ziehen sie für drei Jahre nach Südafrika, wo zwei Kinder zur Welt kommen. Nach der Rückkehr in die Schweiz geht die Ehe in die Brüche. Die Ehefrau zieht mit den Kindern zurück nach Schweden.

Bei internationalen Verhältnissen entscheiden die Regeln des schweizerischen internationalen Privatrechts darüber, welches Recht auf das Begehren um Eheschutz zur Anwendung kommt und welche Gerichte für eheliche Streitigkeiten zuständig sind. Sie sagen allerdings nur, unter welchen Voraussetzungen man ein schweizerisches Gericht anrufen kann und welches Recht die schweizerischen Gerichte anwenden. Sie sagen nicht, unter welchen Voraussetzungen ausländische Gerichte angerufen werden können. Diese Frage beurteilt sich nach dem internationalen Privatrecht des ausländischen Staates, in dem ein Ehegatte beabsichtigt, ein Eheschutzbegehren einzureichen.

Die Regeln der internationalen Privatrechtsgesetze ergeben nicht selten, dass mehrere Gerichtsstände zur Verfügung stehen, sowohl in der Schweiz als auch im Ausland. Da die Gerichte in der Regel ihr eigenes Landesrecht anwenden, können demzufolge mehrere Rechtsordnungen für die Eheschutzmassnahmen zur Auswahl stehen.

Bei internationalen Verhältnissen sollte man vor Einreichung eines Gesuches deshalb sorgfältig prüfen, welcher Gerichtsstand zum besseren Recht verhilft. Das führt zum so genannten «law shopping through forum shopping», indem der gesuchstellende Ehegatte versucht, durch die Auswahl des Gerichtsstandes zum besseren Recht zu gelangen.

> Beispiel: Der Ehemann besitzt ein bedeutendes Vermögen in der Schweiz und in den USA. Aufgrund seines Wohnsitzes in der Schweiz könnte er den Eheschutzrichter in der Schweiz anrufen. Seine amerikanische Staatsbürgerschaft ermöglicht ihm jedoch auch, an ein Gericht in den USA zu gelangen. Er sollte deshalb sorgfältig abwägen, ob er sein Begehren besser in der Schweiz oder in den USA stellen will. Möglicherweise könnte er in den USA Vorteile in Bezug auf sein Vermögen erlangen.

Parallel zur Prüfung des besseren Rechts ist zu klären, ob der Entscheid des ausländischen Gerichts, bei dem man ein Begehren einreichen will, tatsächlich nützlich ist. Denn Gerichtsentscheide gelten nicht automatisch weltweit. Wer einen Entscheid in einem anderen Staat zur Geltung bringen will, muss ihn dort zuerst anerkennen und vollstrecken lassen.

Wo es bei einer Ehestreitigkeit über grosse Vermögen zu entscheiden gilt, ist die Auswahl des richtigen Gerichtes somit von grosser Bedeutung. Lassen Sie sich in dieser Frage von Ihrem Anwalt sorgfältig beraten.

Was gilt nach schweizerischen internationalen Gerichtsstandsregeln?

Wohnt einer der Ehegatten im Ausland oder weisen andere rechtlich relevante Umstände ins Ausland, dann sind in erster Linie die Staatsverträge zwischen der Schweiz und dem betreffenden Land massgebend. Besteht kein solcher Staatsvertrag, kommt das Bundesgesetz über das internationale Privatrecht zur Anwendung. Welches Gericht zuständig ist, hängt von der Thematik ab, die im Eheschutzbegehren geltend gemacht wird.

Für Unterhaltsfragen mit Bezug zur Europäischen Union kommt das so genannte Lugano-Übereinkommen zur Anwendung. Lassen Sie von Ihrem Anwalt abklären, welche Staaten Mitglied dieses Abkommens sind. Das Lugano-Übereinkommen sieht für Unterhaltsstreitigkeiten drei mögliche Gerichtsstände vor, nämlich den Wohnsitz des Beklagten, den Wohnsitz oder gewöhnlichen Aufenthalt des Unterhaltsberechtigten oder das von den Ehegatten vereinbarte Gericht. Wird der Unterhalt im Rahmen eines Scheidungsverfahrens geltend gemacht, sind dieselben Gerichte, die für die Scheidung zuständig sind, auch für die Unterhaltsentscheidung zuständig, wenn die Zuständigkeit nicht allein auf der Staatsangehörigkeit beruht.

Für die übrigen Eheschutzmassnahmen (siehe dazu auch die Kapitel 2, 4 und 5) sieht das internationale Privatrechtsgesetz die schweizerischen Gerichte am Wohnsitz oder – bei Fehlen – am gewöhnlichen Aufenthalt eines der Ehegatten vor. Haben die Ehegatten weder Wohnsitz noch gewöhnlichen Aufenthalt in der Schweiz und ist einer von ihnen Schweizer Bürger, sind die Gerichte am Heimatort zuständig, wenn es unmöglich oder unzumutbar ist, die Klage oder das Begehren am Wohnsitz oder am gewöhnlichen Aufenthaltsort eines der Ehegatten zu erheben. Ehepaare können somit auch in internationalen Verhältnissen wählen, ob sie das Begehren an ihrem eigenen (schweizerischen) Wohnsitz bzw. Aufenthaltsort oder am (schweizerischen) Wohnsitz beziehungsweise Aufenthaltsort ihres Ehegatten einreichen möchten (siehe dazu auch Kapitel 18, Abschnitt 1).

Einzelne Sonderthemen wie das Namensrecht, das Bürgerrecht, die Handlungsfähigkeit und teilweise das Güterrecht sind von diesen Gerichtsstandsregeln ausgeschlossen. Konsultieren Sie Ihren Anwalt, wenn Sie Fragen dazu haben.

2. Verfahrensgang

Die Tätigkeit des Eheschutzgerichts ist bereits in Kapitel 1 kurz dargestellt. Das Verfahren ist summarisch und rasch. Das Gericht ordnet keine angschweifigen Beweiserhebungen an, sondern überzeugt sich anhand einer Befragung der Parteien und der eingereichten Unterlagen von der Sachlage. Zeugen werden nur ausnahmsweise angehört. Dem Gericht sollten spätestens an der Eheschutzverhandlung alle Unterlagen über die finanziellen Verhältnisse der Ehegatten vorliegen, damit es eine Unterhaltsberechnung vornehmen kann (siehe auch Kapitel 3, Abschnitt 4). Für heikle Fragen, etwa im Zusammenhang mit der Obhut über Kinder, holt das Eheschutzgericht Gutachten und Meinungen von Fachinstanzen ein, zum Beispiel von der Vormundschaftsbehörde, von Kinderpsychiatern oder Ärzten.

Das Eheschutzgericht wird nur auf Antrag eines Ehegatten tätig, es schreitet nicht von Amtes wegen oder auf Anzeige eines Dritten ein. Die formellen Anforderungen für ein Gesuch sind jedoch nicht hoch. Es genügt ein Brief, in dem ein Ehegatte das Eheschutzgericht um Hilfe bittet, etwa um die Festsetzung von Unterhaltsbeiträgen, die Zuteilung der Kinder, oder um den pflichtvergessenen Ehegatten zu mahnen.

Das Gericht versucht wenn immer möglich eine Einigung zu erzielen. Kommt eine Einigung zustande, nimmt es diese zu Protokoll. Besteht keine Aussicht auf eine Einigung, fällt es einen Entscheid.

Wenn eine Seite mit dem Entscheid des Eheschutzrichters nicht einverstanden ist, kann sie ihn an die nächsthöhere Instanz weiterziehen. Die Fristen und die Instanzen richten sich nach kantonalem Recht. Erkundigen Sie sich in dieser Frage bei Ihrem Anwalt.

Kapitel 18:
Das Scheidungsverfahren

1. Welches Gericht ist zuständig?

Rein schweizerische Verhältnisse

Handelt es sich um ein rein schweizerisches Verhältnis (siehe dazu auch Kapitel 17), bestimmt sich die Zuständigkeit nach dem so genannten Gerichtsstandsgesetz. Dieses sieht vor, dass die Scheidungsklage am Wohnsitz eines Ehegatten eingereicht werden kann. Der klagende Ehegatte kann also wählen, ob er an seinem oder am Wohnsitz seines Ehegatten klagen will.

Wie bei den Eheschutzmassnahmen ist es auch bei der Scheidung rechtlich nicht von Bedeutung, wo in der Schweiz die Scheidungsklage eingereicht wird. Denn auch das Scheidungsrecht stellt so genanntes Bundesrecht dar, das in der ganzen Schweiz gleich ist. Materielle Rechtsunterschiede innerhalb der Schweiz sind deshalb nicht zu erwarten. Die Wahl des Gerichts hängt in erster Linie von praktischen Überlegungen ab (Distanz zum Gericht, Anwalt vor Ort, Prozesskosten usw.).

Welches Gericht innerhalb eines Kantons sachlich und örtlich zuständig is, bestimmt sich nach kantonalem Recht. Meistens sind es Bezirks- oder Kreisgerichte.

> Beispiel: Die Ehefrau wohnt in Basel und möchte nach dreijähriger Trennung von ihrem Mann die Scheidung. Ihr Mann wohnt seit zwei Jahren in Zürich. Sie kann wählen, ob sie ihre Scheidungsklage in Basel oder in Zürich einreichen will. Da sie in Basel wohnt und ihr Anwalt in Basel praktiziert, klagt der Anwalt in Basel.

Internationale Verhältnisse

Handelt es sich um ein internationales Verhältnis (siehe dazu auch Kapitel 17), ist zunächst abzuklären, welche Gerichtsstände im In- und Ausland zur Verfügung stehen. Sodann ist zu klären, welcher Gerichtsstand zum besten Recht verhilft. Schliesslich ist in Erfahrung zu bringen, ob ein Urteil des anvisierten Gerichtes in dem Staat, in dem es zur Wirkung gelangen soll, anerkannt und vollstreckt werden

Kapitel 18 Das Scheidungsverfahren

kann. Es gilt ferner das im Kapitel 17 zu den Eheschutzmassnahmen Gesagte.

Was gilt nach schweizerischen internationalen Gerichtsstandsregeln?

Soll in der Schweiz geklagt werden, dann bestimmt sich die Zuständigkeit nach dem Bundesgesetz über das internationale Privatrecht, wenn kein Staatsvertrag besteht. Dieses Bundesgesetz besagt, dass die Klage am Wohnsitz des Beklagten oder am Wohnsitz des Klagenden eingereicht werden kann. Im letzteren Fall ist vorausgesetzt, dass sich der Kläger seit mindestens einem Jahr in der Schweiz aufhält oder Schweizer Bürger ist. Hat keiner von beiden Wohnsitz in der Schweiz, ist aber einer von ihnen Schweizer Bürger, kann die Klage an seinem Heimatort eingereicht werden, wenn es unmöglich oder unzumutbar ist, die Klage am Wohnsitz zu erheben.

Beispiel 1: Die Ehefrau ist Bürgerin der USA und in den USA aufgewachsen. Nach der Heirat zog sie mit ihrem Schweizer Ehemann nach Basel. Bei der Trennung entschloss sie sich, mit den Kindern wieder zurück in die USA zu ziehen. Sie kann das Gericht in Basel anrufen, da ihr Mann nach wie vor in Basel wohnt. Auch der Mann kann in Basel klagen, weil er sich schon über ein Jahr dort aufhält und er zudem Schweizer Bürger ist.

Beispiel 2: Der Ehemann ist Schweizer Bürger und in der Schweiz aufgewachsen. In der Schweiz lernt er seine Frau kennen, die aus den Philippinen stammt. Nach der Heirat zieht das Paar mit den Kindern auf die Philippinen, wo er eine Produktionsstätte aufbaut. Nach einigen Jahren geht die Ehe in die Brüche. Da die Familie nach wie vor auf den Philippinen lebt, versucht der Mann dort die Scheidung zu erwirken. Das gelingt ihm trotz umfangreichen Bemühungen und der Einschaltung eines Anwalts aber nicht. Er kann deshalb eine Scheidungsklage an seinem schweizerischen Heimatort einreichen.

Ob ein ausländisches Gericht eine Scheidungsklage entgegennimmt, beurteilt sich nach dem Recht dieses ausländischen Staates. Im ersten Beispiel entscheidet somit das Recht des US-Bundesstaates, ob die Frau beziehungsweise der Mann dort eine Scheidungsklage einreichen kann.

Für eine Reihe von Themen sieht das Bundesgesetz über das internationale Privatrecht Sonderregelungen vor. Dazu gehören insbesondere die vorsorglichen Massnahmen, der Name der Ehegatten, die Unterhaltspflicht, das eheliche Güterrecht und die Wirkungen des Kindesverhältnisses. Bei bestimmten Themen kommen Staatsverträge zur Anwendung, zum Beispiel bei Unterhaltsklagen das Lugano-Übereinkommen mit Bezug auf die Staaten der Europäischen Union. Diese Sonderregelungen werden hier nicht im Einzelnen erörtert. Konsultieren Sie Ihren Anwalt, wenn Sie Fragen dazu haben.

2. Verfahrensgang

Der Verfahrensgang unterscheidet sich bei einer Scheidung danach, in welchem Umfang sich die Ehegatten einigen können. Möglich sind eine umfassende Einigung, eine Teileinigung oder gar keine Einigung.

Wenn sich die Ehegatten über alles einigen

Ehepaare, die eine umfassende Einigung erzielen und diese in einer Scheidungskonvention festhalten, können ihre Scheidung ohne Wartezeit einleiten. Sobald die Scheidungskonvention unterzeichnet ist, reicht ein Ehegatte beim zuständigen Gericht ein Scheidungsbegehren ein. Darin wird beantragt, dass die Ehe, gestützt auf die Scheidungsvereinbarung, geschieden werden soll. Zu einem vollständigen Scheidungsbegehren gehören neben der Konvention alle Unterlagen zu den finanziellen und persönlichen Verhältnissen (Familienbüchlein, Lohnausweise, Steuererklärung, Belege über Miete, Krankenkasse, Versicherungen, Pensionskasse usw.).

Liegt das vollständige Scheidungsbegehren dem Gericht vor, lädt es die Ehegatten zu einer ersten Anhörung. Bei der Anhörung werden die Ehegatten gemeinsam und einzeln angehört. Das persönliche Erscheinen ist dabei zwingend. Die Einzelanhörung hat den Sinn, dass sich beide Seiten ungezwungen über das Zustandekommen der Scheidungsvereinbarung und über ihren Scheidungswillen aussprechen können. Das Gericht überzeugt sich davon, ob die Scheidungsvereinbarung auf dem freien Willen beider Seiten beruht und dass sie ohne Druck des einen auf den anderen zustande gekommen ist.

Die genauen Gründe für die Scheidung muss man bei der Anhörung nicht erörtern. Das Gericht interessiert zum Beispiel nicht, ob eine ausserehliche Beziehung zum Scheitern der Ehe führte oder ob ein Paar sich konstant ums Geld streitet. Diese Gründe sind nicht relevant, weil die Schuld am Scheitern der Ehe nach neuem Scheidungsrecht rechtlich keine Rolle mehr spielt. Es genügt, dass beide Seiten zum Ausdruck bringen, dass sie die Ehe nicht mehr fortsetzen wollen.

Sind Anordnungen über Kinder zu treffen, werden die Kinder vom Gericht oder einer Drittperson persönlich angehört. Das setzt voraus, dass das Kind alt genug ist, um sich eine eigene Meinung zur Scheidung seiner Eltern zu bilden. Die Gerichte gehen davon aus, dass dies ab dem vollendeten sechsten Altersjahr grundsätzlich der Fall sein sollte. Das Gericht fragt das Kind an, ob es sich zur Scheidung seiner Eltern äussern will. Lehnt es eine Stellungnahme ab, verzichtet das Gericht in der Regel auf die Anhörung. Über den genauen Zeitpunkt der Anhörung schweigt sich das Gesetz aus. Sinnvollerweise werden die Kinder bei einer einvernehmlichen Scheidung vor den Eltern befragt. Oft findet die Anhörung der Kinder aber erst innerhalb der zweimonatigen Bedenkfrist statt.

Ergeben sich bei der ersten Anhörung der Ehegatten Unstimmigkeiten in Bezug auf die Scheidungskonvention, oder hat ein Ehegatte die Scheidungskonvention nur unter Druck unterzeichnet oder will sich ein Ehegatte gar nicht scheiden lassen, dann kann das Verfahren vorerst nicht weitergeführt werden. Das Gericht trifft in diesem Fall Anordnungen, um die Unstimmigkeiten aus dem Weg zu räumen. Es kann die Parteien auffordern, die Scheidungskonvention zu verbessern oder sich um eine Einigung zu bemühen. Allenfalls setzt es einen zweiten Anhörungstermin fest. Lassen sich die Unstimmigkeiten nicht beseitigen, ist das einvernehmliche Scheidungsverfahren vorerst gescheitert. Dem Paar bleibt in diesem Fall nichts anderes übrig, als den normalen Klageweg zu beschreiten oder das Verfahren, gestützt auf eine Teileinigung, fortzusetzen. Das Gericht setzt den Parteien in diesem Fall eine Frist, um das Scheidungsbegehren durch eine Klage zu ersetzen.

In der Regel ergeben sich bei der Anhörung jedoch keine Unklarheiten. In diesem Fall setzt das Gericht eine zweimonatige Bedenkfrist an. Innerhalb dieser Frist können beide Seiten nochmal überlegen, ob die Scheidungskonvention tatsächlich ihrem Willen entspricht. Ist das der Fall, müssen beide Seiten nach Ablauf der Bedenkfrist ihren Scheidungswillen und die Vereinbarung noch einmal schriftlich bestätigen. Das Gericht gibt ihnen dafür ein Zeitfenster vor, in dem sie die Bestätigung ans Gericht senden müssen. Die Bestätigung darf nicht vor Ablauf der zwei Monate, aber auch nicht nach dem vom Gericht festgesetzten Termin erfolgen. Damit will das Gericht eine vorschnelle Bestätigung vermeiden und die Ehegatten dazu anhalten, ihre Bedenkfrist wirklich auszunützen.

Wenn beide Seiten ihren Scheidungswillen und die getroffene Vereinbarung fristgerecht bestätigt haben und die Kinder angehört worden sind, genehmigt das Gericht die Scheidungskonvention und spricht die Scheidung aus. Für diesen Akt müssen die Ehegatten nicht nochmals vor Gericht erscheinen. Das Urteil wird schriftlich verfasst und an die Parteien resp. deren Anwälte verschickt.

Die Scheidung ist rechtskräftig, sobald die Fristen abgelaufen sind, um gegen die Scheidung ein Rechtsmittel zu ergreifen. Welche Rechtsmittel zur Verfügung stehen und wie lange die Rechtsmittelfristen dauern, richtet sich nach kantonalem Recht. In vielen Fällen verzichten Ehepaare schon in ihrer schriftlichen Scheidungsbestätigung auf die Erhebung von Rechtsmitteln. Dann wird das Urteil unmittelbar rechtskräftig.

Wenn sich die Ehegatten nur zum Teil einigen

Oft können sich Ehepaare über einen Teil der Nebenfolgen ihrer Scheidung einigen, über einen anderen Teil jedoch nicht.

Beispiel: Die Ehegatten sind sich einig darüber, dass die Fortsetzung ihrer Ehe keinen Sinn mehr macht, dass die Kinder bei der Ehefrau bleiben sollen, dass sie ihre Pensionskassenguthaben hälftig teilen und dass keine güterrechtlichen Ansprüche gegeneinander bestehen. Über die Höhe und die Dauer der Unterhaltsbeiträge sind sie jedoch uneins. Daran ändert auch die umfangreiche Korrespondenz ihrer Anwälte nichts.

Das Gesetz ermöglicht in solchen Fällen eine so genannte Teileinigung. Bei der Teileinigung schliessen die Ehegatten eine Scheidungskonvention (Teilvereinbarung) über die Punkte ab, über die sie sich einig sind. Über die anderen streiten sie vor Gericht.

Ein Vorteil der Teileinigung liegt darin, dass die zweijährige Trennungszeit entfällt, die bei einer streitigen Scheidung die Einreichung des Scheidungsbegehrens hemmt.

Haben sich die Ehepartner über die Scheidung und allenfalls einen Teil der Nebenfolgen geeinigt, setzen sie eine Teilvereinbarung auf und unterzeichnen sie. Die Teilvereinbarung reichen sie zusammen mit dem Scheidungsbegehren ein. Es gelten dieselben Regeln wie für die umfassende Einigung. Liegen die Teilvereinbarung und das Scheidungsbegehren dem Gericht vor, lädt es die Parteien zur ersten Anhörung vor. Das Gericht befragt die Parteien zu den Punkten, über die sie eine Teilvereinbarung erzielen konnten. Die Anhörung findet sowohl einzeln als auch gemeinsam statt. Beide Seiten bestätigen, ob die Teilvereinbarung auf ihrem freien Willen beruht und ohne Druck zustande gekommen ist. Entspricht die Teilvereinbarung ihrem wirklichen Willen und gibt es keine Unklarheiten, setzt das Gericht die zweimonatige Bedenkfrist an. Innerhalb dieser Frist können die Ehegatten nochmals eingehend überlegen, ob die Teilvereinbarung ihrem wirklichen Willen entspricht. Ist das der Fall, müssen beide nach dem Ablauf der Bedenkfrist ihren Scheidungswillen und ihr Einverständnis mit der Teilvereinbarung dem Gericht schriftlich bestätigen.

Haben die Ehegatten ihren Scheidungswillen und die Teilvereinbarung fristgerecht bestätigt, setzt das Gericht das Verfahren hinsichtlich der streitig gebliebenen Punkte fort. Der genaue Verfahrensgang richtet sich nach kantonalem Recht. In aller Regel wird den Parteien eine

Frist angesetzt, um ihre streitig gebliebenen Rechtsbegehren schriftlich zu stellen und zu begründen und die erforderlichen Beweismittel einzureichen. Manchmal wird auch ein mündliches Verfahren ohne Schriftenwechsel angeordnet.

Wenn sich die Ehegatten gar nicht einigen können

Sind sich die Ehepartner nicht einmal darüber einig, dass sie sich scheiden lassen wollen, dann muss der scheidungswillige Partner ein streitiges Scheidungsverfahren einleiten. Eine Scheidungsklage ist allerdings erst möglich, wenn ein Ehepaar seit mindestens zwei Jahren getrennt lebt. Die Zeitdauer errechnet sich dabei vom Zeitpunkt des Auszuges eines Ehegatten bis zum Zeitpunkt der so genannten Rechtshängigkeit der Klage. Dies ist der Zeitpunkt, in dem die Scheidungsklage eingereicht wird. Willigt ein Ehegatte nicht in eine einvernehmliche Scheidung ein, muss der scheidungswillige Ehegatte also zwei Jahre warten, bis er die Scheidung einleiten kann.

Sind die zwei Jahre abgelaufen, kann jeder Ehegatte beim zuständigen Gericht eine Scheidungsklage einreichen. Von diesem Zeitpunkt an hat jeder Ehegatte einen unbedingten Anspruch darauf, geschieden zu werden.

Das Bundesrecht regelt nur vereinzelte Grundsätze des Scheidungsverfahrens. Der eigentliche Ablauf ist durch kantonales Recht geregelt. Über die Einzelheiten des Verfahrens informiert Sie Ihr Anwalt.

Vom Prinzip her lässt sich zum streitigen Verfahren Folgendes festhalten:

Beim streitigen Verfahren stehen sich die Ehegatten kontradiktorisch als Streitparteien gegenüber. Die Scheidungsklage leitet das Verfahren ein. Darin formuliert der klagende Ehegatte seine Rechtsbegehren und begründet sie je nach anwendbarer Prozessordnung schriftlich. Ist die Zuteilung der elterlichen Sorge streitig oder sprechen andere wichtige Gründe dafür, ordnet das Gericht an, dass ein Beistand die Kinder im Prozess vertritt. Einige Kantone sehen vor dem Gerichtsverfahren ein so genanntes Sühneverfahren vor dem Friedensrichter vor. Der Friedensrichter versucht, unter den Ehegatten eine Einigung zu erzielen. In einigen Kantonen kann der Kläger seine Klage mit einem Gesuch um Vermittlung oder Prozesseinleitung verbinden. Das hat zur Folge, dass die Parteien zu einer Verhandlung vor Gericht geladen werden, bevor umfangreiche Rechtsschriften verfasst werden müssen. Auch bei diesen Verhandlungen versucht das Gericht, unter den Parteien eine Einigung zu erzielen.

Kommt es anlässlich der einleitenden Schritte zu einer Einigung, nimmt das Gericht die Einigung zu Protokoll und setzt das Verfahren nach den Prinzipien der umfassenden oder teilweisen Einigung fort.

Führen die einleitenden Schritte zu keinem Ergebnis, müssen die Ehegatten das Verfahren streitig weiterführen. Der klagende Ehegatte legt seinen Standpunkt in einer Klagebegründung dar. Der beklagte Ehegatte erwidert seine Ausführungen anschliessend in einer Klagebeantwortung. Wenn es das Gericht für erforderlich erachtet, ordnet es einen zweiten Schriftenwechsel in Form von Replik und Duplik an. Diese Rechtsschriften müssen den Standpunkt eines Ehegatten begründen und die Beweismittel für die geltend gemachten Ansprüche enthalten.

Sind der Schriftenwechsel und (je nach Kanton) das Beweisverfahren abgeschlossen, lädt das Gericht die Parteien zu einer Hauptverhandlung vor. In der Hauptverhandlung können die Parteien ihre Standpunkte nochmals darlegen. Die Anwälte erhalten Gelegenheit, ihre Plädoyers zu halten. Dann fällt das Gericht sein Urteil.

Die Scheidung wird rechtskräftig, sobald die Fristen abgelaufen sind, um ein Rechtsmittel dagegen zu ergreifen. Welche Rechtsmittel zur Verfügung stehen und welche Fristen gelten, richtet sich nach kantonalem Recht.

Kapitel 19:
Die Kosten einer Scheidung

Welche Kosten fallen an?

Je nachdem, wie kompliziert ein Scheidungsverfahren ist, wie lange es dauert und wie hoch die streitigen Ansprüche sind, kann eine Scheidung teuer zu stehen kommen. Die Kosten setzen sich aus den Gerichtskosten und den Anwaltskosten zusammen.

Die Gerichtskosten

Die Gerichtskosten sind durch das kantonale Recht geregelt und deshalb von Kanton zu Kanton verschieden. Sie bestehen in der Regel aus den Gerichtsgebühren (Gebühren für die Urteilsfällung, Urteilsabschriften, Vorladungen usw.) sowie aus den Auslagen (für Zeugen, Sachverständige usw.).

Die Gerichtsgebühren knüpfen in der Regel an die vermögensrechtlichen Interessen (Höhe der Forderungen) und an die Dauer des Verfahrens an (kurze einvernehmliche Scheidung oder lange Kampfscheidung). Die Tarife sind von Kanton zu Kanton sehr verschieden. Als Anhaltspunkt können Sie von einer Bandbreite von etwa 1 000 bis 3 000 Franken ausgehen. In mittellosen und unkomplizierten Verhältnissen kann diese Bandbreite unterschritten, in wohlhabenden und komplizierten Verhältnissen deutlich überschritten werden. Erkundigen Sie sich bei Ihrem Anwalt, mit welchen Kosten in Ihrem Fall zu rechnen ist.

Die Auslagen entsprechen den Kosten, die tatsächlich entstehen.

Die Anwaltskosten

Wenn Sie einen Anwalt mit der Vertretung Ihrer Scheidungssache beauftragen, schliessen Sie mit ihm einen so genannten einfachen Auftrag ab. Die Rahmenbedingungen dafür sind durch das Obligationenrecht und die Berufsregeln der Anwälte geregelt (vor allem das Bundesgesetz über die Freizügigkeit der Anwälte, kantonale Anwaltsgesetze, Gebührenordnungen, Richtlinien und Empfehlungen der kantonalen Anwaltsverbände).

Das Honorar bestimmt sich nach der Honorarvereinbarung, die Sie mit Ihrem Anwalt treffen. Kantonale Zwangstarife sind heute grundsätzlich nicht mehr zulässig. Zum Beispiel vereinbaren Sie eine Entschädigung nach Stundenaufwand, kombiniert mit einem Zuschlag nach dem so genannten Interessewert. Üblich ist, dass sich das Honorar nach dem Aufwand, der Kompliziertheit der Sache, der finanziellen Leistungsfähigkeit des Mandanten sowie dem Interessewert richtet. Je höher und komplizierter die Forderungen des Mandanten sind, desto höher fällt das Honorar aus. Üblich sind Stundenansätze von 200 bis 400 Franken, wobei von Kanton zu Kanton erhebliche Unterschiede bestehen. In städtischen Regionen sind Anwälte normalerweise deutlich teurer als in ländlichen Regionen. Der Interessewertzuschlag wird üblicherweise prozentual nach der Höhe der umstrittenen Forderungen abgestuft: Je höher der Interessewert, desto niedriger ist der Prozentsatz, der auf dem Interessewert berechnet wird.

Haben Sie keine Honorarvereinbarung getroffen, richtet sich das Anwaltshonorar nach der im Geschäftsverkehr herrschenden Übung. Ausdruck dieser Übung bilden dabei für gerichtliche Verfahren die in den jeweiligen Kantonen geltenden Gebührenordnungen über die Parteientschädigung, bei aussergerichtlichen Tätigkeiten die Honorarordnungen der einzelnen kantonalen Anwaltsverbände. Dies ist allerdings umstritten.

Ein Scheidungsverfahren zählt zu den gerichtlichen Verfahren. Fehlt eine Honorarvereinbarung, richtet sich das Honorar somit nach den kantonalen Gebührenordnungen über die Parteientschädigung. Das Anwaltshonorar für Scheidungen ist in diesen Ordnungen recht unterschiedlich ausgestaltet. Einige Gebührenordnungen enthalten gar keine spezifischen Regeln für Scheidungen. Andere weisen Teile der Scheidungsbelange (zum Beispiel das Güterrecht und die Unterhaltsbeiträge) den vermögensrechtlichen Streitigkeiten zu, mit der Folge, dass sich das Anwaltshonorar nach der Höhe des Streitwertes richtet. Wieder andere stellen auf das Monatseinkommen der Mandanten ab. Bei den meisten Gebührenordnungen erhöht sich das Honorar bei hohen Streit- oder Interessewerten sowie bei hohem Einkommen und Vermögen der Mandanten.

Beinhalten die Tätigkeiten des Anwaltes nur aussergerichtliche Tätigkeiten (Beratungen, Korrespondenzen usw.), richtet sich das Honorar ohne Vereinbarung nach den Honorarordnungen der kantonalen Anwaltsverbände. Sie sehen in der Regel eine Entschädigung auf Stundenbasis vor, meistens kombiniert mit Interessewertzuschlägen.

Fragen Sie Ihren Anwalt nach der genauen Höhe seines Honorars und schliessen Sie mit ihm eine Honorarvereinbarung ab.

Wer muss die Kosten tragen?

Bei einer einvernehmlichen Scheidung werden die Gerichtskosten üblicherweise hälftig geteilt. Bei den Anwaltskosten gilt die Usanz, dass jede Seite ihre eigenen Kosten trägt (so genannte Wettschlagung). Ehepaare dürfen aber in der Scheidungskonvention nach Belieben von diesen Regeln abweichen. Sie können zum Beispiel einen anderen Verteilschlüssel festlegen oder alle Gerichts- und Anwaltskosten einem Ehegatten überbinden. Das ist insbesondere dann angemessen, wenn ein Ehegatte über wesentlich mehr Mittel verfügt als der andere.

Bei streitigen Verfahren regeln die kantonalen Zivilprozessordnungen die Aufteilung der Kosten. Grundsätzlich muss die unterliegende Partei alle Gerichts- und Anwaltskosten übernehmen. Unterliegt sie nur zum Teil, werden die Kosten nach Massgabe des Unterliegens verteilt. Zusätzlich zu den Gerichtskosten und dem eigenen Anwalt muss der Unterliegende somit auch den Anwalt des Ehepartners zahlen. Bei Scheidungen ist dieser Grundsatz in der Praxis jedoch stark abgeschwächt. Erstens lässt sich das Mass des Unterliegens häufig nicht exakt bestimmen. Zweitens kann die finanzielle Leistungsfähigkeit dieser Kostenverteilung entgegenstehen. In der Praxis auferlegt das Gericht die Gerichts- und Anwaltskosten deshalb oft derjenigen Partei, die am ehesten in der Lage ist, sie zu bezahlen.

Kapitel 19 Die Kosten einer Scheidung

Anwaltskostenvorschuss des Ehepartners

Hat eine Seite aufgrund der Trennungssituation kein Geld für die Gerichts- und Anwaltskosten zur Verfügung, sein Partner aber schon, kann es gerechtfertigt sein, dass die andere Seite einen Anwaltskostenvorschuss zahlen muss.

> Beispiel: Der Ehemann ist Arzt und verfügt über ein hohes Einkommen. Er trennt sich im Streit von seiner Frau. Vorerst verweigert er jegliche Zahlungen an seine Frau und lässt alle Bankkonten sperren. Seine Frau steht vorübergehend ohne Mittel da.

In solchen Situationen entspricht es der ehelichen Beistandspflicht, dass der leistungsfähigere Ehegatte dem mittellosen Ehegatten die Kosten eines Gerichtsverfahrens und eines Anwaltes vorschiesst. Dieser Anspruch lässt sich gerichtlich durchsetzen. Das Gericht spricht allerdings nur einen Vorschuss zu. Die definitive Kostenverteilung bleibt dem Gerichtsentscheid vorbehalten.

Mittellosigkeit beider Ehegatten

Verfügt keiner der Ehegatten über die erforderlichen Mittel für die Gerichts- und Anwaltskosten, können sie ein Gesuch um Kostenerlass resp. unentgeltliche Prozessführung stellen. Die Bezeichnung dieses Gesuches ist von Kanton zu Kanton verschieden. Wird das Gesuch gutgeheissen, übernimmt der Staat die Gerichts- und Anwaltskosten. Für solche Gesuche ist eine amtliche Bescheinigung der Mittellosigkeit erforderlich, die in einigen Kantonen Kostenerlasszeugnis heisst. In der Regel bescheinigt die Gemeinde beziehungsweise die Einwohnerkontrolle beziehungsweise die Steuerbehörde die Mittellosigkeit. Zum Teil geht die Mittellosigkeit schon aus den eingereichten Unterlagen hervor (Lohnausweise, Steuererklärung, Belege über Betreibungen usw.), so dass das Gericht auf eine zusätzliche Bescheinigung verzichtet.

Teil D:
Steuern

Kapitel 20 bis 22

Kapitel 20:
Wo sind steuerliche Aspekte von Bedeutung?

Neben den persönlichen und menschlichen Aspekten geht es bei einer Scheidung immer ums Geld. Und wo es um Geld geht, spielen auch die Steuern eine Rolle.

Steuerliche Aspekte spielen zunächst bei der Berechnung der Lebenshaltungskosten und bei der finanziellen Leistungsfähigkeit eine Rolle. In guten finanziellen Verhältnissen kann die Steuerlast bis zu 40 Prozent des Einkommens betragen. Die Steuern können also betragsmässig weit mehr ins Gewicht fallen als Wohnung, Krankenkasse und andere Ausgaben zusammen. Deshalb ist es wichtig, die genaue Steuerbelastung der Ehegatten zu kennen, um ihre finanzielle Leistungsfähigkeit beurteilen zu können. Wer Unterhaltsbeiträge bekommt, muss sie als Einkommen versteuern. Die Steuern auf dem Unterhalt zählen deshalb zum Grundbedarf des Unterhaltsberechtigten.

Die Steuern sind auch bei der Vermögensteilung ein Thema, insbesondere bei der Teilung von Unternehmen und Liegenschaften. Schliesslich sind steuerliche Aspekte bei der Aufteilung der Pensionskassenguthaben im Auge zu behalten, namentlich bei einem Wiedereinkauf in die Pensionskasse.

In diesem Ratgeber sind nur Grundsätze der Steuerfragen dargelegt, da nebst den Bundessteuern eine Vielzahl unterschiedlicher kantonaler Steuergesetze besteht. Wenn Sie Einzelheiten über die steuerliche Situation erfahren wollen, erkundigen Sie sich bei Ihrem Anwalt oder Steuerberater.

Kapitel 21:
Steuern während der Trennung

Wie werden getrennt lebende Ehepaare besteuert?

Solange ein Ehepaar zusammenlebt, kommt die Familienbesteuerung zum Zug. Nach der Trennung können die Ehepartner eine getrennte Veranlagung beantragen. Sie bewirkt, dass jeder seine eigenen Steuern zahlen muss (Einzelbesteuerung). Dazu muss man der Steuerbehörde in der Regel die Gerichtsverfügung über das Getrenntleben oder einen Nachweis für die getrennten Wohnsitze und getrennte Finanzen einreichen.

Kinderlose Ehepaare werden als Folge der getrennten Veranlagung in der Regel zum ungünstigeren Alleinstehenden-Tarif besteuert. Wer die elterliche Sorge für Kinder hat, profitiert normalerweise weiterhin vom günstigeren Verheirateten-Tarif. Bei Paaren mit gemeinsamer elterlicher Sorge billigt die Steuerbehörde meistens nur einem Ehegatten den günstigeren Tarif zu. Wer für minderjährige Kinder sorgt, darf höhere Versicherungs- und Sozialabzüge geltend machen.

Die getrennte Veranlagung gilt rückwirkend für das ganze Jahr der Trennung. Trennt sich ein Paar zum Beispiel im März, werden beide rückwirkend auf den 1. Januar getrennt veranlagt.

Sowohl für den Ehegattenunterhalt als auch für den Unterhalt für minderjährige Kinder gilt der Grundsatz, dass der zahlungspflichtige Ehegatte die Beiträge von seinem Einkommen abziehen darf und der Unterhaltsberechtigte sie als Einkommen versteuern muss. Leistet ein Ehegatte seinen Unterhalt in Form von Schuldübernahmen (zum Beispiel indem er die Miete, die Krankenkassenprämien sowie andere Rechnungen bezahlt), sind auch diese Beiträge abzugsfähig. Abzugsfähig sind jedoch nur die tatsächlich geleisteten Unterhaltsbeiträge, nicht der Betrag, der gemäss Vereinbarung oder Gerichtsurteil geschuldet wäre, aber nie bezahlt wurde.

Für volljährige Kinder darf der Zahlungspflichtige keine Kinderunterhaltsbeiträge abziehen. Das kann die Steuerlast des Zahlungspflichtigen je nach Anzahl volljähriger Kinder erheblich erhöhen. Unter Umständen kann er die Unterhaltsbeiträge wegen dieser Erhöhung gerichtlich herabsetzen lassen.

Die getrennte Veranlagung gilt auch für die Vermögenssteuern.

Die Heirat mit einem schweizerischen oder hier niedergelassenen Ehegatten führt bei ausländischen Arbeitnehmenden zu einem Wechsel von der Quellensteuer zur ordentlichen Besteuerung. Trennen sich die Ehegatten, setzt die Quellensteuerpflicht unmittelbar wieder ein.

Wer haftet für Steuerschulden?

Die Steuern sind bei der Trennung meistens noch nicht vollständig bezahlt. Die Frau zieht beispielsweise im Februar aus, im September erhält der Mann die Steuerrechnung für das vergangene Jahr. In diesen Fällen stellt sich die Frage, wer für die unbezahlten Steuern aufkommen muss.

Paaren ist zu empfehlen, diese Frage schon bei der Trennung zu regeln. Sie können einen entsprechenden Passus in die Getrenntlebensvereinbarung aufnehmen oder die Frage vom Gericht entscheiden lassen. Wird eine Getrenntlebensvereinbarung abgeschlossen, ist es in der Regel angemessen, die Steuerschuld demjenigen Ehegatten aufzuerlegen, der finanziell eher zur Zahlung in der Lage ist.

Wenn keine Einigung erzielt werden kann, muss jeder Ehegatte für den Teil der Steuern aufkommen, den er verursacht hat. Verdiente der Mann in der massgeblichen Steuerperiode zum Beispiel 100 000 Franken und seine Frau 50 000 Franken, muss er 2/3 und sie 1/3 der Steuerschuld übernehmen.

Eine andere Frage ist, wer gegenüber der Steuerbehörde für die offenen Steuern haftet. Die Steuerbehörde interessiert in der Regel nicht, was die Ehegatten unter sich abgemacht haben; sie möchte einfach ihre Steuerforderung beglichen haben. In einigen Kantonen gilt hier immer noch die solidarische Haftung. Das bedeutet, dass beide Ehegatten für den vollen Betrag der Steuerschuld haften. In diesen Kantonen ist es der Steuerbehörde überlassen, von wem sie die Steuerschulden einfordert. Bei der Bundessteuer und in einigen Kantonen entfällt die solidarische Haftung mit der tatsächlichen Trennung oder Scheidung. Jeder Ehegatte haftet ab dann nur noch für seinen eigenen Steueranteil. In der Regel kann man bei der zuständigen Steuerverwaltung eine Haftungsteilung verlangen. Die Steuerverwaltung stellt dann jedem Ehegatten seinen eigenen Steueranteil in Rechnung. Erkundigen Sie sich bei Ihrem Anwalt oder Steuerberater über die Einzelheiten.

Kapitel 21 Steuern während der Trennung

Kapitel 22:
Steuern nach der Scheidung

Steuern von geschiedenen Personen

Geschiedene Personen unterliegen der Einzelbesteuerung. Das bedeutet, dass jeder wieder seine eigenen Steuern zahlt. Es gelten dieselben Grundsätze wie für das Getrenntleben. Der zahlungspflichtige Ehegatte darf die Unterhaltsbeiträge von seinem Einkommen abziehen, der unterhaltsberechtigte Ehegatte muss sie als Einkommen versteuern.

Kapitalabfindungen

Vereinbart ein Paar eine einmalige Kapitalabfindung als Unterhaltsbeitrag, ist sie für die direkte Bundessteuer steuerneutral. Das bedeutet, dass sie der Empfänger nicht versteuern muss, der Zahlungspflichtige sie aber auch nicht abziehen darf.

Bei den Kantonssteuern war die Rechtslage bis vor kurzem recht uneinheitlich. Heute schreibt das Bundesgericht die Steuerneutralität auch auf interkantonaler Ebene vor. Erkundigen Sie sich bei Ihrem Anwalt oder Steuerberater über die Einzelheiten.

Vermögensteilung

Die Steuerneutralität gilt auch als Grundsatz für die gesamte Vermögensteilung (güterrechtliche Auseinandersetzung). Wer Vermögenswerte empfängt, muss sie nicht als Einkommen versteuern, wer sie abgibt, darf sie nicht abziehen. Das gilt zum Beispiel für die Abgeltung des Vorschlags- oder Mehrwertanteils, die Übertragung von beweglichem Vermögen, die Teilung von Guthaben der dritten Säule und für Entschädigungen aus erheblicher Mehrarbeit im Unternehmen des anderen Ehegatten.

Bei der Bewertung einzelner Vermögensteile spielen die Steuern dennoch eine Rolle, wenn latente Steuern zu berücksichtigen sind. Das sind Steuern, die in Zukunft anfallen, bei der Vermögensbewertung aber noch nicht fällig sind. Latente Steuern kommen vor allem bei der Übertragung von Liegenschaften vor (späterer Verkauf), bei der Teilung von Guthaben der dritten Säule (Realisierung des angesparten

Betrages), bei der Teilung von Geschäftsvermögen (Privatentnahmen, Realisierung stiller Reserven) oder bei der späteren Liquidation von Kapitalgesellschaften (Liquidationsausschüttungen). Die bundesgerichtliche Rechtsprechung schreibt vor, dass solche latente Steuern bei der Vermögensbewertung zu berücksichtigen sind. Je weiter in der Zukunft die Realisation liegt, desto tiefer fällt die latente Steuer aus.

Es gibt Zahlungen, bei denen unklar ist, ob sie Unterhaltsansprüche oder güterrechtliche Forderungen abgelten. Das ist zum Beispiel der Fall, wenn eine Partei im Zuge langwieriger Konventionsverhandlungen einfach noch ein Aufgeld zahlt, um die Verhandlungen zu einem Ende zu bringen. In solchen Fällen ist genau abzuklären, unter welchem Titel die Zahlung erfolgt. Handelt es sich um einen Teil des Unterhalts, gelten die Regeln für die Versteuerung von Unterhaltsleistungen. Umgekehrt ist nicht jede periodisch wiederkehrende Leistung steuerlich als Unterhalt anzusehen. Auch eine güterrechtliche Abfindung kann in monatlichen Raten erfolgen.

Teilung von Unternehmen

Die Teilung von Kapitalgesellschaften (AG oder GmbH) wirft in der Regel keine steuerlichen Probleme auf. Der güterrechtliche Ausgleichsanspruch ist steuerneutral zu behandeln. Stammen die Mittel zur Begleichung der Ausgleichsforderung aus dem Unternehmen, ist die Entnahme in der Regel als Ausbezahlung von Lohn, von Dividenden oder allenfalls als Darlehen zu qualifizieren, mit den entsprechenden Steuerfolgen.

Bei Einzelfirmen und Personengesellschaften ist die steuerliche Qualifikation schwieriger: Wird ein Unternehmen mit Aktiven und Passiven auf den Ehepartner übertragen, ist die Übertragung steuerneutral zu behandeln. Die Auszahlung eines Ehepartners ist oft nur mit Mitteln aus dem Geschäftsvermögen möglich. Das stellt eine steuerpflichtige Privatentnahme dar (Realisierung stiller Reserven), wobei Einkommenssteuern und AHV-Beiträge anfallen. Je nach Betrag können die Steuern beträchtlich sein. Es ist also sorgfältig zu prüfen, ob die Auszahlung besser aus anderen Mitteln erfolgen soll. Der Ehegatte, der die Auszahlung erhält, muss sie nicht versteuern.

Es handelt sich um eine Auszahlung aus Güterrecht, die steuerneutral behandelt wird.

Ist eine Gesellschaft unter Ehegatten ohne Betrieb zu teilen, ist das Vermögen der Gesellschaft in der Regel als Privatvermögen zu qualifizieren. Dieser Fall kommt oft bei gemeinsamen Liegenschaften vor (einfache Gesellschaft). Die Regeln für die Besteuerung von Geschäftsvermögen gelten in diesen Fällen nicht. Handelt es sich jedoch um ein eigentliches Unternehmen, zum Beispiel wenn ein Ehepaar zusammen ein Gewerbe betreibt, kann das Ausscheiden eines Ehegatten die Besteuerung der anteiligen stillen Reserven auslösen. Dies allerdings nur, wenn dem ausscheidenden Ehegatten Unternehmer-Eigenschaften zukommen. Wirkt er bloss pro forma und ohne Einflussmöglichkeiten mit, löst sein Ausscheiden keine Besteuerung aus.

Bei der Bewertung des Unternehmens sind diese Steuern als latente Steuern zu berücksichtigen. Latente Steuern sind auch dann zu berücksichtigen, wenn der Unternehmerehegatte das Unternehmen über die Scheidung hinaus behält, eine spätere Realisation von stillen Reserven jedoch wahrscheinlich ist. Das kann beim Verkauf des Unternehmens nach der Scheidung der Fall sein.

Liegenschaften Bei Liegenschaften steht die Grundstückgewinnsteuer im Vordergrund. Sie entsteht bei einem Eigentümerwechsel, bei dem ein Grundstückgewinn realisiert wird.

Wird eine Liegenschaft bei der Scheidung von einem Ehegatten auf den anderen übertragen, erfolgt also ein Eigentümerwechsel unter Ehegatten, wird die Grundstückgewinnsteuer aufgeschoben. Die Grundstückgewinnsteuer wird erst bei einem späteren Eigentümerwechsel fällig. Diese Regelung soll die Übertragung einer Liegenschaft unter Ehegatten erleichtern, indem sie die Liquidität der Ehegatten bei der Scheidung schont.

Der Steueraufschub bedeutet aber nicht, dass die Grundstückgewinnsteuer bei der Scheidung unberücksichtigt bleibt. Ist absehbar, dass die Liegenschaft weiterverkauft wird, ist die Grundstückgewinnsteuer als latente Steuer bei der Liegenschaftsbewertung zu berücksichtigen.

Die Übertragung der Liegenschaft wird steuerneutral behandelt, wenn sie einen güterrechtlichen Anspruch ausgleicht. Ferner auch dann, wenn darin Bestandteile einer Kapitalabfindung für Unterhalt enthalten sind, da auch Letztere steuerneutral zu behandeln ist. Problematisch kann jedoch die Übertragung einer Liegenschaft vom Geschäftsvermögen ins Privatvermögen sein.

Die Handänderungssteuer entfällt in der Regel bei einer Übertragung unter Ehegatten. Es gelten jedoch unterschiedliche kantonale Regelungen.

Aufteilung der Pensionskassenguthaben

Die hälftige Teilung der Pensionskassenguthaben wird steuerneutral behandelt. In steuerlicher Hinsicht wirft sie keine Probleme auf. Der Empfänger muss den Zahlungseingang nicht versteuern, er kann ihn aber auch nicht als Einkauf vom steuerbaren Einkommen abziehen. Der Zahlungspflichtige muss den Hälfteanteil bei sich nicht versteuern, da die Überweisung nicht als Realisierung von Altersguthaben zu qualifizieren ist. Er kann aber auch keine Abzüge geltend machen, etwa unter dem Titel Unterhaltsbeiträge.

Wie wird die angemessene Entschädigung behandelt?

Wenn ein Ehegatte schon Alters- oder Invaliditätsleistungen der Pensionskasse bezieht, ist die hälftige Aufteilung des Guthabens nicht mehr möglich. Stattdessen wird eine angemessene Entschädigung ausgerichtet. Diese wird steuerlich wie Unterhaltsbeiträge behandelt. Das entspricht zumindest der vorherrschenden juristischen Lehrmeinung. Wird die Entschädigung als Rente ausgerichtet, darf sie der Zahlungspflichtige von seinem Einkommen abziehen, der Empfänger muss sie versteuern. Eine einmalige Kapitalzahlung wird hingegen steuerneutral behandelt.

Wiedereinkäufe in die Pensionskasse

Nimmt der Zahlungspflichtige einen Wiedereinkauf von Beitragsjahren für die überwiesene Austrittsleistung vor (siehe dazu auch Kapitel 16, Abschnitt 2), darf er den Einkaufsbetrag vom steuerbaren

Einkommen abziehen. Steuerlich am günstigsten kommt in der Regel ein gestaffelter Einkauf, verteilt über mehrere Jahre. Inwieweit dies zulässig ist, bestimmt sich nach dem anwendbaren Pensionskassenreglement.

Anhänge

Anhang I:
Berechnung von Unterhaltsbeiträgen

Unterhaltsbeiträge während des Getrenntlebens
(untere bis mittlere Einkommen)

Beispiel einer Unterhaltsberechnung: Familie mit zwei Kindern (acht und elf Jahre alt), mittleres Einkommen, Ehemann zu 100 Prozent erwerbstätig, Ehefrau zu 50 Prozent erwerbstätig.

Grundbedarf

Angaben in Franken pro Monat

	Mann	Frau
Grundbetrag		
Alleinstehender Schuldner	1 100	–
Alleinerziehender Schuldner mit Unterstützungspflicht	–	1 250
Pro Kind bis 6 Jahre 250 Fr.	–	–
7 bis 12 Jahre 350 Fr.	–	700
über 12 Jahre 500 Fr.	–	–
Miete/Hypothek ohne Amortisation, inkl. Heizkosten (Strom und Gas für Licht und Kochen in Grundbetrag)	1 650	2 200
Wohnnebenkosten	100	150
Sozialbeiträge und Versicherungen, soweit nicht vom Lohn abgezogen (AHV, Krankenkasse, BVG, UVG, Berufsverbände)	385	385 (Kinder) 170
Selbstbehalt Krankenkasse	30	50
Weitere Versicherungen (insbesondere Hausrat- und Haftpflichtversicherung)	55	55
Berufsauslagen (Mehrnahrung, auswärtige Verpflegung, Berufskleidung, Arbeitsweg)	0	0
Transportkosten (Tram-Abo, Zug-Abo, Auto)	64	64 (Kinder) 82
Alimente	0	0
Drittbetreuungs- und Schulungskosten Kinder	0	650
Auslagen für Arzt, Medikamente, Geburt, Wartung, Pflege, Wohnungswechsel (unmittelbar bevorstehend)	0	0
Schuldzinsen, Abzahlungen	0	0
Laufende Steuern	600	800
Grundbedarf total	3 984	6 556

Einkommen

Angaben in Franken pro Monat

	Mann	Frau
Einkommen, inklusive 13. Monatslohn/Gratifikation	8 700	3 500
Zusatzeinkommen/Vermögensertrag	500	0
Einkommen total	**9 200**	**3 500**

Unterhaltsanspruch

Angaben in Franken pro Monat

Einkommen beider Ehegatten, total	12 700
Grundbedarf beider Ehegatten, total	10 540
Überschuss	2 160
Anteil Überschuss	
1/3 Ehemann	720
2/3 Ehefrau und Kinder	1 440

	Mann	Frau
Grundbedarf	3 984	6 556
Anteil am Überschuss	720	1 440
Total Anspruch am ehelichen Einkommen	4 704	7 996
./. Einkommen	9 200	3 500
Unterhaltsanspruch	**−4 496**	**4 496**

Anhang II:
Beispiel für eine Getrenntlebensvereinbarung

Beispiel: Familie mit einem Kind (14 Jahre alt). Der Mann ist Unternehmer, voll erwerbstätig, hohes Einkommen. Seine Frau war bisher zu 30 Prozent im Unternehmen ihres Mannes tätig, Einsitz im Verwaltungsrat, mit 25 Prozent am Unternehmen beteiligt. Der Mann zieht aus dem gemeinsamen Einfamilienhaus aus, sie bleibt mit dem Sohn im Haus wohnen.

GETRENNTLEBENSVEREINBARUNG

zwischen
Frau ...., Strasse, PLZ, Ort (Ehefrau)
und
Herrn ...., Strasse, PLZ, Ort (Ehemann)

1. Ehe, Trennung
Die Parteien haben am .... in .... geheiratet. Der Ehe ist der Sohn ...., geb. ...., entsprungen. Der Ehemann ist am .... aus dem gemeinsamen ehelichen Einfamilienhaus ausgezogen. Seither wohnt er an der oben genannten Adresse. Zur Regelung des Getrenntlebens vereinbaren die Parteien Folgendes:

2. Eheliche Wohnung
Die Ehefrau bleibt zusammen mit dem Sohn .... im ehelichen Einfamilienhaus. Der gegenseitige Zutritt zu den Wohnungen ist nur noch mit der ausdrücklichen Zustimmung des anderen Ehegatten erlaubt. Der Ehemann gibt der Ehefrau bis zum .... die Schlüssel des Einfamilienhauses ab.

3. Obhut, Besuchsrecht
Der Sohn .... wird zur Betreuung und Erziehung unter die Obhut der Ehefrau gestellt. Über das Besuchs- und Ferienrecht des Ehemannes einigen sich die Ehegatten ausserhalb dieser Vereinbarung unter Berücksichtigung der Wünsche und Interessen des Kindes.

Die Ehegatten verpflichten sich, bei der Ausübung des Obhuts-, Besuchs- und Ferienrechts die Interessen des anderen Elternteils in verständnisvoller Weise zu berücksichtigen und immer das Wohl des Kindes vor Augen zu haben. Über wichtige Entscheidungen im Leben des Kindes, namentlich bei medizinischen Eingriffen, in Schulfragen und bei der Berufswahl, wird die Ehefrau den Ehemann informieren und ihn vorher anhören. Sie gibt ihm die Möglichkeit, bei Ärzten beziehungsweise Ärztinnen, in der Schule und am Lehrort selbständig Auskünfte einzuholen.

Die Ehegatten sichern sich gegenseitig zu, den Sohn ………. in ihre ehelichen Probleme nicht hineinzuziehen und ihn weder für noch gegen einen Ehegatten zu beeinflussen.

Streitigkeiten über das Besuchs- und Ferienrecht unterbreiten sie der zuständigen Vormundschaftsbehörde.

4. Arbeitsverhältnis der Ehefrau/Verwaltungsrat/Aktien

Die Ehefrau hat ihr Arbeitsverhältnis bei der ………. per ………. beendet. Der Ehemann sorgt dafür, dass die Ehefrau ihre Lohnrestanz von CHF ………. (inkl. Überstundenentschädigung und Spesenersatz) bis spätestens zum ………. überwiesen erhält. Der Ehemann stellt der Ehefrau bis zum ………. ein Arbeitszeugnis aus. Die Ehefrau gibt dem Ehemann innert derselben Frist sämtliche Schlüssel zu den Geschäftsräumlichkeiten ab (inkl. Schlüssel zum Tresor).

Die Ehefrau erklärt per ………. ihren Rücktritt aus dem Verwaltungsrat der ………. . Der Ehemann sorgt für die Löschung ihres Eintrags im Handelsregister.

Die Ehefrau bevollmächtigt den Ehemann, ihre 25 Namenaktien der ………. à nominal CHF 1 000 an den nächsten zwei Generalversammlungen zu vertreten. Der Ehemann verpflichtet sich, die Ehefrau vollumfänglich über die Geschehnisse innerhalb der ………. zu informieren und ihr Kopien der Verwaltungsrats- und Generalversammlungsprotokolle auszuhändigen. Der Ehemann händigt der Ehefrau ein Exemplar der Jahresrechnungen ………. und ………. mit Bilanz und Erfolgsrechnung innert 20 Tagen seit Vorliegen aus.

Die Ehefrau verpflichtet sich, ihr Aktionärsdarlehen gegenüber der ………. im Betrag von CHF 100 000 frühestens am ………. zur Rückzahlung fällig zu stellen.

Die Ehefrau verpflichtet sich, keine Geschäftsgeheimnisse der ………., insbesondere Kundenlisten und -informationen, an Dritte weiterzugeben. Die Ehefrau gibt sämtliche

Geschäftsunterlagen, die sich noch in ihrem Besitz befinden (insbesondere Unterlagen zum Projekt .... und ....), bis zum .... dem Ehemann zurück.

5. Unterhalt

Der Ehemann bezahlt an die Ehefrau und an den Sohn .... einen monatlichen und monatlich vorauszahlbaren Unterhaltsbeitrag von CHF .... zuzüglich Kinderzulagen, erstmals pro .... CHF .... des Unterhaltsbeitrages zuzüglich Kinderzulagen sind für den Sohn .... bestimmt.

Die Ehefrau hat darüber hinaus das Recht, über die Kreditkarte des Ehemannes Bezüge resp. Einkäufe bis zu CHF .... pro Jahr zu tätigen. Für das laufende Jahr beträgt die Limite noch CHF .... (..... Monate).

Zusätzlich zum oben genannten Unterhaltsbeitrag übernimmt der Ehemann folgende Ausgaben:

- die Kosten der Privatschule des Sohnes ....;
- die Steuern der Ehefrau (vgl. dazu Ziffer 7);
- Jahresbeitrag Golfclub.

Die Ehefrau schickt die entsprechenden Rechnungen, sofern sie an die Ehefrau gelangen, dem Ehemann zur Begleichung.

6. Hausrat, persönliche Effekten, Auto

Der Ehemann hat das Recht, seine persönlichen Effekten aus dem ehelichen Einfamilienhaus mitzunehmen. Der übrige Hausrat verbleibt vorerst im Einfamilienhaus. Die definitive Aufteilung des Hausrates bleibt der güterrechtlichen Auseinandersetzung vorbehalten.

Der Ehemann sichert der Ehefrau zu, weiterhin das Fahrzeug .... oder ein gleichwertiges Fahrzeug auf Geschäftskosten des Ehemannes benützen zu können (Benzin, Service, Reparaturen, Steuern, Versicherungen etc.).

Die Aufteilung der weiteren Wertgegenstände bleibt der güterrechtlichen Auseinandersetzung vorbehalten.

7. Steuern

Der Ehemann sorgt dafür, dass die Ehegatten steuerlich getrennt veranlagt werden. Der Ehemann erklärt sich bereit, sämtliche Steuern der Ehefrau auch nach der getrennten

Veranlagung zu übernehmen (vgl. Ziffer 5). Desgleichen gehen sämtliche rückständigen Steuern aus der Zeit des Zusammenlebens zulasten des Ehemannes.

8. Verschiedenes
Jede Partei trägt ihre eigenen Kosten der anwaltlichen Beratung im Zusammenhang mit dieser Getrenntlebensvereinbarung.

Streitigkeiten aus dieser Vereinbarung entscheidet – vorbehältlich Ziffer 3 – der Einzelrichter in Familiensachen am Wohnsitz der Ehefrau.

Diese Vereinbarung umfasst drei Seiten und wird vierfach ausgefertigt und unterzeichnet. Die Ehegatten erhalten je ein Exemplar; je ein Exemplar geht an die beratenden Anwälte.

Ort, den   Ort, den

Die Ehefrau: Der Ehemann:

....
Unterschrift   Unterschrift

Anhang III:
Beispiel für eine Scheidungskonvention

Beispiel: Familie mit zwei Kindern (sieben und neun Jahre). Kein Ehevertrag. Der Ehemann ist Unternehmer (AG) mit einem hohen Einkommen. Die Ehefrau ist zu 35 Prozent am Unternehmen beteiligt und hat Einsitz im Verwaltungsrat. Sie übernimmt bei der Scheidung das gemeinsame Einfamilienhaus und scheidet aus dem Unternehmen aus.

EHESCHEIDUNGSKONVENTION

zwischen

Frau ...., Strasse, PLZ, Ort (Ehefrau)

und

Herrn ...., Strasse, PLZ, Ort (Ehemann)

Präambel

Die Parteien haben am .... in .... geheiratet. Der Ehe sind die Kinder ...., geb. ...., und ...., geb. ...., entsprungen. Wegen Spannungen in der Ehe haben sich die Ehegatten am .... getrennt.

Die Ehegatten sind übereinstimmend zum Schluss gekommen, dass sie die Ehe nicht mehr weiterführen möchten. Sie beantragen deshalb je aus freiem Willen und nach reiflicher Überlegung dem zuständigen Gericht die Ehescheidung gemäss Art. 111 ZGB. Im Hinblick darauf vereinbaren sie Folgendes:

1. Die elterliche Sorge über die Kinder ...., geb. ...., und ...., geb. ...., sei der Ehefrau zuzuteilen. Die Ehefrau erklärt sich bereit, ihre Befugnisse wenn immer möglich im Einvernehmen mit dem Ehemann auszuüben. Insbesondere informiert sie den Ehemann regelmässig über die Entwicklung der Kinder und bespricht wichtige, die Kinder betreffende Entscheidungen wie Wahl der Schule, Nachhilfe- und Stützunterricht, Ausbildungsrichtung, Berufswahl, Abschluss von Lehrverträgen, medizinische Eingriffe und anderes mit ihm. Der Ehemann kann sich bei den Lehrkräften und weiteren mit der Ausbildung, Pflege und Betreuung der Kinder befassten Personen sowie bei Ärzten und Therapeuten über die Kinder erkundigen.

2. Die Eltern und die Kinder einigen sich im direkten Gespräch über die Gestaltung des gegenseitigen Anspruches der Kinder und des Ehemannes auf angemessenen persönlichen Kontakt. Kommt keine Einigung zustande, hat der Ehemann das Recht, die Kinder an jedem zweiten Wochenende von Freitag, 18.00 Uhr, bis Sonntag, 18.00 Uhr, zu sich zu nehmen. Ferner steht ihm das Recht zu, jedes Jahr drei Wochen Ferien mit den Kindern zu verbringen. Der Ehemann teilt der Ehefrau drei Monate im Voraus mit, wann er sein Ferienrecht ausüben möchte.

3. Der Ehemann bezahlt an den Unterhalt der Kinder je folgenden monatlichen und monatlich vorauszahlbaren Unterhaltsbeitrag: CHF .... bis zur Vollendung des 10. Lebensjahres, CHF .... bis zur Vollendung des 16. Lebensjahres, CHF .... bis zum Erreichen der Mündigkeit. Hinzu kommen jeweils die Kinderzulagen von derzeit CHF .... pro Kind. Vorbehalten bleibt Art. 277 Abs. 2 ZGB.

4. Der Ehemann bezahlt an den Unterhalt der Ehefrau folgenden monatlichen und monatlich vorauszahlbaren Unterhaltsbeitrag: CHF .... bis .... , CHF .... bis .... Anschliessend erlischt die Unterhaltspflicht. Sofern die Ehefrau in dieser Periode einen Eigenverdienst von mehr als CHF .... pro Monat erzielt, reduziert sich der Unterhaltsbeitrag um ..... % des Mehrverdienstes. Lebt die Ehefrau innerhalb dieser Periode während mehr als zwölf Monaten mit einem anderen Mann in Wohngemeinschaft, reduziert sich die Unterhaltspflicht des Ehemannes um ..... %. Die Unterhaltspflicht lebt nach Beendigung des Zusammenlebens wieder vollumfänglich auf. Sie erlischt im Falle der Wiederverheiratung der Ehefrau (Art. 130 Abs. 2 ZGB).

5. Die Unterhaltsbeiträge gemäss Ziffern 3 und 4 basieren auf dem Landesindex der Konsumentenpreise des BfS beim Eintritt der Rechtskraft des Scheidungsurteils sowie einem Nettoeinkommen des Ehemannes von durchschnittlich CHF .... (inkl. 13. Monatslohn, Dividenden und Vermögensertrag) pro Monat. Der Unterhaltsbeitrag ist an jedem Kalenderjahreswechsel auf den 1. Januar, erstmals auf den 1. Januar ...., dem Index des vorangegangenen Monats November prozentual so weit anzupassen, als das Einkommen des Ehemannes der Teuerung angepasst wurde. Streitigkeiten über die Anwendung der Indexklausel entscheidet der Einzelrichter in Familiensachen.

6. Die Parteien teilen die während der Ehe erworbenen Austrittsleistungen gemäss Art. 22 Abs. 2 FZG aufgrund von Art. 122 ZGB je zur Hälfte und ersuchen das Gericht übereinstimmend, mit Rechtskraft des Scheidungsurteils die Vorsorgeeinrichtung

des Ehemannes, die Versicherung oder die Bank .... (Name/Adresse) anzuweisen, von seinem Vorsorgekonto Nr. .... den Betrag von CHF .... auf das Vorsorgekonto der Ehefrau bei der Pensionskasse .... (Name/Adresse) zu überweisen.

7. In güterrechtlicher Hinsicht stellen die Ehegatten fest und vereinbaren, dass:

a) Liegenschaft:

das zwischen den Ehegatten bestehende Gesamteigentum an der Liegenschaft Nr. ..... des Grundbuches ...., Plan ...., Wohnhaus ...., Garten, aufgelöst wird, indem der Ehemann aus dem bestehenden Gesamteigentum ausscheidet, wobei die Ehegatten den Wert der gesamten Liegenschaft auf CHF .... festlegen.

sie dem Gericht demgemäss übereinstimmend beantragen, das Grundbuchamt .... anzuweisen, die Ehefrau – gegen Nachweis der erfolgten Entlassung des Ehemannes aus der Solidarschuld bezüglich der bestehenden hypothekarischen Belastungen – nach Rechtskraft des Scheidungsurteils als Alleineigentümerin der bisherigen Familienliegenschaft einzutragen, wozu sie das Grundbuchamt ausdrücklich ermächtigen.

die Ehefrau die bei der Bank .... bestehenden Hypotheken von CHF .... (1. Hypothek) und CHF .... (2. Hypothek) vollständig übernimmt.

die Ehefrau sich verpflichtet, dem Ehemann innert .... Tagen seit Rechtskraft des Scheidungsurteils auf sein Vorsorgekonto bei der Pensionskasse .... (Name/Adresse), die dem Ehemann gemäss Art. 122 Abs. 1 ZGB zustehende Hälfte des im Jahre .... gemäss Art. 30c BVG getätigten Pensionskassen-Vorbezugs, nämlich CHF ...., zu überweisen.

dem Ehemann als Ausgleich für sein Ausscheiden aus dem Gesamteigentum eine Ausgleichsforderung gegenüber der Ehefrau von CHF .... zusteht.

die Ehefrau die Gebühren der Überschreibung der Liegenschaft trägt.

b) Hausrat/Auto:

die Ehefrau den gesamten Hausrat der ehelichen Liegenschaft inklusive der Bildersammlung des Künstlers .... übernimmt; die Ehefrau ferner das Fahrzeug .... übernimmt; dem Ehemann gegenüber der Ehefrau dafür eine Ausgleichsforderung von CHF .... zusteht.

c) Unternehmen:

die Ehefrau dem Ehemann ihre 350 Namenaktien der .... AG überträgt, wobei sich die Einzelheiten der Aktienübertragung nach dem als Anhang 1 beigeschlossenen Vertrag richten.

die Ehefrau auf den Zeitpunkt der Aktienübertragung aus dem Verwaltungsrat der .... AG ausscheidet; der Ehemann für die Löschung der Ehefrau-Eintragung im Handelsregister sorgt.

der Ehefrau als Ausgleich des Unternehmenswertes eine Forderung gegenüber dem Ehemann von CHF .... zusteht.

d) Gesamtforderung der Ehefrau/Zahlungsfristen:
Insgesamt steht der Ehefrau gegenüber dem Ehemann unter Ziffern a bis c unter Berücksichtigung der Übernahme der Liegenschaft, des Hausrates und des Autos durch die Ehefrau und der Übertragung der Aktien an den Ehemann eine güterrechtliche Ausgleichsforderung von CHF .... zu.

Der Ehemann hat das Recht, die Forderung in folgenden Teilbeträgen zu bezahlen: CHF .... bis zum ...., CHF .... bis zum ...., CHF .... bis zum ...., CHF .... bis zum .... und CHF .... bis zum .... Die einzelnen Teilbeträge sind auf ein von der Ehefrau zu bezeichnendes Konto zu überweisen. Kommt der Ehemann mit der Bezahlung eines Teilbetrages in Verzug, wird die gesamte dann noch offene Forderung sofort fällig.

Im Übrigen stellen die Ehegatten fest, dass jeder behält, was er in Händen hat, und dass sie nach Vollzug dieser Vereinbarung güterrechtlich endgültig auseinandergesetzt sind und kein Ehegatte vom anderen mehr etwas zu fordern hat.

8. Die Ehegatten tragen die Gerichtskosten je zur Hälfte. Jeder Ehegatte trägt seine eigenen Anwaltskosten.

9. Diese Ehescheidungskonvention wird fünffach ausgefertigt und unterzeichnet. Jede Partei erhält ein Exemplar. Die drei weiteren sind für das Gericht und die beiden Anwälte der Ehegatten bestimmt.

Ort, den   Ort, den

Die Ehefrau: Der Ehemann:

....
Unterschrift   Unterschrift

Weitere nützliche Bücher vom VZ

116 Seiten, Paperback,
Preis: 29 Fr.

Erhältlich im Buchhandel
oder beim VZ
(vermoegenszentrum.ch)

VZ-Ratgeber «Pensionierung»

- Wie viel Rente erhalte ich?
- Reicht mein Vermögen nach der Pensionierung?
- Wie stelle ich das Einkommen im Alter sicher?
- Wie kann ich bei und nach der Pensionierung Steuern sparen?
- Soll ich meine Hypothek zurückzahlen?
- Kann ich mir eine Frühpensionierung leisten?

Das Thema Pensionierung ist komplex, weil Fragen zu AHV, Pensionskasse, Versicherungen, Steuern, Immobilien, Wertschriften und Nachlass zusammentreffen. Im Ratgeber wurden die Erfahrungen aus der Beratungspraxis des VZ VermögensZentrum aufgearbeitet. Viele Beispielrechnungen helfen, den Sachverhalt besser zu verstehen. Grafiken und Tabellen veranschaulichen die wichtigsten Zusammenhänge. Empfohlen für Leute ab 50.

108 Seiten, Paperback,
Preis: 29 Fr.

Erhältlich im Buchhandel
oder beim VZ
(vermoegenszentrum.ch)

VZ-Ratgeber «Erben und Schenken»

- Was gehört zum Nachlassvermögen?
- Die gesetzliche Erbfolge: Wer erbt wie viel?
- Testament und Erbvertrag:
  Was kann man selber bestimmen?
- Wie sichern sich Paare gegenseitig ab?
- Welche Rechte und Pflichten haben Erben?
- Nachlassplanung: Wie geht man am besten vor?

Noch nie haben Schweizerinnen und Schweizer so viel vererbt und verschenkt wie heute. Nur wer sich rechtzeitig mit diesem Thema auseinandersetzt, kann mitbestimmen, wer was bekommt. In unserem Ratgeber erfahren Sie alles Wichtige über gesetzliche Erbfolge und Pflichtteile, Testamente und Erbverträge, Erbgang, Absicherung des Ehepartners, Erbvorbezüge, Erbschafts- und Schenkungssteuern.

120 Seiten, Paperback,
Preis: 29 Fr.

Erhältlich im Buchhandel
oder beim VZ
(vermoegenszentrum.ch)

VZ-Ratgeber «Steuern»

- Wie kann ich meine Steuern reduzieren?
- Wie lege ich mein Geld steueroptimiert an?
- Welche Entscheide wirken sich auf die Steuern im Ruhestand aus?
- Wie lassen sich Erbschafts- und Schenkungssteuern reduzieren?
- Wie gehe ich bei Steuerstreitigkeiten vor?

Das Schweizer Steuersystem ist für die meisten ein Buch mit sieben Siegeln. Jeder Kanton und der Bund haben je ein eigenes Steuergesetz. Dieser Ratgeber konzentriert sich auf das Wichtigste, was Privatpersonen im Zusammenhang mit Steuern wissen müssen, und gibt Tipps, wie sie ihre Steuerbelastung erheblich reduzieren können. Viele Steuervergleiche zeigen zudem auf, wie gross die Unterschiede von Kanton zu Kanton sind.

108 Seiten, Paperback,
Preis: 29 Fr.

Erhältlich im Buchhandel
oder beim VZ
(vermoegenszentrum.ch)

VZ-Ratgeber «Hypotheken»

- Wie wirkt sich eine Hypothek auf meine Steuern aus?
- Soll ich mein Pensionskassengeld zur Eigenheimfinanzierung einsetzen?
- Welche Hypothekarmodelle gibt es?
- Belehnungshöhe: Wie viel Hypothek ist sinnvoll?
- Welches ist die beste Hypothekarstrategie?
- Wie finde ich den günstigsten Kreditgeber?

Nur wenige nützen das Sparpotenzial aus, das sie bei der Finanzierung ihres Eigenheims haben. Dieser VZ-Ratgeber zeigt auf, wie Eigenheimbesitzer ihre Hypothekarzinsen und ihre Steuerbelastung optimieren können: vom Einsatz der Pensionskassengelder über die richtige Hypothekarhöhe bis zur Wahl des besten Hypothekarmodells und bis zur Verbesserung des Kreditratings. Empfohlen für Eigenheimbesitzer und alle, die es werden wollen.